20
25

GUSTAVO D'ALESSANDRO

PRISÃO CIVIL DO **DEVEDOR** DE ALIMENTOS

UMA QUESTÃO DE **POLÍTICA PÚBLICA**

Prefácio
Rafael Calmon

Dados Internacionais de Catalogação na Publicação (CIP) de acordo com ISBD

D867p   D'Alessandro, Gustavo
          Prisão civil do devedor de alimentos: uma questão de política pública / Gustavo D'Alessandro. - Indaiatuba, SP : Editora Foco, 2025.

        152 p. ; 16cm x 23cm.

        Inclui bibliografia e índice.
        ISBN: 978-65-6120-484-2

        1. Direito. 2. Prisão civil. 3. Devedor de alimentos. I. Título.

2025-1485   CDD 340   CDU 34

Elaborado por Vagner Rodolfo da Silva - CRB-8/9410
Índices para Catálogo Sistemático:
1. Direito 340
2. Direito 34

GUSTAVO **D'ALESSANDRO**

PRISÃO CIVIL DO **DEVEDOR** DE ALIMENTOS

UMA QUESTÃO DE **POLÍTICA PÚBLICA**

Prefácio
Rafael Calmon

2025 © Editora Foco
Autor: Gustavo D'Alessandro
Diretor Acadêmico: Leonardo Pereira
Editor: Roberta Densa
Coordenadora Editorial: Paula Morishita
Revisora Sênior: Georgia Renata Dias
Revisora Júnior: Adriana Souza Lima
Capa Criação: Leonardo Hermano
Diagramação: Ladislau Lima e Aparecida Lima
Impressão miolo e capa: META BRASIL

DIREITOS AUTORAIS: É proibida a reprodução parcial ou total desta publicação, por qualquer forma ou meio, sem a prévia autorização da Editora FOCO, com exceção do teor das questões de concursos públicos que, por serem atos oficiais, não são protegidas como Direitos Autorais, na forma do Artigo 8º, IV, da Lei 9.610/1998. Referida vedação se estende às características gráficas da obra e sua editoração. A punição para a violação dos Direitos Autorais é crime previsto no Artigo 184 do Código Penal e as sanções civis às violações dos Direitos Autorais estão previstas nos Artigos 101 a 110 da Lei 9.610/1998. Os comentários das questões são de responsabilidade dos autores.

NOTAS DA EDITORA:

Atualizações e erratas: A presente obra é vendida como está, atualizada até a data do seu fechamento, informação que consta na página II do livro. Havendo a publicação de legislação de suma relevância, a editora, de forma discricionária, se empenhará em disponibilizar atualização futura.

Erratas: A Editora se compromete a disponibilizar no site www.editorafoco.com.br, na seção Atualizações, eventuais erratas por razões de erros técnicos ou de conteúdo. Solicitamos, outrossim, que o leitor faça a gentileza de colaborar com a perfeição da obra, comunicando eventual erro encontrado por meio de mensagem para contato@editorafoco.com.br. O acesso será disponibilizado durante a vigência da edição da obra.

Impresso no Brasil (4.2025) – Data de Fechamento (4.2025)

2025
Todos os direitos reservados à
Editora Foco Jurídico Ltda.
Rua Antonio Brunetti, 593 – Jd. Morada do Sol
CEP 13348-533 – Indaiatuba – SP
E-mail: contato@editorafoco.com.br
www.editorafoco.com.br

À Antonella, Martina e Victoria, minhas fontes de amor e esperança de dias melhores, por tornarem o meu mundo melhor, simplesmente por fazerem parte dele.

À Maira, companheira de vida, de corpo e de alma, pelo apoio incondicional e indispensável à realização deste livro.

À minha mãe, Eleusa, e ao meu pai, Antonio, base de tudo que sou, pelas inspirações diárias de afeto e de cuidado pleno.

Ao meu pai, João, pelo companheirismo e pela disposição em compartilhar suas experiências e vivências.

Aos meus irmãos Guilherme e Andréa, pela cumplicidade e parceria irrestrita em todos os momentos da vida.

Aos meus outros irmãos, Renato e Juliana, por contribuírem e fazerem parte de todo o meu crescimento.

Rendo graças a Deus, por tudo.
À minha família, essência do meu viver, esta conquista é nossa.

"A vida sem reflexão não merece ser vivida"
Sócrates

LISTA DE ABREVIATURAS E SIGLAS

ADC – Ação Declaratória de Constitucionalidade
ADCT – Ato das Disposições Constitucionais Transitórias
ADI – Ação Direta de Inconstitucionalidade
AG – Agravo de Instrumento
AGINT – Agravo Interno
AGRG – Agravo Regimental
AIL – Avaliação de Impacto Legislativo
AIR – Avaliação de Impacto Regulatório
ANPP – Acordo de Não Persecução Penal
ARR – Avaliação de Resultado Regulatório
CC – Código Civil
CCP – Código Civil Português
CF – Constituição da República Federativa do Brasil
CNJ – Conselho Nacional de Justiça
CP – Código Penal
CPCP – Código de Processo Civil de Portugal
CPC – Código de Processo Civil
CPP – Código de Processo Penal
CRP – Constituição da República de Portugal
DJ – Diário de Justiça
EC – Emenda Constitucional
ECA – Estatuto da Criança e do Adolescente
ERESP – Embargos de Divergência em Recurso Especial
ECI – Estado de Coisas Inconstitucional
FGADM – Fundo Garantidor de Alimentos Devidos a Menores
HC – *Habeas Corpus*
IAS –   Indexante dos Apoios Sociais
IBGE – Instituto Brasileiro de Geografia e Estatística

IDH – Índice de Desenvolvimento Humano
IGFSS – Instituto de Gestão Financeira da Segurança Social
LOAS – Lei Orgânica da Assistência Social
MP – Medida Provisória
PEC – Proposta de Emenda à Constituição
PNUD – Programa das Nações Unidas para o Desenvolvimento
RE – Recurso Extraordinário
RESP – Recurso Especial
RGPTC – Regime Geral do Processo Tutelar Cível
RHC – Recurso em *Habeas Corpus*
RJET – Regime Jurídico Emergencial e Transitório
STF – Supremo Tribunal Federal
STJ – Superior Tribunal de Justiça
STJP – Supremo Tribunal de Justiça de Portugal
TGP – Teoria Geral do Processo

PREFÁCIO

Foi uma enorme honra receber o convite de Gustavo D'Alessandro para prefaciar a obra intitulada "Prisão civil do devedor de alimentos: uma questão de política pública", a qual, na verdade, representa a versão comercial de sua dissertação de Mestrado em Direito defendida perante a Universidade de Brasília (UnB).

Afinal de contas, não é todo dia que um Assessor de Ministro do STJ se predispõe a analisar criticamente o grave problema da inadimplência alimentar e a fornecer alternativas para sua solução, não é mesmo?

Pois é! Graças à sua vasta experiência na análise de processos de família e sucessões, Gustavo consegue, como poucos, expor os sérios problemas enfrentados por aqueles que tentam cobrar judicialmente os alimentos que lhes são devidos, fornecendo números coletados diretamente da realidade forense com o objetivo de projetar luzes sobre o grande quantitativo de demandas alimentares em tramitação nas Varas de Família e Infância e Juventude do país. Em continuidade ao seu estudo, faz uma análise detalhada sobre os principais mecanismos previstos em nosso sistema jurídico para compelir o devedor de alimentos a cumprir sua obrigação, promovendo uma análise investigada e científica da técnica executiva da prisão civil, com o objetivo de avaliar se a sua utilização cotidiana vem servindo para o enfrentando do problema público para o qual foi pensada. Complementarmente, Gustavo ainda consegue chamar atenção para o custo financeiro mensal exigido para a manutenção de um preso no sistema carcerário brasileiro, deixando claro que a prisão civil, embora contundente, representa um método ultrapassado e, por isso, abolido por diversos ordenamentos jurídicos ocidentais.

Forte nessas premissas, o professor brasiliense chega à conclusão de que a inadimplência alimentar representa um genuíno problema de interesse público, sustentando a necessidade de que o Poder Público implemente mecanismos para enfrentar esse grave problema, visando garantir os direitos fundamentais dos credores.

Mas, como de nada adiantariam críticas desacompanhadas de propostas de solução, Gustavo recomenda que o Brasil adote um Fundo de Garantia de Alimentos similar ao utilizado em Portugal, como alternativa ao combate da inadimplência alimentar.

Tudo isso oferece *insights* valiosos sobre como políticas públicas bem estruturadas podem transformar realidades, reduzir desigualdades e promover justiça social, tornando o livro um verdadeiro guia prático para gestores públicos e *policymakers*.

Que possa, ainda, servir como um catalisador para debates produtivos e ações concretas em prol de uma sociedade mais equitativa e próspera.

Parabéns ao autor e à editora por tão bela iniciativa.

Vila Velha, fevereiro de 2024.

Rafael Calmon
Doutor (UERJ) e Mestre (UFES) em Direito Processual Civil. Escritor. Juiz de Direito do TJES.

SUMÁRIO

LISTA DE ABREVIATURAS E SIGLAS XI

PREFÁCIO XIII

INTRODUÇÃO XVII

1. A OBRIGAÇÃO ALIMENTAR E O PAPEL DO ESTADO NA ELABORAÇÃO DE POLÍTICAS PÚBLICAS 1

   1.1 A obrigação alimentar no sistema jurídico brasileiro 6

       1.1.1 Direitos fundamentais e dever de sustento 9

       1.1.2 Arcabouço normativo e características dos alimentos 12

       1.1.3 O dever do Estado de proteção à tutela de alimentos 16

   1.2 As políticas públicas no enfrentamento de problemas socialmente relevantes 17

   1.3 A inadimplência de alimentos como problema social 21

   1.4 A técnica processual e os meios executivos como política pública a cargo do estado para o alcance de uma tutela jurisdicional efetiva 26

   1.5 A prisão civil do devedor de alimentos como instrumento de política pública 30

2. ANÁLISE DA PRISÃO CIVIL DO DEVEDOR DE ALIMENTOS NO BRASIL .. 35

   2.1 Aspectos jurídicos da prisão civil por dívida 36

   2.2 Recursos Extraordinários 349.703 e 466.343 – A inconvencionalidade da prisão civil do depositário infiel reconhecida pelo Supremo Tribunal Federal 39

   2.3 Características e natureza jurídica da prisão civil 43

2.3.1 Controle judicial de política públicas: a pandemia e o regime de cumprimento da prisão civil 51

2.3.2 Prisão civil x prisão penal x prisão administrativa 55

2.4 Os números e a implementação da prisão civil do devedor........................ 59

2.5 Avaliação de impacto, custo e eficácia 65

2.5.1 Contribuições para uma análise de impacto da prisão civil 71

3. O SISTEMA PORTUGUÊS DO FUNDO GARANTIDOR DE ALIMENTOS DEVIDOS A MENORES E A VIABILIDADE DE SUA IMPLANTAÇÃO NO BRASIL 79

3.1 A obrigação alimentar em Portugal 81

3.2 Mecanismos jurídicos para o cumprimento da obrigação alimentar em Portugal.. 86

3.2.1 O papel social do estado português e a política pública de combate à inadimplência alimentar 92

3.3 O Fundo de Garantia dos Alimentos Devidos a Menores (FGADM) – Lei 75/98 e Decreto-lei 164/99 de Portugal 94

3.3.1 Características do Fundo Garantidor.. 96

3.3.2 Requisitos cumulativos 98

3.3.3 Responsabilidades a cargo do Fundo Garantidor e o direito de sub-rogação.. 101

3.4 Considerações sobre as vantagens da política pública do estado português no combate à inadimplência alimentar em comparação ao sistema brasileiro.. 104

3.5 Viabilidade, condições e perspectivas de adoção de política semelhante no Brasil.. 106

CONSIDERAÇÕES FINAIS 111

REFERÊNCIAS 117

   Jurisprudência.. 120

      Brasil 120

      Portugal 125

INTRODUÇÃO

O presente trabalho tem como objetivo analisar, a partir do ângulo das políticas públicas, a prisão civil do devedor de alimentos como mecanismo de combate ao problema social da inadimplência alimentar e a possibilidade de se adotar, no sistema brasileiro, em busca de maior eficiência e de redução de custos, um fundo de garantia dos alimentos, nos moldes do sistema de Portugal. Nesse modelo, o Estado, substituindo-se ao devedor insolvente, antecipa o pagamento dos alimentos devidos ao credor e, em contrapartida, sub-roga-se em seus direitos para futuro reembolso.

Por direito natural, o ser humano necessita, para preservar a sua existência e perpetuar a sua espécie, nutrir e manter o ente familiar desprovido de condições de se sustentar por esforço próprio, conferindo o fundamental para a sua sobrevivência e o seu desenvolvimento. Surgem daí dois deveres distintos e de mesma finalidade: o dever de sustento, obrigação de fazer inerente aos pais enquanto em coabitação e na guarda dos filhos, decorrente do poder familiar; e a obrigação alimentar que, na impossibilidade de coabitação entre os genitores, consubstancia-se em obrigação de dar do genitor que ficou sem a companhia do menor.

A obrigação alimentar por vínculo de parentesco dos genitores para com os filhos é corolário da ideia de justiça inerente ao ser humano, de um dever parental transcendental ínsito de auxílio na criação de seus descendentes e assistencial aos ascendentes necessitados. Deve ser regulada, garantida e protegida pelo Estado.

Não se trata, assim, de responsabilidade unicamente da família, do genitor, ainda que seja a primordial. Também é encargo de toda a sociedade e do Estado, nos termos do art. 227 da Constituição Federal (CF), por se estar no âmbito de tutela de valores como a vida, o desenvolvimento humano, a educação, a saúde e a dignidade daqueles que se encontram premidos pela necessidade, em situação de penúria decorrente do descumprimento das prestações de alimentos.

Sob esse prisma é que deflui o reconhecimento da existência de um problema social relevante ligado à subsistência da pessoa humana – a inadimplência da obrigação alimentar –, a ser enfrentado pelo Estado, por meio de suas políticas públicas, para se garantir um mínimo existencial àqueles que necessitam de alimentos.

O Poder Público promove a efetivação dos direitos fundamentais e sociais por meio de políticas públicas nas quais o gestor decide as ações e os programas que devem ser implementados para enfrentamento de problemas sociais relevantes, consecução de objetivos e devida proteção dos bens jurídicos. Ao se valer de arranjos normativos, inclusive de natureza processual e de meios coercitivos, tem o propósito de corrigir desvirtuamentos ou a finalidade de estimular comportamentos para, assim, realizar objetivos socialmente relevantes e politicamente determinados da forma mais eficiente.

No Brasil, com relação aos alimentos, tem-se uma política pública voltada à alimentação adequada (mínimo essencial), cuja prestação é ônus Estatal e que está atrelada ao direito social do art. 6º da CF. Assim como existe uma política pública voltada especificamente ao combate do problema público da insolvência da prestação alimentar (mínimo existencial, vital) decorrente das relações de parentesco, objeto desta dissertação.

Nessa perspectiva, no tocante à efetivação do direito fundamental aos alimentos e à prestação de uma tutela jurisdicional efetiva, o legislador constituinte, operacionalizando uma política pública, autorizou, dentre diversos mecanismos legais possíveis, a utilização da técnica executiva da prisão civil (art. 5º, inciso LXVII, da Constituição) pelo prazo de 1 (um) a 3 (três) meses, como instrumento jurídico ágil, célere e eficaz. Por meio da pressão psicológica, com a ameaça à restrição de sua liberdade, visa à satisfação do débito e, assim, garantir o mínimo existencial àqueles em situação de indigência em decorrência da inadimplência.

Ocorre que, diante da escassez dos recursos, o gestor público deve realizar a escolha dos caminhos e mecanismos de determinada política pública da forma mais racional, pautando-se em evidências decorrentes de uma avaliação de impacto legislativo baseada em dados relacionados a estudos de gastos públicos, de custo-benefício, de eficiência etc.

O tema é, ao mesmo tempo, complexo e relevante, já que o estudo se volta justamente a demonstrar a necessidade de uma investigação mais profunda e científica da prisão civil como instrumento idôneo para a tutela efetiva do direito aos alimentos. Apesar de ser tida como mecanismo processual extremamente eficiente, o seu tratamento ainda é incipiente, em especial diante da falta de conhecimento sobre os seus reais impactos, a sua eficiência e adequação e, principalmente, sobre os seus custos.

No âmbito do 1º Grau da justiça brasileira, existem mais de 860 mil[1] credores passando pelo problema da inadimplência alimentar e que buscaram o judiciário para a tutela efetiva do seu direito fundamental, conforme números

---

1. Disponível em: chrome-extension://efaidnbmnnnibpcajpcglclefindmkaj/https://www.cnj.jus.br/wp-content/uploads/2024/05/justica-em-numeros-2024-v-28-05-2024.pdf. Acesso em: 31 jan. 2025. *Justiça em números 2024* / Conselho Nacional de Justiça. – Brasília: CNJ, 2024, p. 351.

disponibilizados pelo Conselho Nacional de Justiça. Atualmente, encontram-se 2.452[2] pessoas privadas de sua liberdade em razão da prisão civil, com diversos custos de diversas ordens: financeiros, de tempo, de direitos humanos, sociais, familiares, morais, internacionais e, ainda assim, não é garantido que o credor receberá os seus alimentos.

O valor para a manutenção do devedor de alimentos no sistema penitenciário é de cerca de R$ 2.146 mil por mês aos cofres públicos,[3] sendo que o custo unitário de um processo executivo é de aproximadamente de R$ 4.368,00,[4] tendo uma duração aproximada de 3 anos.[5]

Assim, tendo-se em conta que a prisão civil é, em regra, decretada por um prazo de 3 (três) meses, há um gasto público próximo de R$ 6,5 mil que, somado ao custo médio do processo executivo (em torno de R$ 4 mil reais), verifica-se que o Poder Público acaba tendo um gasto aproximado de R$ 10,5 mil, isto é, cerca de R$ 3,5 mil por mês com o devedor de alimentos.

Estima-se que o custo mínimo do aluno no Brasil, previsto para o exercício de 2020, é de aproximadamente R$ 3,643,16 mil por ano. Portanto, um aluno estudando por um ano inteiro dispende o equivalente ao que o Estado desembolsa em apenas um mês de prisão do devedor de alimentos.

Em adição, o devedor é encarcerado em presídio de segurança máxima ou média, em regime fechado, apesar de o Supremo Tribunal Federal já ter reconhecido a existência de um Estado de Coisas Inconstitucional (ECI) no sistema prisional brasileiro, pela constatação de violações generalizadas e sistêmicas de

---

2. Disponível em: https://portalbnmp.cnj.jus.br/#/estatisticas. Acesso em: 31 jan. 2025.
3. Conforme o relatório *Calculando custos* prisionais: panorama nacional e avanços necessários do CNJ, CONSELHO NACIONAL DE JUSTIÇA, *Calculando custos prisionais [recurso eletrônico]*: panorama nacional e avanços necessários / Conselho Nacional de Justiça, Programa das Nações Unidas para o Desenvolvimento, Departamento Penitenciário Nacional; coordenação de Luís Geraldo Sant'Ana Lanfredi et al. Brasília: Conselho Nacional de Justiça, 2021, p. 23. Disponível em: https://www.cnj.jus.br/wp-content/uploads/2021/11/calculando-custos-prisionais-panorama-nacional-e-avancos--necessarios.pdf. Acesso em: 6 dez. 2021.
4. Como não se encontrou dados sobre o custo unitário do processo de execução de alimentos, adotou-se, como base informativa, o custo de um processo de execução fiscal, o único que dispõe de dados confiáveis, justamente por representar o maior contingente de ações no Judiciário brasileiro. Disponível em: http://ipea.gov.br/agencia/images/stories/PDFs/relatoriopesquisa/121009_relatorio_custounitario_justicafederal.pdf. Acesso em: 11 nov. 2021. Por outro lado, em estudo realizado pelo Centro de Pesquisas sobre o Sistema de Justiça brasileiro (CPJus) do Instituto Brasiliense de Direito Público (IDP) revelou que o custo médio de um processo julgado no país em 2013 é de R$ 2.369,73, em que a Justiça Estadual apresentou um custo de R$ 1.795,71, a Justiça Federal de R$ 2.063,39 e a Justiça do Trabalho de R$ 3.250,08. Disponível em: https://www.conjur.com.br/dl/idjus2013.pdf. Acesso em: 8 dez. 2021.
5. CONSELHO NACIONAL DE JUSTIÇA, *Justiça em números 2021*. Brasília: CNJ, 2021, p. 181. Disponível em: https://www.cnj.jus.br/wp-content/uploads/2021/11/relatorio-justica-em-numeros2021-051121.pdf. Acesso em: 11 nov. 2021.

direitos fundamentais dos presos. O curioso é que, em sentido diametralmente oposto, o sistema penal brasileiro vem incentivando a adoção de métodos despenalizadores em substituição à prisão.

Nesse passo, no que toca aos direitos humanos e o custo internacional, a medida extrema é considerada desproporcional aos fins buscados, em afronta ao princípio constitucional da dignidade humana.

Ademais, há o custo moral, familiar e social, uma vez que a prisão civil pode acarretar um abalo moral no devedor, com a desmoralização e quebra dos direitos de sua personalidade, além de agravar a ruptura física e psicológica na relação entre pai e filho e de poder reforçar exclusões no ambiente de trabalho, perante o seu meio social, reduzindo oportunidades e trazendo impactos negativos tanto para o devedor "apenado" como para os seus familiares.

Diante de uma avaliação de impacto legislativo de tal política pública, após o estudo das características da prisão civil, dos aspectos jurídicos, sociais e econômicos a ela atrelados e dos seus números mais relevantes, lançam-se questionamentos sobre a referida técnica executiva processual, já que o direito à prestação jurisdicional inclui ter acesso a um procedimento capaz de atender de modo eficaz ao direito material, de forma menos gravosa e mais eficiente possível. Isto é, deve ser alocativamente eficiente – pois nem sempre o bem da vida protegido tem sido adjudicado a quem de direito, já que não há garantia de pagamento da pensão alimentícia – e produtivamente eficiente – diante de seus elevados custos sistêmicos (financeiros, sociais, humanos, familiares etc.).

Por outro lado, é sabido que o mundo ocidental, em grande parte dos seus países, acabou por abolir de suas ordens jurídicas a medida coercitiva da prisão civil como meio de coerção, especialmente, em razão do princípio da dignidade humana do devedor.

A partir disso, busca-se contribuir, de alguma forma, para a elaboração de uma política pública de combate à inadimplência alimentar, fundada em evidências, permitindo um melhor desenho da ação estatal por meio de seu processo legislativo, com possíveis soluções alternativas de ação, pelo Estado, para minorar o problema social. Como parâmetro, tem-se a investigação da experiência internacional, mais precisamente o sistema de Portugal, que adota um Fundo de Garantia, para cobrir, em favor das crianças carecidas de alimentos, as parcelas inadimplidas de genitores devedores de alimentos e, em contrapartida, sub-roga-se em seus direitos para futuro reembolso, com os privilégios processuais de um título executivo cobrado pelo Poder Público.

Para enfrentar de modo adequado a questão posta, o livro é composto por três capítulos. No primeiro deles, efetiva-se uma análise da obrigação alimentar no sistema brasileiro e o seu correspondente direito fundamental inerente ao dever de sustento. Perpassa-se, posteriormente, o exame dos conceitos de política pública e de sua finalidade no enfrentamento de problemas públicos relevantes, até se chegar ao problema social da inadimplência alimentar. Em seguida, faz-se o estudo das técnicas processuais e dos meios executivos como instrumentos de política pública para, ao final, tratar da prisão civil como mecanismo de política pública em busca de uma tutela efetiva, assentando-se as bases do raciocínio desenvolvido no trabalho.

No segundo capítulo, são fornecidas as bases teóricas que dão suporte ao presente trabalho, abordando-se detidamente a prisão civil do devedor de alimentos. Expõem-se os seus aspectos jurídicos, trazendo à baila os paradigmáticos julgados do Supremo Tribunal Federal (RE's 349.703 e 466.343) que afastaram a possibilidade de prisão civil do depositário infiel. Pontuam-se, ainda, os caracteres e a natureza jurídica da prisão civil por dívida, traçando-se as diferenças entre a prisão civil, a penal e a administrativa, além das questões estruturais decorrentes da pandemia. Após, o trabalho se volta ao estudo dos números da prisão civil e expõe a ciência da legislação e a avaliação de impacto legislativo, trazendo, por fim, considerações finais a respeito da necessidade de uma análise de impacto da técnica processual da prisão civil.

O terceiro e último capítulo constitui a análise central desta obra. Ele está reservado para abordar os aspectos jurídicos da obrigação alimentar em Portugal, passando, num segundo plano, pela análise dos mecanismos jurídicos voltados a coagir o devedor naquele país e, seguidamente, pela análise do papel social do estado português e a sua política pública de combate à inadimplência alimentar. Após, realiza-se uma análise pormenorizada do Fundo Garantidor de Alimentos Devidos a Menores, destacando as suas principais características, esclarecendo os seus requisitos e as polêmicas em torno dele, as suas responsabilidades e o direito de sub-rogação do Estado para, depois, efetivar considerações a respeito da racionalidade e das vantagens do sistema português em detrimento do brasileiro. Em conclusão, pondera-se sobre a viabilidade, as condições e as perspectivas de adoção de política semelhante no Brasil.

O estudo buscou analisar, de forma qualitativa e exploratória, a literatura nacional e estrangeira disponíveis, e a legislação e a jurisprudência sobre o tema no Brasil e em Portugal, por meio do método dedutivo-indutivo e de investigação bibliográfica.

Ao final, algumas propostas são apontadas como meio de aperfeiçoamento da política pública de combate à inadimplência alimentar, tema de alta complexidade e que envolve não apenas o Brasil, tratando-se de uma preocupação mundial.

1
A OBRIGAÇÃO ALIMENTAR E O PAPEL DO ESTADO NA ELABORAÇÃO DE POLÍTICAS PÚBLICAS

O ser humano é um ser carente por excelência, especialmente em seus primeiros anos de vida. Ele é, por natureza, instintivamente incapaz de produzir os meios necessários à sua mantença, sendo, desde a sua concepção, dependente do que se chama "alimentos". Daí o entendimento de que se lhe deve ser reconhecido, por condição de vida e por princípio natural da sociedade, o superior direito de ser nutrido pelos responsáveis por sua criação durante todo o período de formação, de desenvolvimento físico e mental,[1] uma solidariedade familiar.

A expressão alimento advém do termo latim *alimentum*, que significa sustento, manutenção, subsistência. Descende do verbo *alo, is, ui, itum ere* (alimentar, nutrir, desenvolver, aumentar, animar, fomentar, manter, sustentar, favorecer, tratar bem).[2]

Logo, alimentos é a expressão adotada no direito para indicar o conteúdo de uma pretensão ou obrigação, sendo locução técnico-jurídica que designa uma verba (ou prestação *in natura*) destinada àquele que não consegue prover por si mesmo a sua subsistência.[3] Em sentido amplo, é a prestação periódica reconhecida a alguém, por um título de direito, para exigi-la de outrem, como essencial à sua manutenção.[4]

Aliás, a conceituação jurídica de alimentos desdobra-se para além de sua acepção fisiológica, "a tudo mais necessário à manutenção individual: sustento, habitação, vestuário, tratamento. Assim já se entendia nas *Ordenações* (Livro I, Tít. 88, § 15) e assim é em direito comparado".[5]

---

1. CAHALI, Yussef Said. *Dos alimentos*. 8. ed. São Paulo: RT, 2013, p. 230.
2. AZEVEDO, Álvaro Villaça. *Curso de direito civil*: direito de família. 2. ed. São Paulo: Saraiva Educacional, 2019, p. 299.
3. PEREIRA, Rodrigo da Cunha. *Dicionário de direito de família e sucessões*. 2. ed. São Paulo: Saraiva Educação, 2018, p. 83.
4. CAHALI, Yussef Said, *Dos alimentos*. 8. ed. São Paulo: RT, 2013, p. 16.
5. PEREIRA, Caio Mário da Silva. *Instituições de Direito Civil*: direito de família. Rio de Janeiro, Forense, 2012, v. 5, p. 527.

Em seu nascedouro, no direito romano, os alimentos eram tidos como uma caridade, um dever moral e de piedade, decorrente de relações de clientela e patronato, não havendo que se falar em obrigação alimentar com fundamento nas relações de parentesco.[6]

Apenas posteriormente, no período imperial romano, é que o vínculo familiar passou a ser fundamento, por obra de vários escritos mediante a *cognitio* dos cônsules *extra ordinem*.[7] Institucionalizada a obrigação alimentar, ampliada e propagandeada pelo direito canônico, tornou-se *pari passu* uma obrigação jurídica.[8]

Como bem leciona Del Vecchio:

> Uma vez que a própria gênese da pessoa, empiricamente considerada, implica uma relação intersubjetiva, mediante tal relação fica já criado e determinado um vínculo de justiça entre os generantes e o gerado (justiça *parental*). Assim como os primeiros devem atribuir a si o nascimento do novo ente, assim também não podem eximir-se à obrigação de seguir a formação do mesmo ente, até que ela seja completa. Trazer à vida um novo ser, para deliberadamente o abandonar enquanto dura o processo de seu desenvolvimento, ou seja, antes que êle alcance em concreto a sua *autarcia*, é incompatível com o respeito devido ao valor absoluto da pessoa (que subsiste, virtualmente, desde a fase embrionária de sua vida).[9]

Como se percebe, a obrigação alimentar por vínculo de parentesco dos genitores para com os filhos é corolário da ideia de justiça inerente ao ser humano, de um dever parental transcendental ínsito de auxílio na criação de seus descendentes e assistencial aos ascendentes necessitados, que deve ser regulado e protegido pelo Estado.

Em verdade, não se trata de um mero dever derivado do direito de sangue, mas de um dever com fundamento no direito natural, inato do ser humano e de sua personalidade, imposto *ex iure divino* e que sequer precisa estar normatizado: os consanguíneos devem se ajudar mutuamente para a preservação de sua existência e perpetuação de sua espécie.[10]

Importante pontuar que as ideias de dever de sustento e de obrigação alimentar não se confundem. O dever de sustento consubstancia-se quando os pais asseguram *in natura* as necessidades do filho sob poder familiar, perfazendo-se numa obrigação de fazer. Já a obrigação alimentar propriamente dita, em regra,

---

6. AZEVEDO, Álvaro Villaça. *Curso de direito civil*: direito de família. 2. ed. São Paulo: Saraiva Educacional, 2019, p. 299-300.
7. CAHALI, Yussef Said. *Dos alimentos*. 8. ed. São Paulo: RT, 2013, p. 41.
8. CAHALI, Yussef Said. *Dos alimentos*. 8. ed. São Paulo: RT, 2013, p. 32.
9. DEL VECCHIO, Giorgio. *A Justiça*. Tradução portuguesa de António Pinto de Carvalho. São Paulo: Saraiva, 1960, p. 131-132.
10. AZEVEDO, Álvaro Villaça. *Prisão Civil por Dívida*. 3. ed. São Paulo: Atlas, 2012, p. 175-177.

traduz-se pelo pagamento de prestações periódicas em dinheiro, numa verdadeira obrigação de dar,[11] como adverte Cahali:

> Tecnicamente, assim, a obrigação de sustento define-se como uma *obrigação de fazer*, enquanto a obrigação alimentar consubstancia uma *obrigação de dar*.
> Apenas quando se verifica a impossibilidade de coabitação dos genitores, mantido o menor na companhia de um deles, ou de terceiros, é que a execução da obrigação de sustento (obrigação de fazer) se resolve na prestação do equivalente (obrigação de dar), e passa a representar assim uma forma suplementar colocada à disposição do filho para a obtenção dos meios de subsistência e educação.[12]

Todos os esforços dos pais devem se voltar na perspectiva de conceber o seu descendente como "um ser em condições de viver por si mesmo, de se desenvolver e de sobreviver sem o auxílio de terceiros, tornando, à sua vez, capaz de ter filhos, em condições de criá-los".[13]

O dever inerente ao ser humano de sustentar a sua casta é reconhecido, em todos os tempos e em todos os lugares, positivado em costumes e leis de todos os povos,[14] estando inserto em diversos tratados de direitos humanos de âmbito tanto global quanto regional (interamericano),[15] tendo o legislador consagrado tal obrigação de auxílio mútuo familiar como uma obrigação alimentar típica.[16]

A obrigação alimentar, objeto do presente estudo, decorre exatamente desse vínculo de direito das famílias, de consanguinidade e de afinidade, com substrato na Constituição Federal e legislações correlatas. Quanto mais se desenvolve o espectro das entidades familiares e se estendem os conceitos de família e de filiação, mais novas matizes poderão influenciar a dinâmica de tal obrigação.

A noção conceitual de família, a propósito, vem se adaptando ao desempenho de sua função social, aperfeiçoando-se como "ponto de referência central do indivíduo na sociedade; uma espécie de aspiração à solidariedade e à segurança que dificilmente pode ser substituída por qualquer outra forma de convivência social".[17]

---

11. CAHALI, Yussef Said. *Dos alimentos*. 8. ed. São Paulo: RT, 2013, p. 335.
12. CAHALI, Yussef Said. *Dos alimentos*. 8. ed. São Paulo: RT, 2013, p. 335.
13. CAHALI, Yussef Said. *Dos alimentos*. 8. ed. São Paulo: RT, 2013, p. 38.
14. DEL VECCHIO, Giorgio. *A Justiça*. Tradução portuguesa de António Pinto de Carvalho. São Paulo: Saraiva, 1960, p. 132.
15. Exemplos: Declaração Universal dos Direitos Humanos (art. XXV, n. 1); Convenção Americana sobre Direitos Humanos (art. 7.7); Convenção sobre os Direitos das Crianças (arts. 24, 2, b e 27, 4); Pacto Internacional dos Direitos Econômicos, Sociais e Culturais (art. 11, n. 1); Protocolo Adicional à Convenção Americana sobre Direitos Humanos em Matéria de Direitos Econômicos, Sociais e Culturais – Protocolo de San Salvador (art. 12).
16. CAHALI, Yussef Said. *Dos alimentos*. 8. ed. São Paulo: RT, 2013, p. 41.
17. TEPEDINO, Gustavo. *Temas de Direito Civil*. 4. ed. Rio de Janeiro: Renovar: 2008, p. 394.

Sob esse prisma é que deflui o reconhecimento da existência de um problema social relevante ligado à subsistência da pessoa humana: a inadimplência da obrigação alimentar. Problema esse a ser enfrentado pelo Estado por meio de suas políticas públicas, a fim de se garantir um mínimo existencial àqueles que necessitam de alimentos. Nesse sentido, as políticas públicas são o instrumento da ação estatal, de modo a torná-la planejada e organizada, com vistas à consecução dos objetivos pretendidos, seja o alcance de estados de coisas, seja a devida proteção a bens jurídicos valiosos.

É por meio das políticas públicas[18] que o Poder Público conseguirá, sistematicamente, efetivar os fins previstos no texto constitucional, máxime com relação aos direitos fundamentais, cujas promoção e proteção exigem ações e omissões estatais de forma que melhor se realizem os propósitos constitucionais. A partir do momento em que os valores e as opções políticas se convertem em normas jurídicas, torna-se imperioso desenvolver uma dogmática específica propícia a conferir eficácia jurídica a referidos elementos normativos.[19]

Realmente, por se estar no âmbito de um direito fundamental (e também social[20]) a alimentos é que se incumbe ao Estado efetivar os comandos gerais contidos na ordem jurídica para fins de "implementar ações e programas dos mais diferentes tipos, garantir a prestação de determinados serviços etc.",[21] densificando o preceito constitucional que ampara esse direito natural aos alimentos.

A compreensão das políticas públicas como categoria jurídica se faz justamente pela necessidade de se buscar formas de concretização dos direitos humanos, mais precisamente dos direitos fundamentais e sociais.[22] Sua efetivação envolverá decisões nos mais diversos campos do conhecimento, como a análise de gastos públicos, de custo-benefício, de eficiência, de razoabilidade, dentre

---

18. Pode haver, por exemplo, uma política pública principal que seja composta de mais políticas públicas que a operacionalizam, em que "a cada nível da política pública, há um entendimento dos problemas e soluções, há uma configuração institucional diferentes, existem atores e interesses diferentes" (SECCHI, Leonardo. *Políticas públicas*: conceitos, esquemas de análise, casos práticos. 2. ed. São Paulo: Cengage Learning, 2013, p. 9).
19. BARCELLOS, Ana Paula de. Neoconstitucionalismo, Direitos Fundamentais e Controle das Políticas Públicas, In: NOVELINO, Marcelo (Coord.). *Leituras Complementares de Direito Constitucional*: direitos humanos e direitos fundamentais. Salvador: JusPodivm, 2008, p. 134 e 137.
20. Art. 6º, *caput*, da Constituição Federal. [Constituição (1988)]. Constituição da República Federativa do Brasil de 1988. Brasília, DF: Presidência da República, [2021]. Disponível em: http://www.planalto.gov.br/ccivil_03/constituicao/constituicao.htm. Acesso em: 31 jan. 2022.
21. BARCELLOS, Ana Paula de. Neoconstitucionalismo, Direitos Fundamentais e Controle das Políticas Públicas, In: NOVELINO, Marcelo (Coord.). *Leituras Complementares de Direito Constitucional*: direitos humanos e direitos fundamentais. Salvador: JusPodivm, 2008, p. 138.
22. BUCCI, Maria Paula Dallari. O conceito de política pública em direito. In: BUCCI, Maria Paula Dallari (Org.). *Políticas Públicas. Reflexões sobre o Conceito Jurídico*. São Paulo: Saraiva, 2006, p. 3.

outros, exigindo do *policymaker*, diante da escassez dos recursos públicos, a melhor escolha, como bem pontua Ana Paula de Barcellos:

> (i) a Constituição estabelece como um de seus fins essenciais a promoção dos direitos fundamentais; (ii) as políticas públicas constituem o meio pelo qual os fins constitucionais podem ser realizados de forma sistemática e abrangente; (iii) as políticas públicas envolvem gasto de dinheiro público; (iv) os recursos públicos são limitados e é preciso fazer escolhas; *logo* (v) a Constituição vincula as escolhas em matéria de políticas públicas e dispêndio de recursos públicos.[23]

Nessa ordem de ideias, o Estado deverá definir políticas públicas, coordenando os meios à disposição do Poder Público e das atividades privadas,[24] por exemplo, com arranjos normativos coercitivos para corrigir desvirtuamentos ou com a finalidade de estimular comportamentos. Assim, realiza objetivos socialmente relevantes e politicamente determinados, reduzindo ou mitigando determinado problema público – como o enfrentamento da inadimplência do responsável pela obrigação alimentar – em prol do bem-estar social. A obrigação Estatal "debe abarcar, pues, tanto políticas públicas destinadas a la protección de los derechos del niño [...] como reformas legales para mejorar las normas sustaciales y procesales que aseguren de manera más efectiva el cumplimento de la oblitación alimentaria".[25]

No Brasil, com relação aos alimentos, pode-se dizer que existe uma política pública voltada à alimentação adequada (mínimo essencial),[26] cuja prestação é ônus Estatal[27] e que está atrelada ao direito social do art. 6º da

---

23. BARCELLOS, Ana Paula de. Neoconstitucionalismo, Direitos Fundamentais e Controle das Políticas Públicas, In: NOVELINO, Marcelo (Coord.). *Leituras Complementares de Direito Constitucional*: direitos humanos e direitos fundamentais. Salvador: Juspodivm, 2008, p. 139.
24. BUCCI, Maria Paula Dallari. O conceito de política pública em direito, In: BUCCI, Maria Paula Dallari (Org.). *Políticas Públicas. Reflexões sobre o Conceito Jurídico*. São Paulo: Saraiva, 2006, p. 39.
25. GROSMAN, Cecília P. Alimentos a Los Hijos y Derechos Humanos. La Responsabilidad del Estado. In: GROSMAN, Cecília et al. *Alimentos a Los Hijos y Derechos Humanos*. Buenos Aires: Editorial Universidad, 2004, p. 48-49.
26. Nessa perspectiva, sempre existiram programas como, por exemplo, o programa "Renda Mínima" de autoria do Senador Suplicy em 1991, implementado de forma semelhante pelo governo Fernando Henrique e o "Bolsa Família" do governo Lula, cujo escopo era, inegavelmente, satisfazer "um *mínimo vital* do direito fundamental à alimentação; não um *mínimo essencial*, que só se efetivará com a alimentação adequada" (SILVA, José Afonso da. *Comentário Contextual à Constituição*. 9. ed. São Paulo: Malheiros, 2014, p. 189).
27. Em sintonia com os reclamos internacionais, o Brasil editou a Lei 11.346/2006, que concebeu o Sistema Nacional de Segurança Alimentar e Nutricional, voltado a assegurar o direito humano à alimentação adequada, antecipando a modificação constitucional efetivada em 2010, como o reconhecimento do direito à alimentação como direito social, já prevendo em seu art. 2º que "a alimentação adequada é direito fundamental do ser humano, inerente à dignidade da pessoa humana e indispensável à realização dos direitos consagrados na Constituição Federal, devendo o Poder Público adotar as políticas e ações que se façam necessárias para promover e garantir a segurança alimentar e nutricional da população".

CF. Há, também, uma política pública voltada especificamente contra a inadimplência da pensão alimentícia (mínimo existencial, vital) decorrente das relações de parentesco.[28]

Para esta última hipótese em específico, o legislador constituinte autorizou, dentre os diversos instrumentos legais possíveis, a utilização da técnica executiva da prisão civil (art. 5º, inciso LXVII, CF),[29] visando coagir o devedor de alimentos pela ameaça do cárcere, incentivando o pagamento regular do débito alimentar.

Assim, respaldada na garantia constitucional que não admite, como regra geral, a prisão civil por dívida, salvo a do devedor de alimentos, operacionalizou-se a política pública voltada a fomentar o direito fundamental aos alimentos por vínculo de consanguinidade e de laços de família por meio da previsão de instrumentos legais destinados ao combate do problema público da insolvência da prestação alimentar.

Nessa linha de ideias é que se deu ênfase, neste primeiro capítulo, à obrigação alimentar no sistema brasileiro e ao seu correspondente direito fundamental, inerente ao dever de sustento, passando-se, posteriormente, pela análise dos conceitos de política pública e de sua finalidade no enfrentamento de problemas públicos relevantes, até se evoluir, no tópico seguinte, para o problema social da inadimplência alimentar. Em seguida, o estudo desenvolveu a ideia das técnicas processuais e dos meios executivos como instrumentos de política pública, para concluir, no último item, sobre a prisão civil como mecanismo de política pública em busca de uma tutela efetiva.

1.1 A OBRIGAÇÃO ALIMENTAR NO SISTEMA JURÍDICO BRASILEIRO

Envolvida em larga escala na concretização dos direitos econômicos e sociais, a Constituição Federal de 1988, por sua Emenda Constitucional (EC) 64/2010, depositou no instituto dos alimentos, como diretriz da ordem jurídica e substrato no princípio da solidariedade (CF, art. 3º, I), a relevante função de garantir a manutenção recíproca de pessoas ligadas por vínculo familiar. Não somente de crianças e adolescentes, mas de todas aquelas pessoas em situação de vulnerabilidade (como idosos, deficientes, desempregados ou com a capacidade

---

28. O Superior Tribunal de Justiça, no julgamento do HC 740.531/SP (relator Ministro Luis Felipe Salomão, Segunda Seção, julgado em 26.10.2022, DJe de 27.12.2022), reconheceu a inadimplência da obrigação alimentar como problema social a ser enfrentado pelo Estado por meio de políticas públicas.
29. Art. 5º (...) LXVII – não haverá prisão civil por dívida, salvo a do responsável pelo inadimplemento voluntário e inescusável de obrigação alimentícia e a do depositário infiel.

laborativa diminuída),[30] além do dever de assistência em consequência da ruptura matrimonial ou de convivência.[31]

Em seu Título VIII, "Da ordem social", a Carta constitucional estabeleceu a regulamentação básica de concretização dos direitos sociais (arts. 193 a 232), atribuindo como "dever da família, da sociedade e do Estado, assegurar à criança, ao adolescente e ao jovem, com absoluta prioridade, o direito à vida, à saúde, à alimentação [...], além de colocá-los a salvo de toda forma de negligência" (art. 227) e que "os pais têm o dever de assistir, criar e educar os filhos menores, e os filhos maiores têm o dever de ajudar e amparar os pais na velhice, carência ou enfermidade" (art. 229).

O art. 229, aliás, é tido como um dispositivo de conteúdo programático, que merece elogios, segundo Ives Gandra Martins, "por veicular princípio de direito natural da obrigação dos pais de cuidar de seus filhos menores e dos filhos maiores de cuidarem de seus pais na velhice, carência ou enfermidade",[32] reforçando o sentido da união familiar.

A obrigação alimentar provém, como dito, desse vínculo jurídico familiar,[33] que impõe o dever aos parentes do necessitado (ou pessoa a ele ligada por um elo civil) de lhe proporcionar condições mínimas para a sua sobrevivência, não como favor ou generosidade, mas sim como obrigação judicialmente exigível.[34]

Pelo sistema jurídico brasileiro, a causa jurídica do dever alimentar pode advir da lei, do ato ilícito ou da vontade (contrato ou testamento). No entanto, apenas "os alimentos legítimos", derivados *ex dispositione iuris*, decorrentes da

---

30. FARIAS, Cristiano Chaves de; ROSENVALD, Nelson. *Curso de Direito Civil*: Famílias. 13. ed. Salvador: JusPodivm, 2021, p. 754.
31. À guisa de exemplo, tanto o Supremo Tribunal Federal como o Superior Tribunal de Justiça já reconheceram a incidência do princípio nessas relações: "a obrigação alimentar ou pressupõe a existência de relação de parentesco, como está expresso nos arts. 396 e 397 do Código Civil, a valorizar o princípio da solidariedade familiar, ou assenta no dever de mútua assistência entre os cônjuges (ver art. 231, inc. III, do Código Civil e art. 19 da Lei de Divórcio). Daí, decorre que entre concubinos não há direito a prestação alimentar" (RE 102877, Rel. Ministro Djaci Falcão, Segunda Turma, julgado em 14.09.1984, DJ 26.10.1984); "a união duradoura entre homem e mulher, com o propósito de estabelecer uma vida em comum, pode determinar a obrigação de prestar alimentos ao companheiro necessitado, uma vez que o dever de solidariedade não decorre exclusivamente do casamento, mas também da realidade do laço familiar" (REsp 102.819/RJ, Rel. Ministro Barros Monteiro, Quarta Turma, julgado em 23.11.1998, DJ 12.04.1999).
32. MARTINS, Ives Gandra; BASTOS, Celso Ribeiro. *Comentários à Constituição do Brasil*: promulgada em 5 de outubro de 1988. 2 ed. São Paulo: Saraiva, 2000, v. 8: arts 193 a 232. p. 1105.
33. O cerne da obrigação é justamente esse liame jurídico, tido como o elemento abstrato, imaterial ou espiritual, que une as partes, sujeitando o devedor a uma prestação em favor do credor, sob pena de excussão patrimonial por meio do Poder Judiciário, conforme FARIAS, Cristiano Chaves de; ROSENVALD, Nelson. *Curso de Direito Civil*: Obrigações. 15. ed. Salvador: JusPodivm, 2021, p. 101.
34. PEREIRA, Caio Mário da Silva. *Instituições de Direito Civil*: direito de família. Rio de Janeiro, Forense, 2012, v. 5, p. 527.

solidariedade familiar e do dever de mútua assistência, estão inseridos no Direito de Família"[35] e seu descumprimento poderá dar ensejo à técnica executiva da prisão civil.[36]

E malgrado esteja fundado em uma relação familial, os alimentos continuam sendo de interesse direto de toda a sociedade – "os romanos denominavam-na *officium* e *pietas* expressões que traduzem o fundamento moral do instituto, o dever de mutuamente, se socorrerem os parentes, na necessidade".[37] Justifica-se, daí, o caráter de ordem pública das disposições legais atinentes à dívida alimentar, obrigando-as a todos, como adverte Clóvis Beviláqua, o clássico civilista brasileiro.[38]

Yussef Said Cahali também aponta o caráter publicístico da obrigação alimentar, notadamente porque a obrigação de alimentos revela a manifestação de um dos essenciais direitos da personalidade, o direito à vida, que também é especialmente protegido pelo Estado:

> À evidência, o interesse tutelado pelo direito, com a imposição do encargo alimentar, é o interesse social na vida daquele que se encontra premido pelas necessidades e em indigência, sem condições de sobreviver pelo esforço próprio.
>
> [...]
>
> A obrigação alimentícia não se funda exclusivamente sobre um interesse egoístico-patrimonial próprio do alimentando, mas sobre um interesse de natureza superior que poderia qualificar como um *interesse público familiar*.[39]

No Direito de Família, portanto, convivem de forma interligada o público e o privado, sem a demarcação de fronteiras estanques, autorizando-se, quando necessário, a interferência do Estado em prol da tutela da pessoa humana.[40]

Entrelaçam-se, no quesito obrigação alimentar no Brasil, as responsabilidades da família (oriundas do poder familiar dos pais em relação aos filhos, por vínculo de parentesco e da solidariedade familiar entre os parentes; do dever de mútua assistência no casamento e na união estável), da sociedade – mais pre-

---

35. AZEVEDO, Álvaro Villaça. *Curso de direito civil*: direito de família. 2. ed. São Paulo: Saraiva Educacional, 2019, p. 304.
36. O STJ afastou a possibilidade de prisão civil decorrente de ato ilícito, os chamados alimentos indenizatórios. Ver HC 523.357/MG, Rel. Ministra Maria Isabel Gallotti, Quarta Turma, julgado em 1º.09.2020, DJe 16.10.2020.
37. BEVILÁQUA, Clóvis. *Código Civil dos Estado Unidos Comentado*. Rio de Janeiro: Ed. Livraria Francisco Alves, 1943, v. 2, p. 386.
38. BEVILÁQUA, Clóvis. *Código Civil dos Estado Unidos Comentado*. Rio de Janeiro: Ed. Livraria Francisco Alves, 1943, v. 2, p. 386.
39. CAHALI, Yussef Said. *Dos alimentos*. 8. ed. São Paulo: RT, 2013, p. 32-33.
40. MORAES, Maria Celina Bodin de; TEIXEIRA, Ana Carolina Brochado. Comentário ao artigo 227. In: CANOTILHO, J.J. Gomes; MENDES, Gilmar F.; SARLET, Ingo W.; STRECK, Lenio L. (Coord.). *Comentários à Constituição do Brasil*. São Paulo: Saraiva: Almedina, 2013, p. 2130.

cisamente dos cidadãos e das instituições sociais[41] – e do Estado (CF, art. 227), de forma residual, colocando-se o ente público em confortável terceira posição, com total prevalência do encargo à família,[42] em dicção similar à adotada pelo Estatuto do Idoso.[43]

Cuidou a Constituição, assim, de proteger essa relação, tendo em conta que a família é a base da sociedade (art. 226, *caput*), sendo a obrigação alimentar inerente ao dever de cuidado de seus membros. Por outro lado, compartilha tal responsabilidade com a sociedade e o Estado, deixando de atribuí-la diretamente ao Poder Público como uma natureza assistencialista, por ensejar um encargo excessivo e de baixa efetividade.

1.1.1 Direitos fundamentais e dever de sustento

A partir da Emenda Constitucional (EC 64/2010), o texto constitucional alçou expressamente o direito à alimentação como um direito social (art. 6º), reforçando ainda mais a sua magnitude e importância como um "direito essencial, fundamental e atributo da pessoa humana",[44] representando o caráter prestacional do Estado (em detrimento de uma posição abstencionista), tendo como escopo, para além do enfrentamento do combate à fome e à miséria, a implantação de políticas públicas de combate à insegurança alimentar.[45]

A inovação constitucional[46] sedimentou a importância de um direito à alimentação adequada[47] como um direito fundamental social integrante do nosso

---

41. CANOTILHO, José Joaquim Gomes; MOREIRA, Vital, *Constituição da República Portuguesa Anotada*. Coimbra, PT: Coimbra Editora, 2007, v. I, 1. ed. brasileira, 4. ed. portuguesa p. 869.
42. DIAS, Maria Berenice. *Alimentos* – Direito, ação, eficácia, execução. 3. ed. Salvador: JusPodivm, 2020, p. 22.
43. Dispõe o art. 14 que "se o idoso ou seus familiares não possuírem condições econômicas de prover o seu sustento, impõe-se ao Poder Público esse provimento, no âmbito da assistência social".
44. PEREIRA, Rodrigo da Cunha. *Dicionário de direito de família e sucessões*. 2. ed. São Paulo: Saraiva Educação, 2018, p. 85.
45. O Brasil editou a Lei 11.346/2006 que concebeu o Sistema Nacional de Segurança Alimentar e Nutricional, prevendo, em seu art. 2º, que "a alimentação adequada é direito fundamental do ser humano, inerente à dignidade da pessoa humana e indispensável à realização dos direitos consagrados na Constituição Federal, devendo o Poder Público adotar as políticas e ações que se façam necessárias para promover e garantir a segurança alimentar e nutricional da população".
46. Em verdade, o referido direito já era materialmente integrante do rol de direitos fundamentais, diante de sua indivisibilidade e interdependência, haja vista o regime e os princípios da Constituição Federal, mais precisamente os direitos à vida, à saúde, à dignidade humana e à garantia ao mínimo existencial, somada a abertura do catálogo constitucional conferida pelo § 2º do seu art. 5º, por se tratar de condição de direito humano louvada em tratados internacionais ratificados. Essa nova dimensão do direito humano surgiu pela Declaração Universal dos Direitos Humanos de 1948, tendo sua definição ampliada em diversos outros tratados internacionais.
47. O Comitê de Direitos Econômicos, Sociais e Culturais do Alto Comissariado de Direitos Humanos da Organização das Nações Unidas (ONU), no Comentário Geral 12, item 4, já afirmava que "o direito

sistema constitucional. Enfatizou "a relevância de uma alimentação saudável para a própria vida humana, do pleno regime jurídico dos direitos fundamentais, inclusive a sua condição de direitos exigíveis, no âmbito da dimensão subjetiva dos direitos fundamentais sociais".[48]

No entanto, é importante fazer um aparte quanto à questão norteadora da presente pesquisa. Diferentemente do direito social à alimentação adequada, o presente estudo tem por escopo outro direito fundamental aos alimentos, também inerente à pessoa humana e com assento constitucional (artigos 3º, 227 e 229), de acepção mais antiga e tradicional, e que está diretamente associado ao dever de sustento e de manutenção que deve existir entre os entes familiares – a obrigação de prestar alimentos. Direito esse que, da mesma forma, necessita de proteção jurídica estatal por meio de políticas públicas, haja vista os problemas sociais decorrentes de seu inadimplemento.

Trata-se de uma obrigação alimentar fundada num direito natural do ser humano de subsistência e preservação da espécie e no princípio constitucional da solidariedade imposto à família, derivado do poder familiar e das relações de parentesco (cônjuges, companheiros, filhos maiores necessitados etc.). Está diante de verdadeiro dever moral[49] e jurídico,[50] diverso das demais obrigações civis, considerando-se a sua natureza especial atrelada a valores fundamentais, indispensáveis e indisponíveis à vida do ser humano,[51] de proporcionar um mínimo existencial e de perpetuação de sua espécie.

à alimentação adequada é indivisivelmente ligado à dignidade inerente à pessoa humana e é indispensável para a realização de outros direitos humanos consagrados na Carta de Direitos Humanos. Ele é também inseparável da justiça social, requerendo a adoção de políticas econômicas, ambientais e sociais, tanto no âmbito nacional como internacional, orientadas para a erradicação da pobreza e a realização de todos os direitos humanos para todos" (Disponível em: https://fianbrasil.org.br/wp-content/uploads/2016/09/Comentário-Geral-12.pdf).

48. SARLET, Ingo Wolfgang. Comentário ao artigo 5º, LXVII. In: CANOTILHO, J.J. Gomes; MENDES, Gilmar F.; SARLET, Ingo W.; STRECK, Lenio L. (Coord.). *Comentários à Constituição do Brasil*. 2. ed. São Paulo: Saraiva: Almedina, 2018, p. 1062.
49. VARELA, Antunes. *Das Obrigações em geral*. Coimbra: Livraria Almedina, 2000, v. 1, p. 199.
50. Conforme aponta Del Vecchio "nem o respeito poderia entender-se aqui em sentido meramente negativo, como sucede onde falta toda relação precedente: por isso que justamente do fato da geração brota a necessidade daquela assistência, que, por justiça, não pode incumbir a outros antes que aos autores do próprio fato. Tem de admitir-se no ser gerado uma exigência ou pretensão correlativa de tal pretensão; e justamente mercê desta correlação é que a relação possui natureza jurídica, e não apenas natureza moral ou de beneficência, como alguns opinam. A bilateralidade, essencialmente jurídica, da relação verifica-se também no sentido inverso, ou seja, na medida em que ao novo ente incumbe (virtualmente desde o início, e de fato desde que sua personalidade se desdobra) uma obrigação para com aqueles que lhe deram vida e assistência; sendo que também aqui a obrigação de uma parte corresponde uma válida pretensão ou exigência da outra" (DEL VECCHIO, Giorgio. *A Justiça*. Tradução portuguesa de António Pinto de Carvalho. São Paulo: Saraiva, 1960, p. 131-132).
51. MADALENO, Rolf. *Direito de família*. 7. ed. Rio de Janeiro: Forense, 2017. Item 15.3.

Como a família é a base da sociedade (art. 226) e merece uma especial proteção do Estado,[52] os efeitos jurídicos dela decorrentes, notadamente os alimentos, acentuam-se nesse direito/dever de solidariedade. Este é, além de um princípio, o móvel de todas as relações familiares e afetivas, já que "esses vínculos só podem se sustentar e se desenvolver em ambiente recíproco de compreensão e cooperação, ajudando-se mutuamente sempre que se fizer necessário".[53]

Nessa perspectiva, como decorrência do poder familiar, o direito a alimentos diz respeito ao filho enquanto dependente dos pais.[54] Ambos os pais (princípio da igualdade dos progenitores) têm o direito e o dever de educação e manutenção dos filhos (direito-dever subjetivo traduzido na compreensão de um poder parental como obrigação de cuidado parental[55]), cuja obrigação de prover a subsistência do menor (criança, adolescente e jovem) efetiva-se em "uma clara expressão de direitos fundamentais na relação entre particulares".[56] Devem-lhes a satisfação das despesas atinentes ao seu crescimento e desenvolvimento, provendo-lhes a subsistência material e moral com o fornecimento do que lhes for necessário para a manutenção e sobrevivência.

A satisfação das necessidades do favorecido, a ideia de sustento e de cuidado do ser humano, liga-se, em substância, à obrigação de alimentos, no sentido amplo de assistência e auxílio em busca do desenvolvimento do indivíduo.[57] Apesar disso, nesse âmbito, é possível se constatar a existência de dois diferentes encargos: o dever de sustento e a obrigação alimentar, como dito.

Pelo sustento, tem-se uma obrigação de fazer que perdura enquanto os pais viverem juntos. Nesse contexto, o pai não deve alimentos aos filhos, mas tem o dever de sustentá-lo.

A obrigação aos alimentos, por sua vez, é uma obrigação de dar correspondente a certa quantia em dinheiro (ou prestação equivalente *in natura*, como o pagamento de mensalidade escolar) por aquele que não ficar na companhia do filho e que surge, por conseguinte, a partir do momento em que é cessada a convivência familiar. Em contrapartida, nasce o direito-dever do responsável em fiscalizar a manutenção e a educação de sua prole por meio da ação de prestação de contas.[58]

---

52. "Interessa ao Estado a sólida organização das famílias e dos vínculos que estas relações produzem em toda estrutura da sociedade, nela se assentando as colunas econômicas e as raízes morais da organização social" (MADALENO, Rolf. Direito de família. 7. ed. Rio de Janeiro: Forense, 2017. Item 10.5).
53. MADALENO, Rolf. Direito de família. 7. ed. Rio de Janeiro: Forense, 2017. Item 3.7.
54. Código Civil, arts. 1.566, IV e 1.568.
55. CANOTILHO, José Joaquim Gomes; MOREIRA, Vital, *Constituição da República Portuguesa Anotada*. Coimbra, PT: Coimbra Editora, 2007, v. I, 1. ed. brasileira, 4. rd. portuguesa p. 565.
56. CANOTILHO, José Joaquim Gomes; MOREIRA, Vital, *Constituição da República Portuguesa Anotada*. Coimbra, PT: Coimbra Editora, 2007, v., 1. ed. brasileira, 4. Ed. portuguesa p. 869.
57. CAHALI, Yussef Said. *Dos alimentos*. 8. ed. São Paulo: RT, 2013, p. 38.
58. Segundo o STJ, com base no § 5º ao art. 1.583 do CC, "com o inequívoco objetivo de proteção aos filhos menores, o legislador civil preconiza que, cessando a coabitação dos genitores pela dissolução

Enquanto menor de idade, presume-se, de forma absoluta, a necessidade do filho. Com a maioridade, altera-se a natureza da obrigação, e os alimentos passam a ser devidos em razão do dever de solidariedade existente na relação de parentesco.[59]

Em relação aos ex-cônjuges, os alimentos devidos também têm fundamento no princípio da solidariedade social e familiar, na linha horizontal, sendo fixados de forma transitória,[60] com termo certo e de acordo com as circunstâncias fáticas do caso concreto. O objetivo de assegurar ao ex-cônjuge tempo hábil para sua inserção, recolocação ou progressão no mercado de trabalho, permitindo sua própria mantença e seu status social similar ao período do relacionamento. No entanto, poderá ser perene, conforme a jurisprudência do Superior Tribunal de Justiça (STJ), nas excepcionais circunstâncias de incapacidade laboral permanente ou na impossibilidade prática de inserção no mercado de trabalho.[61]

O dever de prestar alimentos, portanto, para além de uma obrigação moral, é uma obrigação jurídica decorrente de um direito natural do ser humano, cujos limites e contornos são estabelecidos pela legislação infraconstitucional.

1.1.2 Arcabouço normativo e características dos alimentos

Dada sua importância para a realização de garantia no cumprimento da obrigação alimentar, o arcabouço normativo relativo ao direito a alimentos é considerado uma verdadeira política pública, traduzida nas escolhas estatais, inclusive, a partir de desenhos procedimentais, com vistas à melhor forma de efetivação do direito fundamental.

A unidade de direito material sobre o assunto é disposta no Código Civil – CC (arts. 206, § 2º, e 1.694 a 1.710), no Estatuto da Criança e do Adolescente – ECA

---

da sociedade conjugal, o dever de sustento oriundo do poder familiar resolve-se com a prestação de alimentos por aquele que não ficar na companhia dos filhos (art. 1.703 do CC), cabendo-lhe, por outro lado, o direito-dever de fiscalizar a manutenção e a educação de sua prole (art. 1.589 do CC). O poder--dever fiscalizatório do genitor que não detém a guarda com exclusividade visa, de forma imediata, à obstrução de abusos e desvios de finalidade quanto à administração da pensão alimentícia, sobretudo mediante verificação das despesas e dos gastos realizados para manutenção e educação da prole, tendo em vista que, se as importâncias devidas a título de alimentos tiverem sido fixadas em prol somente dos filhos, estes são seus únicos beneficiários", reconhecendo "a viabilidade da propositura da ação de prestação de contas pelo alimentante com o intuito de supervisionar a aplicação dos valores da pensão alimentícia em prol das necessidades dos filhos" (REsp 1911030/PR, Rel. Ministro Luis Felipe Salomão, Quarta Turma, julgado em 1º.06.2021, DJe 31.08.2021).

59. DIAS, Maria Berenice. *Alimentos* – Direito, Ação, Eficácia, Execução. 3. ed. Salvador: JusPodivm, 2020, p. 80-81.
60. HC 413.344/SP, Rel. Ministro Luis Felipe Salomão, Quarta Turma, julgado em 19.04.2018, DJe 07.06.2018.
61. REsp 1205408/RJ, Rel. Ministra Nancy Andrighi, Terceira Turma, julgado em 21.06.2011, DJe 29.06.2011.

(art. 22), no Estatuto do Idoso (arts. 11 a 14) e nas normas de direito material residuais da Lei de Alimentos (Lei 5.478/1968) e legislações esparsas.

Já a técnica processual atrelada ao referido direito fundamental é, hoje, amplamente conferida pelo Código de Processo Civil de 2015 – CPC, inclusive no que toca à regulamentação da prisão civil autorizada pela Constituição Federal de 1988.[62] Essa técnica será devidamente apreciada no capítulo segundo do livro.

Nessa ordem de ideias, é o CC que dará os contornos dos alimentos dispostos no direito fundamental, com escopo no princípio da solidariedade, ao pressupor que a pessoa que recebe alimentos não consegue prover sozinha o seu sustento, e a pessoa obrigada é capaz de fornecê-los (CC, art. 1.695).

Os alimentos de família resultam das relações de parentesco, do casamento ou da união estável, e a sua fixação deverá se dar na proporção das necessidades do reclamante e das possibilidades do reclamado (CC, art. 1.694), respeitando-se o binômio necessidade–possibilidade (§ 1º),[63] bem como a proporcionalidade/razoabilidade.[64]

No âmbito da obrigação contida no art. 1.694 do CC, estão os alimentos naturais, circunscritos a cobrir o vital, o estritamente indispensável para a subsistência do alimentando, independentemente de sua condição social e de seus hábitos de vida; e os alimentos côngruos (civis), destinados à mantença da condição social do alimentando, incluindo a alimentação propriamente dita, a habitação, o vestuário, a educação, o lazer e as necessidades de ordem intelectual e moral, quantificando-se de acordo com as condições financeiras do alimentante.[65]

Esse alimento possui características próprias. Vejamos:

a) é direito personalíssimo, pois fixado em razão do alimentando, de acordo com as suas qualidades (intuito persona), não podendo haver a transmissão do dever jurídico (em abstrato) de prestá-lo;[66]

---

62. Art. 5º, LXVII.
63. Enunciado 573 da VI Jornada de Direito Civil – "Na apuração da possibilidade do alimentante, observar-se-ão os sinais exteriores de riqueza". Disponível em: https://www.cjf.jus.br/enunciados/enunciado/644. Acesso em 14 jan. 2022. Conforme a justificativa do dispositivo "à mingua de prova específica dos rendimentos reais do alimentante, deve o magistrado, quando da fixação dos alimentos, valer-se dos sinais aparentes de riqueza. Isso porque os sinais exteriorizados do modo de vida do alimentante denotam seu real poder aquisitivo, que é incompatível com a renda declarada".
64. Há doutrina que, em tempos mais recentes, tem incluído um terceiro elemento relevante no tocante à fixação dos alimentos, qual seja, a sua proporcionalidade (ou razoabilidade) que estaria respaldada na dicção legal que estabelece que os alimentos devem ser fixados "na proporção das necessidades do reclamante e dos recursos da pessoa obrigada". Conforme BRAGA NETTO, Felipe; ROSENVALD, Nelson, *Código Civil Comentado*. 2. ed. Salvador: JusPodivm, 2021, p. 1783.
65. MADALENO, Rolf. *Direito de família*. 7. ed. Rio de Janeiro: Forense, 2017. Item 15.2.1.
66. REsp 1130742/DF, Rel. Ministro Luis Felipe Salomão, Quarta Turma, julgado em 04.12.2012, DJe 17.12.2012.

b) é transmissível aos herdeiros do devedor[67] (CC, art. 1.700), sem que se possa superar as forças da herança (CC, art. 1.792). Por se tratar de obrigação pretérita do falecido, tem a jurisprudência limitado o dever alimentar às dívidas vencidas e não pagas até a abertura da sucessão.[68]

c) não é solidário (CC, art. 1698) por ausência de previsibilidade legal,[69] devendo cada um responder apenas pelas suas possibilidades,[70] apesar de ser divisível (conforme item "e", infra). No entanto, eles ensejam uma subsidiariedade e complementariedade. Em não sendo possível o cumprimento pelos pais, poderão ser exigidos dos avós, de forma subsidiária e complementar.[71]

d) é recíproco entre cônjuges e companheiros, entre ascendentes e descendentes e entre parentes (CC, arts. 1694 e 1697). Na linha reta de parentesco (em linha de princípio, os ascendentes, com os mais próximos preferindo aos remotos), a obrigação alimentar não encontra limites na prestação.[72] Por outro lado, ausentes os ascendentes, recairá a obrigação sobre os descendentes do necessitado, em que os filhos maiores preferirão aos menores, e, na ausência ou impossibilidade dos filhos, poderá incidir sobre netos, bisnetos e assim sucessivamente. Ausentes os descendentes, a obrigação pesará sobre os irmãos, germanos (ou

---

67. Adverte Rolf Madaleno que "os herdeiros não respondem pessoalmente pela dívida alimentar do sucedido, e só estão obrigados pela transmissão da dívida alimentar pré-constituída, reconhecida em acordo judicialmente homologado, por sentença condenatória, ou se o credor era naturalmente dependente do de cujus, como no caso de um filho menor, ou de um ex-cônjuge, ao qual prestava alimentos, mesmo em caráter informal, haja vista se dar pela lei a transmissão da obrigação alimentar preexistente, e não a transmissão do dever genérico de prestar alimentos àqueles que deles oportunamente vierem a necessitar, pois destes, a futura e eventual necessidade de alimentos deve ser requerida com suporte no artigo 1.697 do Código Civil" (MADALENO, Rolf. *Direito de família*. 7. ed. Rio de Janeiro: Forense, 2017. Item 15.3.2).
68. REsp 1354693/SP, Rel. Ministra Maria Isabel Gallotti, Rel. p/ Acórdão Ministro Antonio Carlos Ferreira, Segunda Seção, julgado em 26.11.2014, DJe 20.02.2015.
69. De forma excepcional, o Estatuto do Idoso (Lei 10.741/03) estabeleceu a solidariedade entre os prestadores dos alimentos (art. 12).
70. FARIAS, Cristiano Chaves de; ROSENVALD, Nelson. *Curso de Direito Civil: Famílias*. 13. ed. Salvador: JusPodivm, 2021. p. 768.
71. No mesmo sentido é a jurisprudência do STJ: "A prestação de alimentos pelos avós possui natureza complementar e subsidiária, devendo ser fixada, em regra, apenas quando os genitores estiverem impossibilitados de prestá-los de forma suficiente" (HC 416.886/SP, Rel. Ministra Nancy Andrighi, Terceira Turma, julgado em 12.12.2017, DJe 18.12.2017). É, também, o entendimento do Enunciado 342 da IV Jornada de Direito Civil: "Observadas suas condições pessoais e sociais, os avós somente serão obrigados a prestar alimentos aos netos em caráter exclusivo, sucessivo, complementar e não solidário quando os pais destes estiverem impossibilitados de fazê-lo, caso em que as necessidades básicas dos alimentandos serão aferidas, prioritariamente, segundo o nível econômico-financeiro de seus genitores".
72. BRAGA NETTO, Felipe; ROSENVALD, Nelson, *Código Civil Comentado*. 2. ed. Salvador: JusPodivm, 2021. p. 1792.

bilaterais) ou unilaterais, parentes de segundo grau na linha colateral. Nessa linha, o dever alimentar não poderá exceder o segundo grau de parentesco (tios, sobrinhos – colaterais de terceiro grau, e primos – colaterais de quarto grau);[73]

e) é divisível – a pensão alimentícia deve ser dividida entre os coobrigados de acordo com as possibilidades econômicas, (CC, art. 1.698), já que não há falar em solidariedade (esta não é presumida),[74] mas em complementaridade;

f) é irrenunciável o direito aos alimentos presentes e futuros (CC, art. 1.707), embora possa o credor renunciar aos alimentos pretéritos devidos e não prestados, uma vez que "a irrenunciabilidade atinge o direito, e não o seu exercício"[75] e, por conseguinte, o credor poderá optar por, simplesmente, não exercer o seu direito. A renúncia é vedada apenas pelos incapazes;[76]

g) deve ser atual, pois devem ser atualizados por critério seguro de correção (CC, art. 1.710), inclusive, com permissão para que se use como base o salário-mínimo;[77]

h) é imprescritível – o direito de obter a fixação de uma pensão alimentícia não se sujeita a qualquer prazo prescricional. Apesar disso, uma vez arbitrado, há prescrição da pretensão executória no prazo de dois anos (CC, art. 206, § 2º), salvo com relação ao menor submetido ao poder familiar, em que ela não corre (CC, art. 197, § 2º);

i) é condicional, já que a fixação se subordina às possibilidades do devedor, bem como por haver possibilidade de revisão a qualquer tempo, se sobrevier mudança na situação financeira dos envolvidos (CC, art. 1.699);

j) é alternativo – embora a regra seja a prestação em dinheiro, poderá o devedor prestá-lo, total ou parcialmente, *in natura*[78] (CC, art. 1.701), cabendo ao juiz disciplinar a forma a ser adotada (CC, art. 1.701, parágrafo único);

---

73. CARVALHO FILHO, Milton Paulo de; GODOY, Cláudio Luiz Bueno de et al. In: PELUZO, Cesar (Coord.). *Código Civil Comentado*. Barueri: Manole, 2016, p. 1854.
74. O Estatuto do Idoso (Lei 10.741/2003) traz exceção ao prever no art. 12 que "a obrigação alimentar é solidária, podendo o idoso optar entre os prestadores".
75. REsp 1529532/DF, Rel. Ministro Ricardo Villas Bôas Cueva, Terceira Turma, julgado em 09.06.2020, DJe 16.06.2020.
76. Conforme adverte a doutrina, seria possível a renúncia entre cônjuge/companheiro, pois "as pessoas plenamente capazes podem renunciar aos alimentos, assim como podem renunciar ao patrimônio, a partir de sua autonomia" (FARIAS, Cristiano Chaves de; ROSENVALD, Nelson. *Curso de Direito Civil: Famílias*. 13. ed. Salvador: JusPodivm, 2021, p. 761).
77. O STF definiu, no âmbito da repercussão geral, a seguinte tese: "A utilização do *salário* mínimo como base de cálculo do valor de *pensão* alimentícia não viola a Constituição Federal" (ARE 842157 RG, Relator(a): Dias Toffoli, Tribunal Pleno, julgado em 04.06.2015, DJe 19.08.2015).
78. "Os alimentos in natura são aqueles prestados de forma direta, quando o alimentante atende pessoalmente ao sustento diário, com alimentos, alojamento, vestimenta e remédios ao invés de prestar sua

k) é irrepetível – por sua natureza assistencial, destinado à sobrevivência, a quantia recebida a título de alimentos não pode ser restituída ao devedor de alimentos, ainda que desconstituída a sua causa, pois já terão sido consumidos;[79]

l) é incompensável, não sendo possível extinguir a obrigação pela oposição de outro crédito em favor do devedor (CC, art. 1.707);

m) é impenhorável, pois é voltado a garantir o sustento e a vida digna do alimentado. Excepcionalmente, é admissível a constrição para o pagamento de outra obrigação alimentícia.

1.1.3 O dever do Estado de proteção à tutela de alimentos

Delimitados os contornos jurídico-positivos e jurisprudenciais, tem-se nos alimentos, como visto, um direito, como atributo da pessoa humana de ter o mínimo para a sua existência, e que tem como destinatário, em sua dimensão prestacional, quase que exclusivamente o organismo familiar – com fundamento na obrigação natural entre os genitores e os descendentes e no princípio da solidariedade familiar como derivação da própria solidariedade social (ou fraternidade).[80] Mas também é de responsabilidade, subsidiária, da sociedade e do Poder Público,[81] cabendo ao Estado, em qualquer situação, buscar a sua efetivação, formatando políticas públicas para a concretização de tal objetivo socialmente relevante, definindo os meios necessários para tanto.

A Carta Política de 1988 explicitou, portanto, uma opção de exigir do ente familiar a obrigação primeva de prestar alimentos, diante de valores da ordem constitucional a serem protegidos (solidariedade, dignidade humana, vida e saúde), tendo como pano de fundo a Convenção da Organização das Nações Unidas (ONU) sobre Direitos da Criança.[82]

---

obrigação mediante um abono mensal em dinheiro" (MADALENO, Rolf. *Direito de família*. 7. ed. Rio de Janeiro: Forense, 2017. Item 15.3.6).

79. A doutrina vem questionando a irrepetibilidade absoluta para todos os casos, ponderando sobre a possibilidade de se admitir a restituição em situações especiais – dolo, má-fé, fraude etc. – em violação ao princípio de vedação ao enriquecimento sem causa (CC, arts. 884 e 885). Nesse sentido: (FARIAS, Cristiano Chaves de; ROSENVALD, Nelson. *Curso de Direito Civil: Famílias*. 13. ed. Salvador: JusPodivm, 2021, p. 761 e MADALENO, Rolf. *Direito de família*. 7. ed. Rio de Janeiro: Forense, 2017. Item 15.3.8).

80. FARIAS, Cristiano Chaves de; ROSENVALD, Nelson. *Curso de Direito Civil: Famílias*. 13. ed. Salvador: JusPodivm, 2021, p. 755.

81. "É dever da família, da sociedade e do Estado assegurar à criança, ao adolescente e ao jovem, com absoluta prioridade, o direito à vida, à saúde, à alimentação [...]" (CF, art. 227).

82. A Convenção foi adotada pela Assembleia-Geral das Nações Unidas em 20.12.1989 e ratificada, no Brasil, pelo Decreto 99.710, de 21 de novembro de 1990.

A partir do momento em que o legislador constituinte estabelece uma diretriz como essa, cumpre ao Estado, para além do dever de fomentar o desenvolvimento social e o crescimento econômico (de forma a garantir trabalho a todos, propiciando meios de as pessoas conseguirem manter a si e sua família[83]) e de conceber prestações de natureza assistencial, o dever de atuar, legislando, para proteger o direito fundamental, por intermédio da aprovação de um normativo, inclusive de natureza procedimental, para a garantia dessas prestações.[84]

Assim, e aqui reside o interesse do presente estudo, o ente estatal tem o dever de proteção/garantia do direito fundamental aos alimentos – já que "o Estado passou a proteger as posições sociais menos privilegiadas e a promover 'medidas necessárias à transformação da sociedade numa perspectiva comunitariamente assumida de bem público'".[85] Deve estabelecer, então, instrumentos de política pública para o enfrentamento do problema social advindo do inadimplemento da obrigação alimentar, notadamente na prestação de uma tutela jurisdicional efetiva,[86] não apenas por meio de normas de conteúdo material, mas, igualmente, na estruturação de técnicas processuais idôneas,[87] como sói a prisão civil do devedor de alimentos.

1.2 AS POLÍTICAS PÚBLICAS NO ENFRENTAMENTO DE PROBLEMAS SOCIALMENTE RELEVANTES

Onde houver um problema de ordem pública (em escala social) haverá campo fértil para adoção de uma política pública. Esta, como visto, é uma diretriz governamental engendrada para dar resposta a um problema público tido como coletivamente relevante[88] e que tem como um de seus propósitos o de auxiliar o *policymaker* sobre as melhores escolhas para o seu enfrentamento.[89]

Dallari Bucci, conceitua política pública como sendo:

---

83. DIAS, Maria Berenice. *Alimentos* – Direito, Ação, Eficácia, Execução. 3. ed. Salvador: JusPodivm, 2020, p. 104).
84. MARINONI, Luiz Guilherme. *Técnica Processual e Tutela dos Direitos*. São Paulo: Thomson Reuters Brasil, 2020, p. 123.
85. MARINONI, Luiz Guilherme. *Técnica Processual e Tutela dos Direitos*. São Paulo: Thomson Reuters Brasil, 2020, p. 51.
86. Art. 5º, § 1º da Constituição Federal.
87. MARINONI, Luiz Guilherme. *Técnica Processual e Tutela dos Direitos*. São Paulo: Thomson Reuters Brasil, 2020, p. 51.
88. SECCHI, Leonardo. *Políticas públicas: conceitos, esquemas de análise, casos práticos*. 2. ed. São Paulo: Cengage Learning, 2013, p. 2.
89. HOWLETT, Michael, *Política pública: seus ciclos e subsistemas*: uma abordagem integradora, Michael Howlett, M. Ramesh, Anthony Perl; tradução técnica Fransicso G. Heidermann. Rio de Janeiro: Elsevier, 2013, p. 25.

(...) o programa de ação governamental que resulta de um processo ou conjunto de processos juridicamente regulados – processo eleitoral, processo de planejamento, processo de governo, processo orçamentário, processo legislativo, processo administrativo, processo judicial – visando coordenar os meios à disposição do Estado e as atividades privadas, para a realização de objetivos socialmente relevantes e politicamente determinados. Como tipo ideal, a política pública deve visar a realização de objetivos definidos, expressando a seleção de prioridades, a reserva de meios necessários à sua consecução e o intervalo de tempo em que se espera o atingimento dos resultados.[90]

A ação governamental é, assim, estruturada pelo Direito, em formatação de disposições normativas, regras e procedimentos previamente definidos, com a definição das autoridades competentes e dos poderes envolvidos para o exercício das funções do Poder Público, sob a forma de diretrizes e obrigações legais, a partir das posições jurídicas dos atores – permissões, deveres, proibições –, perfazendo toda a orientação para determinado plano de ação.[91]

As políticas públicas devem ser compreendidas como categorias jurídicas na medida em que buscam formas de efetivação dos direitos humanos, em particular os direitos sociais. Tais direitos (econômicos, sociais e culturais) são formulados justamente para garantir, em sua plenitude, a fruição dos direitos de primeira geração.[92]

Busca-se compreender, desse modo, o funcionamento governamental enquanto impulsionador e condutor de processos de transformação, com a utilização de ferramentais próprios e adequados do Estado, postos à sua disposição[93] ou por ele disponibilizados, para fins de se tornar uma ação governamental instrumentalizada juridicamente na formulação ou execução de determinada política pública.

Assim, a política pública concretiza-se em arranjos de normas, decisões e medidas por meio de estruturas jurídicas organizadas (institucionalização), com desígnio de alcançar objetivo comum, envolvendo competências públicas e interesses individuais e coletivos, com uma diretriz racional e que pode incorporar práticas estabelecidas.[94]

---

90. BUCCI, Maria Paula Dallari. O conceito de política pública em direito, In: BUCCI, Maria Paula Dallari (Org.). *Políticas Públicas. Reflexões sobre o Conceito Jurídico*. São Paulo: Saraiva, 2006, p. 39.
91. BUCCI, Maria Paula Dallari. *Fundamentos para uma teoria jurídica das políticas públicas*. 2. ed. São Paulo: Saraiva Educação, 2021, p. 259.
92. BUCCI, Maria Paula Dallari. O conceito de política pública em direito, In: BUCCI, Maria Paula Dallari (Org.). *Políticas Públicas. Reflexões sobre o Conceito Jurídico*. São Paulo: Saraiva, 2006, p. 3.
93. BUCCI, Maria Paula Dallari, *Fundamentos para uma teoria jurídica das políticas públicas*. 2. ed. São Paulo: Saraiva Educação, 2021, p. 50.
94. BUCCI, Maria Paula Dallari. *Fundamentos para uma teoria jurídica das políticas públicas*. 2. ed. São Paulo: Saraiva Educação, 2021, p. 258.

Nesse passo, dentro do seu poder de elaborar estruturas institucionais e criar instrumentos legais e punitivos para enfrentamento do problema público, o Estado deve se pautar na busca do meio mais eficiente dentro de suas limitações e a partir de determinado critério, em que a coerção pode ser tida como um de seus mecanismos, mas não o único.[95]

Por outro lado, na definição dos meios, dever-se-á realizar uma abordagem mais sistematizada do problema social, a fim de permitir a sua análise (diagnose), a criação de fórmulas de organização e a estruturação do Poder Público (prognose) de modo que se efetive uma intervenção de forma mais racional, efetiva e compreensível no enfrentamento dos obstáculos sociais.

Retomando o objeto do presente estudo, verifica-se que o mundo vem enfrentando um problema social grave – a inadimplência da obrigação alimentar –, e, por isso, diversos Estados têm se comprometido, via tratados e acordos internacionais, a adotar políticas públicas, inclusive autorizando a adoção de medidas pessoais drásticas para o enfrentamento de referido distúrbio social.

Realmente, na ordem internacional, há diversos normativos que retratam o objetivo global de se incentivar os países a criarem, incessantemente, expedientes para o cumprimento do mister alimentar, como se verifica em algumas disposições internacionais emblemáticas.

O Pacto Internacional sobre Direitos Econômicos, Sociais e Culturais (PIDESC) das Nações Unidas, de dezembro 1966 – ratificado no Brasil pelo Decreto 591, de 6 de Julho de 1992 –, estabelece, como regra geral, o dever de cada Estado Membro de se comprometer a adotar medidas que "visem a assegurar, progressivamente, por todos os meios apropriados, o pleno exercício dos direitos reconhecidos no presente Pacto, incluindo, em particular, a adoção de medidas legislativas" (art. 2º, 1.) e, de forma específica, determina que se reconheça o direito de toda pessoa a um nível de vida adequado, inclusive à alimentação, devendo-se tomar as "medidas apropriadas para assegurar a consecução desse direito" (art. 11, 1.).

A Convenção sobre os Direitos da Criança, adotada pela Assembleia Geral da ONU em 20 de novembro de 1989, é o instrumento de direitos humanos mais aceito na história universal, ratificado por 196 países.[96] Ela prevê que os Estados-Partes, dentro de suas possibilidades, deverão adotar medidas apropriadas, com o objetivo de ajudar os pais e demais responsáveis pela criança a

---

95. SECCHI, Leonardo. *Políticas públicas*: conceitos, esquemas de análise, casos práticos. 2. ed. São Paulo: Cengage Learning, 2013, p. 4 e 156.
96. O Governo brasileiro ratificou a referida Convenção em 24 de setembro de 1990, tendo a mesma entrado em vigor para o Brasil em 23 de outubro de 1990 e sido promulgada pelo Decreto 99.710/1990.

tornar efetivo esse direito. Deverão, inclusive, proporcionar, caso necessário, assistência material e programas de apoio, especialmente no que diz respeito à nutrição, ao vestuário e à habitação (art. 27, 3). A Convenção exige, ainda, que os Estados Partes adotem meios adequados para o adimplemento da prestação alimentar (art. 27, 4).

Em contexto semelhante, o Comentário Geral 12 do Comitê de Direitos Econômicos, Sociais e Culturais do Alto Comissariado de Direitos Humanos da ONU,[97] de 1999, apesar de tratar mais do direito à alimentação adequada, traz a obrigatoriedade dos Estados Membros em adotar todas as medidas que se façam necessárias para assegurar a satisfação, a facilitação e o provimento dos alimentos (item 15). O Estado deve garantir um ambiente que facilite a implementação das responsabilidades pelo descumprimento (item 20), além de adotar todas as maneiras e os meios necessários para assegurar a implementação do direito à alimentação adequada, com a identificação dos recursos disponíveis para se alcançarem os objetivos e meios mais "custo-eficientes para utilizá-los" (item 21).

Por meio da Recomendação R (82) 2, de 4 de Fevereiro de 1982,[98] seguindo o desejo de que os Estados adotassem as medidas necessárias para intervir, fosse por meio de antecipação de pagamento ou por qualquer outro meio, nas situações em que um dos pais descumprisse a obrigação de manutenção do filho, anteriormente manifestado na Conferência Europeia de Direito de família, realizada em Viena em setembro de 1977, e na Recomendação 869, de 1979, da Assembleia Consultiva, o Conselho da Europa recomendou que os estados membros desenvolvessem um sistema de pagamento antecipado dos alimentos ante a inadimplência do devedor, conforme os seus princípios de regência (n. 1).

Assim, cabendo ao Estado tutelar os direitos naturais dos indivíduos que o compõem, a ele também é atribuída a missão de assistir, com todos os meios em seu legítimo poder, os mesmos indivíduos, especialmente aqueles que não podem viver sem a sua assistência.[99]

Desse modo, diante da preocupação global relacionada à garantia da prestação alimentar ao indivíduo necessitado, tendo em mira que a fruição e proteção dos direitos humanos e fundamentais é tema complexo que demanda

---

97. Disponível em: https://fianbrasil.org.br/comentario-geral-no-12-do-comite-de-direitos-economicos-sociais-e-culturais-sobre-o-direito-humano-a-alimentacao-adequada/.
98. Disponível em: https://rm.coe.int/CoERMPublicCommonSearchServices/DisplayDCTMContent?documentId=09000016804f9d38. Acesso em: 11 jan. 2022.
99. DEL VECCHIO, Giorgio. A Justiça. Tradução portuguesa de António Pinto de Carvalho. São Paulo: Saraiva, 1960, p. 131.

"um aparato de garantias e medidas concretas do Estado que se alarga cada vez mais, de forma a disciplinar o processo social",[100] deve o Estado brasileiro adotar políticas públicas com o desígnio de enfrentar o referido problema, levando em conta as suas características e as necessidades sociais, trazendo maior racionalização de sua ação e, por conseguinte, promovendo o desenvolvimento da pessoa humana.

1.3 A INADIMPLÊNCIA DE ALIMENTOS COMO PROBLEMA SOCIAL

A fome não espera, brocardo amplamente conhecido por todos; o ser humano precisa de alimentos para sobreviver e se desenvolver. E ainda que existam formalmente diversos dispositivos nacionais e internacionais de proteção e garantia aos direitos humanos da criança e do adolescente, os dados atuais têm demonstrado uma realidade bem diferente, a todo instante morre uma criança de inanição, e cresce exponencialmente a mortalidade infantil.[101]

A inadimplência da obrigação alimentar decorrente do direito de família, apesar de não ser causa desses problemas, está de alguma forma a eles atrelada, por envolver um transtorno social grave, que é a ausência de alimentos para a subsistência e para o desenvolvimento do credor vulnerável. Não é à toa que vem se reconhecendo ser este "um dos problemas mais angustiantes do direito contemporâneo",[102] justamente pelas consequências que acarreta; em verdade, fica-se diante de uma preocupação social de ordem mundial, como mencionado.

Atualmente, existem diversos acordos e tratados internacionais impondo que os Estados integrantes assumam, cada vez mais, o compromisso de adotar meios – políticas públicas – voltados ao combate da inadimplência da prestação alimentar, inclusive autorizando a adoção de medidas drásticas para o enfrentamento do distúrbio social.

A Convenção sobre os Direitos da Criança, por exemplo, reconhece ser dever dos pais (ou de outras pessoas encarregadas) a responsabilidade primordial de propiciar, dentro de suas possibilidades financeiras, as condições de vida necessárias ao desenvolvimento da criança (art. 27, 2).

---

100. BUCCI, Maria Paula Dallari. O conceito de política pública em direito, In: BUCCI, Maria Paula Dallari (Org.). *Políticas Públicas. Reflexões sobre o Conceito Jurídico*. São Paulo: Saraiva, 2006, p. 4.
101. SILVA, José Afonso da. *Comentário Contextual à Constituição*. 9. ed. São Paulo: Malheiros, 2014, p. 883.
102. FARIAS, Cristiano Chaves de; ROSENVALD, Nelson. *Curso de Direito Civil*: Obrigações. 15. ed. Salvador: JusPodivm, 2021, p. 111.

E determina, em relação ao problema social da inadimplência da obrigação alimentar, que "os Estados Partes tomarão todas as medidas adequadas para assegurar o pagamento da pensão alimentícia por parte dos pais ou de outras pessoas financeiramente responsáveis pela criança", ainda que residam no exterior. Dessarte, os Estados Partes deverão aderir a acordos internacionais ou adotar outras medidas apropriadas para alcançar o responsável financeiro, onde quer que ele resida (art. 27, 4).

Nessa mesma perspectiva, buscando enfrentar o problema e incentivar o seu cumprimento, a Convenção Americana sobre Direitos Humanos (Pacto de San Jose da Costa Rica), de 22 de novembro de 1969,[103] estabeleceu, na sessão que trata do Direito à Liberdade Pessoal, a autorização excepcional e extrema de adoção da prisão civil, dispondo que "ninguém deve ser detido por dívida. Este princípio não limita os mandados de autoridade judiciária competente expedidos em virtude de inadimplemento de obrigação alimentar" (art. 7º, 7).

Tal normativo, inclusive, serviu de base para que o STF reconhecesse a inaplicabilidade do Decreto Lei 911/1969 no nosso ordenamento brasileiro, justamente por se ter ratificado a referida Convenção com *status* de norma supralegal,[104] sendo que esta, como dito, autorizou apenas a prisão civil por dívida alimentar, deixando de fora o débito do depositário infiel.

Importante pontuar, ademais, que independentemente de mecanismos de incentivo/coação do devedor de alimentos, a Convenção sobre os Direitos da Criança estabelece que os Estados Partes, dentro de suas possibilidades, deverão adotar medidas apropriadas, com o objetivo de ajudar os pais e demais responsáveis pela criança a tornar efetivo esse direito, inclusive proporcionando, caso necessário, a assistência material e programas de apoio, especialmente no que diz respeito à nutrição, ao vestuário e à habitação (art. 27, 3).

Nesse sentido, também preocupados com os problemas sociais decorrentes da inadimplência alimentar, é que diversos países do continente europeu, como Portugal, Espanha, Alemanha e Itália, têm seguido a já citada Recomendação R

---

103. A Convenção foi promulgada no Brasil pelo Decreto 678/1992.
104. RE 349703/RS, Relator Carlos Britto, Relator p/ Acórdão: Gilmar Mendes, Tribunal Pleno, julgado em 03.12.2008, DJe 04.06.2009. Conforme analisar-se-á no Capítulo 2 desta obra, o Supremo Tribunal Federal (STF) reconheceu que desde a adesão do Brasil, sem reservas, ao Pacto Internacional dos Direitos Civis e Políticos (art. 11) e à Convenção Americana sobre Direitos Humanos – Pacto de San José da Costa Rica (art. 7º, 7), não há mais base legal para prisão civil do depositário infiel, especialmente diante do reconhecimento de status normativo supralegal aos tratados internacionais de direitos humanos subscritos pelo Brasil, tornando inaplicável a legislação infraconstitucional com ele conflitante, seja ela anterior ou posterior ao ato de adesão.

(82)2, de 4 de fevereiro de 1982, e criado fundos de garantia[105] como forma de enfrentamento do problema público e, ao mesmo tempo, solução para o sustento dos credores de alimentos.[106]

Assim, diante dos problemas sociais decorrentes da inadimplência da obrigação alimentar, vários Estados no mundo, inclusive o Brasil, têm se comprometido formalmente a adotar as mais diversas políticas públicas de combate ao referido problema, sempre em busca de obter o sustento e o desenvolvimento do credor necessitado e, ao fim e ao cabo, trazer melhoras no bem-estar de toda a sociedade.

Aliás, o Conselho Nacional de Justiça (CNJ), órgão de controle da atuação administrativa e financeira do Poder Judiciário[107] voltado a aprimorar o trabalho do sistema judiciário brasileiro,[108] cujo mister é o de promover o desenvolvimento do Poder Judiciário em benefício da sociedade, por meio de políticas judiciárias e do controle de sua atuação (administrativa e financeira), tem disponibilizado,

---

105. Como em Portugal, o "Fundo de Garantia de Alimentos Devidos a Menores", estabelecido pela Lei 75/98; na Espanha, o "Fondo de Garantía del Pago de Alimentos", criado pela Ley 42/2006, e regulamentado pelo Decreto Real 1.618/07; na Bélgica, o alimentando pode acionar o "Service des Créances Alimentaires" (SECAL); na Itália, o "Fondo di Solidarietà a Tutela del Coniuge in Stato di Bisogno e ai Figli", criado pela Lei 208/2015; na Alemanha, o "Fundo de Adiantamento de Manutenção (Unterhaltsvorschuss)"; e na França, o alimentante pode pedir auxílio à "Caisse D'allocations Familiales" (CAF) ou à "Caisse de Mutualité Sociale Agricole" (CMSA) com o objetivo de obrigar que tais órgãos governamentais efetuem, de forma adiantada, o pagamento da pensão alimentar, como subsídio de apoio à família ("L'allocation de Soutien Familial – ASF) (CALMON, Rafael. *Manual de direito processual das famílias*. 2. ed. São Paulo: SaraivaJur, 2021, p. 659-660).

106. O Brasil já previu, de forma excepcional, a possibilidade de prestações alimentares recaírem, diretamente e de alguma forma, sob os ombros do Poder Público, estabelecendo por lei, como no Estatuto do Idoso, a imposição do pagamento de algum benefício no âmbito da assistência social, quando o ancião ou seus familiares não possuírem condições econômicas de prover o seu sustento (art. 14). Da mesma forma, por isonomia, deveria se pensar na extensão de referia possibilidade com relação à criança e ao adolescente, em razão dos termos do Estatuto da Criança e do Adolescente e do princípio da isonomia. Como a Constituição veda o trabalho infantil (até 16 anos de idade), só o permitindo após os 14 anos e na condição de aprendiz, acabou o constituinte por reconhecer, implicitamente, que, ao menos até essa idade, crianças e adolescentes não possuem condições de prover a própria subsistência. Por conseguinte, caso os pais não possuam meios de atender ao dever de sustento decorrente do poder familiar (CC, art. 1.568 e ECA, art. 22) nem os demais parentes que possam responder pela obrigação alimentar (CC, arts. 1.591, 1.592 e 1.694), é fundamental que se reconheça a obrigação estatal de também assegurar a manutenção dos jovens carentes no âmbito da assistência social. "Flagrada a absoluta ausência de condições, tanto dos pais, como dos parentes que têm obrigação subsidiária, crianças e adolescentes deveriam ter o direito de se socorrerem do Poder Público. Os menores de 14 anos fazendo jus ao mesmo valor assegurado aos idosos de mais de 65 anos: um salário mensal. Para quem tem entre 14 e 18 anos de idade, a forma de o Estado se safar do pagamento do benefício seria garantir-lhes trabalho como aprendizes". Conforme Maria Berenice Dias. *Alimentos* – Direito, Ação, Eficácia, Execução. 3. ed. Salvador: JusPodivm, 2020, p. 104.

107. Art. 103-B, § 4º da Constituição Federal.

108. Disponível em: https://www.cnj.jus.br/sobre-o-cnj/quem-somos/. Acesso em: 12 out. 2021.

desde 2004 e de forma anual, o relatório Justiça em Números, principal fonte estatística do Poder Judiciário.

No relatório, é retratada a realidade dos tribunais brasileiros, com informações sobre a estrutura e a litigiosidade, além de indicadores e de análises essenciais para subsidiar a Gestão Judiciária brasileira. No documento com o diagnóstico do ano de 2024,[109] destacou-se que, dentre os assuntos mais demandados no Judiciário Brasileiro, os alimentos estão com o percentual de 2,54% do total, correspondente ao incrível número de 864.580 demandas.

Figura 217 - Assuntos mais demandados

Trabalho	1. DIREITO DO TRABALHO (864) – Direito Individual do Trabalho (12936) / Rescisão do Contrato de Trabalho (13949)	4.500.794 (13,24%)
	2. DIREITO DO TRABALHO (864) – Direito Individual do Trabalho (12936) / Duração do Trabalho (13764)	2.328.201 (6,85%)
	3. DIREITO DO TRABALHO (864) – Direito Individual do Trabalho (12936) / Verbas Remuneratórias, Indenizatórias e Benefícios (13831)	2.303.418 (6,78%)
	4. DIREITO DO TRABALHO (864) – Direito Individual do Trabalho (12936) / Contrato Individual de Trabalho (13707)	1.297.689 (3,82%)
	5. DIREITO DO TRABALHO (864) – Direito Individual do Trabalho (12936) / Responsabilidade Civil do Empregador (14007)	873.649 (2,57%)
Militar da União	1. DIREITO PENAL MILITAR (11068) – Crimes contra o Serviço Militar e o Dever Militar (11079) / Deserção (11117)	334 (0,00%)
	2. DIREITO PENAL MILITAR (11068) – Crimes contra Incolumidade Publica (11077) / Contra a Saúde (11178)	206 (0,00%)
	3. DIREITO PENAL MILITAR (11068) – Crimes contra a Administração Militar (11073) / Falsidade (11313)	173 (0,00%)
	4. DIREITO PENAL MILITAR (11068) – Crimes contra o Patrimônio (11078) / Furto (11147)	146 (0,00%)
	5. DIREITO PENAL MILITAR (11068) – Crimes contra o Patrimônio (11078) / Estelionato e outras fraudes (11146)	124 (0,00%)
Militar Estadual	1. DIREITO ADMINISTRATIVO E OUTRAS MATÉRIAS DE DIREITO PÚBLICO (9985) – Militar (10324) / Processo Administrativo Disciplinar / Sindicância (10363)	429 (0,00%)
	2. DIREITO PROCESSUAL CIVIL E DO TRABALHO (8826) – Partes e Procuradores (8842) / Assistência Judiciária Gratuita (8843)	308 (0,00%)
	3. DIREITO PROCESSUAL CIVIL E DO TRABALHO (8826) – Tutela Provisória (9192) / Liminar (9196)	290 (0,00%)
	4. DIREITO PROCESSUAL CIVIL E DO TRABALHO (8826) – Tutela Provisória (9192) / Tutela de Urgência (12416)	269 (0,00%)
	5. DIREITO PROCESSUAL CIVIL E DO TRABALHO (8826) – Atos Processuais (8893) / Citação (10938)	199 (0,00%)
Federal	1. DIREITO TRIBUTÁRIO (14) – Contribuições (6031) / Contribuições Sociais (6033)	163.014 (0,48%)
	2. DIREITO TRIBUTÁRIO (14) – Divida Ativa (Execução Fiscal) (6017)/	96.078 (0,28%)
	3. DIREITO PREVIDENCIÁRIO (195) – Benefícios em Espécie (6094) / Aposentadoria por Tempo de Contribuição (Art. 55/6) (6118)	80.514 (0,24%)
	4. DIREITO CIVIL (899) – Obrigações (7681) / Espécies de Contratos (9580)	74.556 (0,22%)
	5. DIREITO TRIBUTÁRIO (14) – Contribuições (6031) / Contribuições Previdenciárias (6048)	70.810 (0,21%)
Estadual	1. DIREITO CIVIL (899) – Obrigações (7681) / Espécies de Contratos (9580)	1.775.093 (5,22%)
	2. DIREITO TRIBUTÁRIO (14) – Divida Ativa (Execução Fiscal) (6017)/	1.470.751 (4,33%)
	3. DIREITO TRIBUTÁRIO (14) – Impostos (5916) / IPTU/ Imposto Predial e Territorial Urbano (5952)	872.551 (2,57%)
	4. DIREITO CIVIL (899) – Família (5626) / Alimentos (5779)	864.580 (2,54%)
	5. DIREITO CIVIL (899) – Família (5626) / Relações de Parentesco (10577)	526.781 (1,55%)
Eleitoral	1. DIREITO ELEITORAL (11428) – Partidos Políticos (11747) / Prestação de Contas – De Exercício Financeiro (12048)	48.276 (0,14%)
	2. DIREITO ELEITORAL (11428) – Partidos Políticos (11747) / Orgão de Direção Partidaria (11764)	7.402 (0,02%)
	3. DIREITO ELEITORAL (11428) – Eleições (11583) / Recursos Financeiros de Campanha (11684)	6.046 (0,02%)
	4. DIREITO ELEITORAL (11428) – Eleições (11583) / Prestação de Contas (12045)	5.845 (0,02%)
	5. DIREITO ELEITORAL (11428) – Eleições (11583) / Cargos (11628)	4.477 (0,01%)

Fonte: Conselho Nacional de Justiça – Justiça em Números/2024

Extrai-se, também, as seguintes informações em relação às ações e execuções de alimentos:[110]

---

109. Disponível em: chrome-extension://efaidnbmnnnibpcajpcglcleﬁndmkaj/https://www.cnj.jus.br/wp-content/uploads/2024/05/justica-em-numeros-2024-v-28-05-2024.pdf. Acesso em: 31 jan. 2025. *Justiça em números 2024* / Conselho Nacional de Justiça. – Brasília: CNJ, 2024, p. 351.
110. Disponível em: https://paineis.cnj.jus.br/QvAJAXZfc/opendoc.htm?document=qvw_l%2FPainelCNJ.qvw&host=QVS%40neodimio03&anonymous=true&sheet=shResumoDespFT. Acesso em: 31 jan. 2025.

Tabela 1: Número de ações e execuções de alimentos no Brasil em 2024

Classe – Nome1	Classe – Nome2	Classe – Nome3	Classe – Nome4	Código	1º Grau	2º Grau	Juizado Especial	Total
Procedimentos de Infância e Juventude	Seção Cível	Processo de Conhecimento	Ação de Alimentos de Infância e Juventude	1389	21.973	-		21.973
Procedimentos de Infância e Juventude	Seção Cível	Processo de Execução	Execução de Alimentos Infância e Juventude	1432	8.613	-	-	8.613
Processo Cível e do Trabalho	Processo de Conhecimento	Procedimento de Conhecimento	Procedimentos Especiais (Alimentos – Lei Especial 5478/68)	69	459.902		35	459.937
Processo Cível e do Trabalho	Processo Cautelar	Alimentos Provisionais		176	7.400	-	-	7.400
Processo Cível e do Trabalho	Processo de Execução	Execução de Título Judicial	Execução de Alimentos	1112	125.824	-	1	125.825
Total								623.748

Fonte: Conselho Nacional de Justiça/2024

Da análise do quadro estatístico, verifica-se que, no âmbito do 1º grau da justiça brasileira, apesar de não se saber ao certo de quais alimentos se trata, se é decorrente da lei – direito de família, ou de ato ilícito – responsabilidade civil, ou de negócio jurídico – contrato ou testamento, existem 21.973 ação de alimentos nos juízos da Infância e Juventude, 8.613 execuções de alimentos nos juízos da Infância e Juventude, 459.937 ações de alimentos pelo procedimento da Lei 5478/1968, 7.400 ações de alimentos provisionais e de 125.825 execuções judiciais de alimentos, números que são capazes de demonstrar a imensa quantidade de processos destinados a combater a inadimplência no quesito alimentos.[111]

Os números refletem, portanto, que mais de 860 mil credores estão passando pelo problema da inadimplência alimentar e buscando a tutela judicial para

---

111. No mesmo sentido: STJ, HC 740.531/SP, relator Ministro Luis Felipe Salomão, Segunda Seção, julgado em 26.10.2022, DJe de 27.12.2022.

fixar os valores ou efetivar o seu direito a receber os alimentos destinados ao seu sustento, à sua sobrevivência.

Além disso, é claro, não está sendo contabilizada a enorme parte da população brasileira que está abaixo da linha pobreza e que, infelizmente, sequer imagina qualquer tipo de pretensão nesse sentido.

1.4 A TÉCNICA PROCESSUAL E OS MEIOS EXECUTIVOS COMO POLÍTICA PÚBLICA A CARGO DO ESTADO PARA O ALCANCE DE UMA TUTELA JURISDICIONAL EFETIVA

Em razão do problema social contemporâneo e global relacionado à inadimplência da obrigação alimentar, gerador de desamparo social e diretamente associado a outras questões sociais de desenvolvimento do ser humano (fome, educação, saúde, dignidade etc.), é que o Estado brasileiro avalizou mecanismos processuais[112] como resposta para contornar o referido infortúnio. Isso permitiu, na formação e na execução de políticas públicas, a implementação de mecanismos de indução e coerção, por meio de desenhos institucionais (no caso, procedimentos adequados) que calibrem os benefícios e efeitos, pelo cumprimento, e as sanções, pelo descumprimento dos normativos.[113]

As políticas públicas devem se valer, portanto, dos diversos meios legais ao seu dispor para realizar o seu mister e para alcançar os seus objetivos,[114] passando a sua institucionalização justamente pelos "dispositivos jurídico-institucionais – a lei, as normas de atribuição de competência etc. – que dão corpo à política, conferindo permanência à determinada orientação no ordenamento jurídico".[115]

É o Direito, portanto, que dará a expressão formal e vinculativa ao desígnio estatal, com a previsão de normativos e instrumentos destinados a conformar os

---

112. Aliás, tem-se reconhecido que a elaboração mais próspera no direito com relação às políticas públicas não se encontra no campo do direito público, mas no plano processual, justamente diante da necessária interação entre os agentes públicos com os instrumentos jurídico-institucionais que norteiam a atuação do Poder Público (BUCCI, Maria Paula Dallari. O conceito de política pública em direito, In: BUCCI, Maria Paula Dallari (Org.). *Políticas Públicas. Reflexões sobre o Conceito Jurídico*. São Paulo: Saraiva, 2006, p. 32).
113. BUCCI, Maria Paula Dallari. *Fundamentos para uma teoria jurídica das políticas públicas*. 2. ed. São Paulo: Saraiva Educação, 2021, p. 189-190.
114. Não se pode olvidar que a política pública não é "categoria definida e instituída pelo direito, mas arranjos complexos, típicos da atividade político-administrativa, que a ciência do direito deve estar apta a descrever, compreender e analisar" para, então, consubstanciar a tipificação da melhor escolha política e de seu aparato jurídico. Conforme BUCCI, Maria Paula Dallari. O conceito de política pública em direito, In: BUCCI, Maria Paula Dallari (Org.). *Políticas Públicas. Reflexões sobre o Conceito Jurídico*. São Paulo: Saraiva, 2006, p. 31.
115. BUCCI, Maria Paula Dallari. *Fundamentos para uma teoria jurídica das políticas públicas*. 2. ed. São Paulo: Saraiva Educação, 2021, p. 264.

ideais políticos e realizar os projetos de ação,[116] sendo que o Legislativo e o Executivo, na qualidade de *"proxies* da sociedade brasileira, *i.e.*, como seus agentes",[117] então, pelo menos do ponto de vista lógico e jurídico, as suas escolhas deverão refletir, ainda que aproximadamente, os valores sociais e suas preferências.[118]

Desse modo, tendo em mira que a fruição e proteção dos direitos humanos é tema complexo que demanda "um aparato de garantias e medidas concretas do Estado que se alarga cada vez mais, de forma a disciplinar o processo social",[119] deve-se criar modos de institucionalizar tais relações sociais, a fim de conferir uma maior racionalização técnica das ações do Poder Público, de modo a promover o desenvolvimento e a dignidade da pessoa humana.

Cumpre ao Estado, assim, no âmbito do seu dever de proteção de determinado direito fundamental e de auxiliar os direitos de participação dos seus titulares, estabelecer instrumentos de política pública para o enfrentamento dos distúrbios que afetam a sociedade, não apenas se valendo de normas de conteúdo material, mas, igualmente, da estruturação de técnicas processuais e de meios executivos, somada à previsão de procedimentos adequados colocados em favor dos detentores, para melhor e maior alcance do seu desiderato e em busca de uma tutela jurisdicional efetiva.[120]

Realmente, assim como há um direito fundamental à vida, à saúde, aos alimentos, há, também, um direito fundamental à tutela efetiva[121] (art. 5º, § 1º). É o direito a fazer valer os próprios direitos, sendo imprescindível que o Estado se conscientize das necessidades almejadas pelo direito material e de que tais premências demandem diferentes tipos de tutela.

Ao se depreender e identificar as tutelas necessárias, permite-se, então, ponderar sobre a melhor técnica processual a amparar as diferentes situações

---

116. "O direito tem um papel na conformação das instituições que impulsionam, desenham e realizam as políticas públicas. As expressões da atuação governamental correspondem, em regra, a formas definidas e disciplinadas pelo direito" (BUCCI, Maria Paula Dallari. O conceito de política pública em direito, In: BUCCI, Maria Paula Dallari (Org.). *Políticas Públicas. Reflexões sobre o Conceito Jurídico.* São Paulo: Saraiva, 2006, p. 37).
117. GICO JÚNIOR, Ivo Teixeira. *Análise Econômica do Processo Civil.* Indaiatuba, SP: Foco, 2020, p. 61.
118. GICO JÚNIOR, Ivo Teixeira. *Análise Econômica do Processo Civil.* Indaiatuba, SP: Foco, 2020, p. 61.
119. BUCCI, Maria Paula Dallari. O conceito de política pública em direito, In: BUCCI, Maria Paula Dallari (Org.). *Políticas Públicas. Reflexões sobre o Conceito Jurídico.* São Paulo: Saraiva, 2006, p. 4.
120. MARINONI, Luiz Guilherme. *Técnica Processual e Tutela dos Direitos.* São Paulo: Thomson Reuters Brasil, 2020, p. 105.
121. Segundo Marinoni, "a mais importante das tutelas específicas é aquela que se destina a impedir ou a remover o ato contrário ao direito. Trata-se de tutela anterior ao dano, e que assim é capaz de dar efetiva proteção ao direito, seja quando o ato contrário ao direito ainda não foi praticado (tutela inibitória), seja quando o ato contrário ao direito já ocorreu, mas, diante de sua eficácia continuada, é preciso removê-lo para evitar a produção de danos (tutela de remoção do ilícito)" (*Técnica Processual e Tutela dos Direitos.* São Paulo: Thomson Reuters Brasil, 2020, p. 104).

de direito material, raciocinando o direito diante das circunstâncias do caso concreto – "pensadas à luz das diferentes necessidades do credor (p. ex., alimentos, ressarcimento, tutela antecipatória), das peculiaridades do devedor (p. ex., Fazenda Pública)"[122] –, levando em consideração, ainda, as características e as necessidades socialmente detectáveis e, ao mesmo tempo, conciliando para que elas sejam a forma menos onerosa ao demandado.[123]

Não se pode olvidar que a prestação efetiva envolve tanto o direito à técnica processual idônea quanto o direito de participar por meio de um procedimento adequado, devidas pelo Estado-Legislador (já que a lei é a resposta abstrata deste). Compreende, também, o direito à resposta jurisdicional, devida pelo Estado-Juiz, que também possui o dever de proteção e respeito aos direitos fundamentais (a decisão é a resposta do juiz no caso em concreto).[124] Ou seja, ao Estado-Juiz cabe o dever de controlar e zelar pela aplicação das políticas públicas que, uma vez enunciadas, vinculam a atuação do Estado.

Nessa ordem de ideias, dentro do seu poder de elaborar estruturas institucionais e criar instrumentos legais e adequados para o enfrentamento do problema público – políticas públicas –, o Estado deve se pautar pelos meios mais eficientes.

Isso dentro de suas limitações e a partir de determinados critérios, como a indução do comportamento do devedor por meio de sancionamento (a coerção, por exemplo)[125] e o estabelecimento de benefícios, visando justamente, atender "aos fins sociais e às exigências do bem comum, resguardando e promovendo a dignidade da pessoa humana e observando a proporcionalidade, a razoabilidade, a legalidade, a publicidade e a eficiência", nos termos do art. 8º do Código de Processo Civil (CPC).

Com relação à almejada eficiência, é importante frisar que a tradicional Teoria Geral do Processo (TGP) tem como norte identificar e estabelecer conceitos fundamentais e elementos comuns para a compreensão do sistema processual como um todo. No entanto, não há preocupação de uma teoria relacionada ao comportamento humano ou qualquer expediente destinado a informar sobre as prováveis consequências de determinada regra processual ou de sua eventual

---

122. MARINONI, Luiz Guilherme. *Técnica Processual e Tutela dos Direitos*. São Paulo: Thomson Reuters Brasil, 2020, p. 100.
123. MARINONI, Luiz Guilherme. *Técnica Processual e Tutela dos Direitos*. São Paulo: Thomson Reuters Brasil, 2020, p. 100 e 107.
124. MARINONI, Luiz Guilherme. *Técnica Processual e Tutela dos Direitos*. São Paulo: Thomson Reuters Brasil, 2020, p. 128-129.
125. SECCHI, Leonardo. *Políticas públicas*: conceitos, esquemas de análise, casos práticos. 2. ed. São Paulo: Cengage Learning, 2013, p. 4 e 156.

alteração.[126] Não se realiza, via de regra, nenhuma avaliação de impacto (conforme será melhor aprofundado no capítulo 2).

De fato, apesar de haver intensa discussão acerca dos conceitos fundamentais (descrição), a respeito de regras e princípios (hermenêutica) e, ainda, sobre do que deveria se tratar ou de como deveria incidir a regra ou o princípio (teoria normativa), nada é dito ou muito pouco se expõe sobre a "estrutura de incentivos criada pelas regras processuais e a provável consequência social dessa ou daquela regra jurídica no mundo real (previsão)".[127] Ou seja, o foco dos processualistas tem sido muito mais em diagnose do que em prognose, sendo que a tutela de qualquer direito seria muito mais efetiva e racional se a preocupação se desse em ambos os aspectos.

O ente estatal, por conseguinte, deve se preocupar em cuidar, de modo diferenciado, de certas situações, notadamente as necessidades socialmente relevantes atreladas a direitos fundamentais. O intuito é alcançar uma tutela específica e efetiva, preordenando-se técnicas processuais capazes de dar respostas satisfatórias a tais necessidades, atendendo às novas funções do Estado, ao direito material e à realidade social, garantindo aos seus titulares o direito de efetivo gozo.[128]

No processo executivo, âmbito do estudo em comento, há a clara finalidade de desenvolver atividades práticas voltadas a propiciar ao credor o mesmo bem que obteria caso houvesse o adimplemento espontâneo e voluntário, produzindo, de fato, as alterações necessárias à efetivação da regra sancionadora.[129]

Em havendo o descumprimento da obrigação pelo devedor, "põe o Direito à disposição do credor um conjunto de sanções, cuja atuação se realiza sem a colaboração voluntária do inadimplente",[130] tendo a finalidade reparatória, satisfativa de restabelecer o direito subjetivo, às custas do responsável, que o ato ilícito violou. O "restabelecimento da ordem jurídica, mediante a satisfação integral do direito violado, é o escopo da sanção".[131]

Nessa linha de intelecção, no que toca à obrigação alimentar, por se tratar de prestação relacionada à sobrevivência básica do alimentando, cuidou o legislador de dotá-lo de privilégios e garantias, estabelecendo múltiplos meios executórios

---

126. GICO JÚNIOR, Ivo Teixeira. *Análise Econômica do Processo Civil*. Indaiatuba, SP: Foco, 2020, p. 5.
127. GICO JÚNIOR, Ivo Teixeira. *Análise Econômica do Processo Civil*. Indaiatuba, SP: Foco, 2020, p. 5.
128. MARINONI, Luiz Guilherme. *Técnica Processual e Tutela dos Direitos*. São Paulo: Thomson Reuters Brasil, 2020, p. 51, 100 e 103.
129. GRECO, Leonardo. *O Processo de Execução*. Rio de Janeiro: Renovar, 2001, v. 2, p. 161.
130. GRECO, Leonardo. *O Processo de Execução*. Rio de Janeiro: Renovar, 2001, v. 2, p. 161.
131. GRECO, Leonardo. *O Processo de Execução*. Rio de Janeiro: Renovar, 2001, v. 2, p. 162.

– protesto do pronunciamento judicial (CPC, 528, § 1º),[132] negativação do nome (CPC, art. 782, § 3º),[133] desconto em folha (CPC, art. 529),[134] expropriação (CPC, art. 528, § 8º, c/c art. 530)[135] e coerção pessoal (CPC, art. 528, § 3º)[136] – em sua busca incessante de eficiência e rapidez no adimplemento do crédito alimentar.[137]

Dessarte, considerando o direito a alimentos como direito fundamental sujeito à proteção estatal por meio de políticas públicas, são necessárias "prestações normativas capazes de impor condutas e proibir ações",[138] para a salvaguarda do credor alimentar, tendo o legislador escolhido, como a principal delas, a prisão civil do devedor inadimplente.

1.5 A PRISÃO CIVIL DO DEVEDOR DE ALIMENTOS COMO INSTRUMENTO DE POLÍTICA PÚBLICA

A partir da exposição feita, percebe-se que a inadimplência da obrigação alimentar possui um problema de evidente caráter público,[139] em razão do interesse social relevante na sobrevivência do ser humano e manutenção da espécie, possuindo uma dimensão de natureza superior, de um interesse público maior

---

132. Art. 528 § 1º Caso o executado, no prazo referido no *caput*, não efetue o pagamento, não prove que o efetuou ou não apresente justificativa da impossibilidade de efetuá-lo, o juiz mandará protestar o pronunciamento judicial, aplicando-se, no que couber, o disposto no art. 517.
133. Art. 782, § 3º A requerimento da parte, o juiz pode determinar a inclusão do nome do executado em cadastros de inadimplentes.
134. Art. 529. Quando o executado for funcionário público, militar, diretor ou gerente de empresa ou empregado sujeito à legislação do trabalho, o exequente poderá requerer o desconto em folha de pagamento da importância da prestação alimentícia.
135. Art. 528, § 8º O exequente pode optar por promover o cumprimento da sentença ou decisão desde logo, nos termos do disposto neste Livro, Título II, Capítulo III, caso em que não será admissível a prisão do executado, e, recaindo a penhora em dinheiro, a concessão de efeito suspensivo à impugnação não obsta a que o exequente levante mensalmente a importância da prestação; Art. 530. Não cumprida a obrigação, observar-se-á o disposto nos arts. 831 e seguintes.
136. Art. 528 § 3º Se o executado não pagar ou se a justificativa apresentada não for aceita, o juiz, além de mandar protestar o pronunciamento judicial na forma do § 1º, decretar-lhe-á a prisão pelo prazo de 1 (um) a 3 (três) meses.
137. ASSIS, Araken de. *Da execução de alimentos e prisão do devedor*. 10. ed. São Paulo: Thomson Reuters Brasil, 2019, p. 127-128.
138. MARINONI, Luiz Guilherme. *Técnica Processual e Tutela dos Direitos*. São Paulo: Thomson Reuters Brasil, 2020, p. 51.
139. Segundo Yussef Cahali, "o caráter de ordem pública das normas disciplinadores da obrigação legal de alimentos, no pressuposto de que elas concernem não apenas aos interesses privados do credor, mas igualmente ao interesse geral, assim, sem prejuízo de seu acendrado conteúdo moral, a dívida alimentar *veramente interes rei publicae*; embora sendo o crédito alimentar estritamente ligado à pessoa do beneficiário, as regras que o governam são, como todas aquelas relativas à integridade da pessoa, sua conservação e sobrevivência, como direitos inerentes à personalidade, normas de ordem pública, ainda que impostas por motivo de humanidade, de piedade ou solidariedade, pois resultam do vínculo de família, que o legislador considera essencial preservar" (CAHALI, Yussef Said. *Dos alimentos*. 8. ed. São Paulo: RT, 2013, p. 33).

que o estritamente familiar. Isso torna indispensável a presença do Estado como partícipe, indutor ou regulador de políticas públicas, que deverá se valer de todos os meios possíveis para a consecução do fim proposto – garantir o direito fundamental à alimentação – notadamente, porque a resistência ao seu adimplemento, para além da efetividade de uma decisão judicial, põe em risco à vida e proteção do ser humano, fundamento do ordenamento jurídico.[140]

Como se viu, partindo-se da ideia elementar de que os alimentos asseguram a subsistência do homem e dão concretude ao princípio da dignidade da pessoa humana, depreende-se, de forma instintiva, a exigência de o Estado prever legalmente um instrumental ágil, célere e eficaz para satisfazer o crédito alimentar, em prestação de uma tutela jurisdicional efetiva.

Nesse passo, tendo-se em conta que a visibilidade e a agressividade das medidas de execução da obrigação de alimentos, assim como as sanções aplicadas ao não cumprimento, são os principais fatores para se alcançar o êxito no índice de pagamentos da obrigação de alimentos,[141] é que se tem proposto a técnica executiva processual da prisão civil do devedor como remédio adequado para induzir e punir o comportamento indesejado (recalcitrância no cumprimento do dever de prestar alimentos).[142]

Essa drástica medida coercitiva, como visto, conta com expressa previsão constitucional (art. 5º, inciso LXVII, da Constituição). A justificação dessa estratégia no desenho da política pública passa pela consideração de que "o alimentando que não consegue receber o que lhe é devido, não desfruta de qualquer proteção social, pois inexistem no país planos de assistência social que amparem condignamente à infância, à velhice e à invalidez".[143]

Assim, como instrumento de materialização de uma política pública, a técnica executiva drástica da prisão civil do devedor alimentar é injunção tida como essencial para o alcance de seu desiderato, a efetivação do direito a alimentos, por meio do incentivo de comportamento em decorrência do temor ao cárcere (uma ameaça de coerção que cumpre função dissuasória), sendo, ao menos até

---

140. FARIAS, Cristiano Chaves de; ROSENVALD, Nelson. *Curso de Direito Civil: Obrigações*. 15. ed. Salvador: JusPodivm, 2021, p. 112.
141. SOTTOMAYOR, Maria Clara. *Regulação do Exercício das Responsabilidades Parentais nos Casos de Divórcio*. 7. ed. Coimbra: Almedina, 2021, p. 479.
142. A materialização dos ditames constitucionais – direito alimentar (art. 6º), dever parental e familiar de assegurar a alimentação (art. 227 e 229) e autorização de prisão civil por dívida de alimentos (art. 5º, LXVII) – encontra-se na previsão da legislação ordinária (hoje, pelo Código de Processo Civil) que, como se sabe, dentre os instrumentos de política pública, está a possibilidade de encarceramento do devedor.
143. GRECO, Leonardo. *O Processo de Execução*. Rio de Janeiro: Renovar, 2001, v. 2, p. 535.

o momento, o principal mecanismo utilizado pelo Estado para enfrentamento do problema social e concretização do direito fundamental.

Dessa forma, a prisão civil do devedor de alimentos foi regulamentada no plano infraconstitucional, cujo arcabouço legislativo delineia a aqui considerada política pública, em que se autoriza a prisão do devedor de alimentos pelo prazo de 1 (um) a 3 (três) meses (art. 528, § 3º, do CPC), com desígnio de concretizar e garantir o direito fundamental a alimentos e realizar um objetivo de ordem pública.

Dado que uma política pública é, ao fim e ao cabo, uma ação governamental que visa realizar objetivos determinados, e dada a persistência do problema social envolvendo o inadimplemento da obrigação alimentar, seria possível lançar algumas reflexões críticas a essa escolha.

Verifica-se que, na técnica legislativa da prisão civil, houve, ainda que indiretamente, um planejamento no qual o governo se desincumbiu de alocar recursos públicos. Assim, reduziu gastos com a implementação de obrigação direta no fornecimento de alimentos, repassando tal encargo aos familiares do ente necessitado,[144] prevendo meio jurídico para facilitar a cobrança, induzir comportamentos e alcançar os propósitos dispostos no direito material, conferindo efetividade ao direito fundamental.[145]

Ao se considerar que a prisão civil tem sido o arranjo institucional – a materialização, o mecanismo, a garantia – de uma política pública eleita pelo legislador para o enfrentamento de problema público relevante, e ao levar em conta os aspectos teóricos e práticos que foram abordados até agora, vislum-

---

144. Conforme pondera Fábio Ulhoa Coelho, neste modo de produção capitalista, a família não se desvencilhará tão cedo do encargo assistencial de amparo aos seus, nas enfermidades e velhice, principalmente, por se estar diante de um sistema econômico com crises periódicas e injustiças permanentes, com imensa dificuldade de construção de um programa eficiente de Seguridade Social. Portanto, ainda que o "acúmulo social de força de trabalho permita ao Estado, no futuro, garantir sua recuperação fora da família, os laços afetivos nela existentes tendem a reservar sempre algum espaço para a assistência aos seus membros, ainda que subsidiária" (COELHO, Fábio Ulhoa. *Curso de direito civil, família, sucessões*. 4. ed. São Paulo: Saraiva, 2011, v. 5, p. 211).

145. O arranjo normativo previsto no art. 528 do CPC – apesar de não ser expressamente em forma de programa de ação governamental, com prescrição de metas, marcos temporais e resultados, por exemplo – possui diversos outros elementos de uma política pública, tais como: um problema público relevante a ser enfrentado – inadimplência da obrigação alimentar; uma proposta de solução do problema público – previsão de técnicas processuais para incentivar o comportamento do devedor (dentre as quais, a prisão civil); atores envolvidos – legislador, credor alimentando, devedor alimentante e o julgador; a agenda – reduzir a inadimplência e, consequentemente, prover de forma mais eficiente o sustento do alimentando; formulação de alternativas – possibilidade de restrição do nome nos cadastros de devedores, expropriação e desconto em folha; tomada de decisão – anuência normativa da coerção por dívida; implementação da política pública – autorização legislativa para que o magistrado possa, diante do requerimento do credor, decretar a prisão do alimentante inadimplente.

bra-se a necessidade de um estudo mais aprofundado do instituto da referida técnica executiva, inclusive, para se ponderar sobre alternativas mais eficazes na resolução do problema social.

O estudo exposto volta-se, justamente, a realizar uma análise investigada e científica da técnica executiva da prisão civil, avaliando se o instrumento está dando resultados adequados no enfrentando do problema público para o qual foi pensado; se a sua utilização vem efetivamente refletindo no comportamento do devedor com o incremento do adimplemento da dívida, quais consequências sociais da efetivação do referido meio executório; se ele é o meio menos gravoso ao demandado (também titular de direitos fundamentais) para alcance do seu desiderato.

Em suma, examinar-se-á se a técnica processual escolhida pelo Estado contra o inadimplemento alimentar está sendo apta a concretizar o dever de proteção e de efetiva tutela para a qual foi proposta. Notadamente, porque, ainda que aparentemente eficiente, diante de uma avaliação de impacto da política pública, de custo-benefício, cada vez mais tal ferramental tem se mostrado alocativamente ineficiente – o bem da vida não tem sido necessariamente adjudicado a quem de direito – e produtivamente ineficiente – com elevados custos financeiros, sistêmicos e sociais decorrentes da prisão.

Trata-se de obrigação do Estado desenhar procedimentos e respostas institucionais idôneos à tutela efetiva do direito aos alimentos, tendo em vista que o direito à prestação jurisdicional não se resume à possibilidade de acesso ao procedimento legalmente instituído, mas sim, de acesso a um procedimento que seja capaz de atender, de maneira eficiente, ao direito material,[146] de modo menos gravoso[147] e de forma mais eficiente possível. O tema será explorado, no Capítulo 3, o fundo garantidor previsto em Portugal como mecanismo para auxiliar o enfrentamento da inadimplência alimentar.

---

146. MARINONI, Luiz Guilherme. *Técnica Processual e Tutela dos Direitos*. São Paulo: Thomson Reuters Brasil, 2020, p. 130.
147. MARINONI, Luiz Guilherme. *Técnica Processual e Tutela dos Direitos*. São Paulo: Thomson Reuters Brasil, 2020, p. 127.

2
ANÁLISE DA PRISÃO CIVIL DO DEVEDOR DE ALIMENTOS NO BRASIL

A prisão[1] é considerada civil quando realizada nos domínios do Direito Privado, na esfera da jurisdição cível, como instrumento de coercibilidade, com desígnio de compelir o devedor pela ameaça da segregação celular a cumprir a sua obrigação alimentar.[2]

No Brasil, a prisão civil está autorizada pela Constituição Federal. Em sua opção política, o legislador constituinte promoveu uma ponderação entre direitos fundamentais – o direito de liberdade e de dignidade humana do devedor *versus* o direito à tutela jurisdicional efetiva, à sobrevivência, à subsistência e à dignidade humana do credor –, dando prevalência ao direito deste último. Admitiu-se a prisão civil do responsável pelo inadimplemento voluntário e inescusável de obrigação alimentícia (CF, art. 5º, LXVII), o que não é mais concebível, em relação à dívida civil do depositário infiel, como se constatará em tópico à frente.

Em regra, reconhece-se na prisão civil um cunho eminentemente econômico, um meio executivo de finalidade quase que, exclusivamente, patrimonial.[3] No entanto, como pontuado no capítulo anterior, não se pode olvidar que a referida técnica processual também tem uma índole social relevante, por se tratar de instrumento de política pública definida como procedimento idôneo e específico para a tutela efetiva do direito aos alimentos.

E apesar da prisão civil ser tida como um mecanismo extremamente eficiente, não há, ainda, uma avaliação empírica sobre os seus reais impactos, sobre a sua eficiência e eficácia como instrumento de política pública à qual está atrelada. Contudo, esse tema vem despertando uma maior preocupação por parte dos Poderes da República em tempos mais recentes, em razão da pandemia da Covid-19.

---

1. O vocábulo prisão deriva do termo francês *prision*, cuja origem é a expressão latina *prehensio, onis*, cujo significado revela a ideia de cárcere, captura, cadeia, prisão, penitenciária, sendo, por conseguinte, ato de apreensão física da pessoa que fica cerceada em sua liberdade e sob subordinação de alguém (AZEVEDO, Álvaro Villaça. *Prisão Civil por Dívida*. 3. ed. São Paulo: Atlas, 2012, p. 35).
2. AZEVEDO, Álvaro Villaça. *Prisão Civil por Dívida*. 3. ed. São Paulo: Atlas, 2012, p. 35-36.
3. Nesse sentido: CASTRO, Amílcar. *Comentários ao Código de Processo Civil*. São Paulo: RT, 1974, v. 8, n. 513, p. 376. AZEVEDO, Álvaro Villaça. *Prisão Civil por Dívida*. 3. ed. São Paulo: Atlas, 2012, p. 36.

O propósito deste Capítulo segundo é, então, expor a importância e a necessidade de um maior aprofundamento dos estudos sobre a técnica executiva da prisão civil, os seus aspectos jurídicos, sociais e econômicos, os dados e números mais relevantes, a necessidade de ser inserida em uma avaliação de impacto legislativo para se saber a sua real eficiência como mecanismo de política pública no combate ao problema social da inadimplência alimentar. Para tanto, este Capítulo encontra-se dividido da seguinte maneira.

Na primeira parte (2.1), analisam-se os aspectos jurídicos da prisão civil por dívida de alimentos e seus contornos constitucionais, trazendo à baila os paradigmáticos julgados do STF (REs 349.703 e 466.343) que afastaram a possibilidade de prisão civil do depositário infiel. Na segunda seção (2.2), estudam-se os caracteres e a natureza jurídica da prisão civil por dívida de alimentos, traçando-se as diferenças entre a prisão civil, a penal e a administrativa, além das questões estruturais decorrentes da pandemia da Covid-19. Na terceira parte (2.3), o trabalho se volta ao estudo dos números da prisão civil e, na quarta seção (2.4), expõe a teoria ou ciência da legislação e a avaliação de impacto legislativo para, ao final, trazer considerações sobre a necessidade de uma análise de impacto da técnica processual da prisão civil.

2.1 ASPECTOS JURÍDICOS DA PRISÃO CIVIL POR DÍVIDA

As Constituições do Brasil de 1824, de 1891 (com as emendas de 07.09.1926) e a de 1937 não trataram da prisão civil. A Constituição de 1934, por sua vez, foi a única a afastar expressamente a prisão civil por "dívidas, multas ou custas" (art. 113, n. 30).[4] Apesar disso, a legislação infraconstitucional da época previa situações em que era autorizado o cárcere em razão de dívida, como o Código Comercial de 1850[5] e o Código Civil de 1916.[6]

---

4. AZEVEDO, Álvaro Villaça. *Prisão Civil por Dívida*. 3. ed. São Paulo: Atlas, 2012, p. 52.
5. Dentre outros: Art. 20. "Se algum comerciante recusar apresentar os seus livros quando judicialmente lhe for ordenado, nos casos do artigo 18, será compelido à sua apresentação debaixo de prisão, e nos casos do artigo 19 será deferido juramento supletório à outra parte. Se a questão for entre comerciantes, dar-se-á plena fé aos livros do comerciante a favor de quem se ordenar a exibição, se forem apresentados em forma regular (artigo 13 e 14)"; Art. 91. "Os trapicheiros e os administradores de armazéns de depósito são responsáveis às partes pela pronta e fiel entrega de todos os efeitos que tiverem recebido, constantes de seus recibos; pena de serem presos sempre que a não efetuarem dentro de 24 (vinte e quatro) horas depois que judicialmente forem requeridos"; Art. 284. "Não entregando o depositário a coisa depositada no prazo de 48 (quarenta e oito) horas da intimação judicial, será preso até que se efetue a entrega do depósito, ou do seu valor equivalente (artigo 272 e 440)"; Art. 412. "Se acontecer que o sacado, tendo ficado com a letra em seu poder para aceitar ou pagar, se recuse à sua entrega a tempo de poder ser levada ao protesto, será esta tomado sobre outra via, ou em separado se a não houver, com essa declaração: e poderá proceder-se a prisão contra o sacado até que efetue a entrega da letra. Para poder porém ordenar-se a prisão é indispensável que o portador da letra produza em Juízo prova suficiente de que a letra foi entregue ao sacado, e que sendo-lhe pedida a não entregara. Em ajuda de prova o Juiz pode deferir ao portador juramento

A permissão de prisão do devedor, seja de alimentos, seja do depositário infiel, surgiu na Constituição de 1946 (art. 141, § 32) e foi mantida nas Constituições de 1967 (art. 150, § 17), na Emenda Constitucional 1, de 17.10.1969 (art. 153, § 17), e na de 1988, na dicção do art. 5º, LXVII. Esta última, no tocante à obrigação alimentar, minimizou a sua incidência ao restringi-la apenas para os casos de inadimplemento voluntário e inescusável.

Importante pontuar que a prisão civil não é uma decorrência direta da Constituição, tendo os diplomas constitucionais citados apenas autorizado a sua previsão legal, exigindo-se ato normativo posterior para sua tipificação e efetividade, como se deu em diversos dispositivos da legislação infraconstitucional:[7] para os alimentos, a Lei 5.478/1968 (art. 19), os Códigos de Processo Civil (CPC) de 1973 (arts. 666, § 3º, 733, § 1º, 885, 902, § 1º, 904, parágrafo único) e o de 2015 (art. 528 e 911, parágrafo único); para o depositário infiel e assemelhados, o CC de 1916 (art. 1287), e o de 2002 (art. 652), o Dec. Lei 911/1969 (art. 4º) e o CPC de 1973 (arts. 666, § 3º, 885, 902, § 1º, 904, parágrafo único).

No entanto, além do Direito Civil, a violação ao dever de assistência familiar é também tutelada pela seara penal, podendo ser tipificada no crime de abandono material, previsto no art. 244 do Código Penal (CP), no capítulo Dos Crimes contra a Assistência Familiar.

O tipo penal estabelece que quem "deixar, sem justa causa,[8] de prover a subsistência do cônjuge, ou de filho menor de 18 (dezoito) anos ou inapto para o trabalho, ou de ascendente inválido ou maior de 60 (sessenta) anos, não lhes proporcionando os recursos necessários ou faltando ao pagamento de pensão alimentícia judicialmente acordada, fixada ou majorada" (*caput*), assim como aquele que "sendo solvente, frustra ou ilide, de qualquer modo, inclusive por abandono injustificado de emprego ou função, o pagamento de pensão alimen-

---

supletório"; Art. 821. "Enquanto no Código criminal outra pena se não determinar para a falência com culpa, será esta punida com prisão de um a oito anos".

6. Art. 1.287. "Seja voluntário ou necessário o depósito, o depositário, que o não restituir, quando exigido, será compelido a fazê-lo mediante prisão não excedente a um ano, e a ressarcir os prejuízos (art. 1.273)".

7. Antes do advento do Código de 1916, vigiam um complexo legislativo de difícil compreensão, passando pelas ordenações, leis, regimentos, alvarás, decretos e resoluções portugueses, conforme pontua Álvaro Villaça Azevedo em *Prisão Civil por Dívida*. 3. ed. São Paulo: Atlas, 2012, p. 45-52.

8. Conforme a jurisprudência do STJ, "para tipificação do crime de abandono material, mostra-se imprescindível o preenchimento do elemento normativo do tipo, qual seja, ausência de justa causa para o descumprimento da obrigação. No entanto, cabe ao Ministério Público demonstrar o descumprimento da obrigação e apenas apontar a ausência de justa causa, pois tecnicamente se mostra inviável a produção de prova negativa. Assim, devidamente explicitada a autoria e a materialidade, verificando-se que o paciente tinha condições financeiras de prover o sustento de sua filha menor e deixou voluntariamente de fazê-lo, cabe ao réu provar a existência de justificativa idônea para o descumprimento da obrigação alimentar" (HC 194.225/GO, Rel. Ministro Marco Aurélio Bellizze, Quinta Turma, julgado em 16.04.2013, DJe 24.04.2013).

tícia judicialmente acordada, fixada ou majorada" (parágrafo único), incorrerá numa pena de detenção de 1 (um) a 4 (quatro) anos e multa, de uma a dez vezes o maior salário mínimo vigente no País.[9]

Apesar disso, o autor do delito em questão, em regra, jamais será levado à prisão em regime fechado, pois, conforme pontua a doutrina,[10] é possível a incidência do art. 89, *caput*, da Lei 8.099/95 com a suspensão condicional do processo por 2 (dois) a 4 (quatro) anos e que, com o esgotamento do prazo suspensivo sem a sua revogação, acarreta a declaração de extinção da punibilidade.[11] Ademais, trata-se de crime com pena máxima abstratamente cominada de 4 (quatro) anos de detenção, impedindo a decretação de prisão preventiva (Código de Processo Penal – CPP, art. 313, I),[12] além de permitir que o cumprimento da pena ocorra, desde o início, sob o regime aberto (CP, art. 33, § 2º, *c*).[13] E ainda que o devedor

---

9. "Os bens jurídicos protegidos são a estrutura e o organismo familiar, particularmente sua preservação, relativamente ao amparo material devido por ascendentes, descendentes e cônjuges, reciprocamente [...] O tipo subjetivo é constituído pelo *dolo*, que consiste na vontade consciente de deixar de prover à subsistência, ou de faltar ao pagamento de pensão, ou, ainda, de omitir socorro, nas diversas hipóteses previstas pela lei. O crime de *abandono material* exige *dolo próprio*, não podendo ser confundido, por exemplo, com o mero inadimplemento de pensão alimentícia formalmente fixada judicialmente" (BITENCOURT, Cezar Roberto. *Tratado de direito penal*. 4: parte especial. 5. ed. São Paulo: Saraiva, 2011, p. 228-230).
10. Conforme CALMON, Rafael. *Manual de direito processual das famílias*. 2. ed. São Paulo: SaraivaJur, 2021, p. 641.
11. Art. 89. Nos crimes em que a pena mínima cominada for igual ou inferior a um ano, abrangidas ou não por esta Lei, o Ministério Público, ao oferecer a denúncia, poderá propor a suspensão do processo, por dois a quatro anos, desde que o acusado não esteja sendo processado ou não tenha sido condenado por outro crime, presentes os demais requisitos que autorizariam a suspensão condicional da pena (art. 77 do Código Penal). § 1º Aceita a proposta pelo acusado e seu defensor, na presença do Juiz, este, recebendo a denúncia, poderá suspender o processo, submetendo o acusado a período de prova, sob as seguintes condições: I – reparação do dano, salvo impossibilidade de fazê-lo; II – proibição de frequentar determinados lugares; III – proibição de ausentar-se da comarca onde reside, sem autorização do Juiz; IV – comparecimento pessoal e obrigatório a juízo, mensalmente, para informar e justificar suas atividades. § 2º O Juiz poderá especificar outras condições a que fica subordinada a suspensão, desde que adequadas ao fato e à situação pessoal do acusado. § 3º A suspensão será revogada se, no curso do prazo, o beneficiário vier a ser processado por outro crime ou não efetuar, sem motivo justificado, a reparação do dano. § 4º A suspensão poderá ser revogada se o acusado vier a ser processado, no curso do prazo, por contravenção, ou descumprir qualquer outra condição imposta. § 5º Expirado o prazo sem revogação, o Juiz declarará extinta a punibilidade. § 6º Não correrá a prescrição durante o prazo de suspensão do processo. § 7º Se o acusado não aceitar a proposta prevista neste artigo, o processo prosseguirá em seus ulteriores termos.
12. Código de Processo Penal, Art. 313. Nos termos do art. 312 deste Código, será admitida a decretação da prisão preventiva: I – nos crimes dolosos punidos com pena privativa de liberdade máxima superior a 4 (quatro) anos; II – se tiver sido condenado por outro crime doloso, em sentença transitada em julgado, ressalvado o disposto no inciso I do *caput* do art. 64 do Decreto-Lei 2.848, de 7 de dezembro de 1940 – Código Penal; III – se o crime envolver violência doméstica e familiar contra a mulher, criança, adolescente, idoso, enfermo ou pessoa com deficiência, para garantir a execução das medidas protetivas de urgência.
13. Código Penal, Art. 33. A pena de reclusão deve ser cumprida em regime fechado, semiaberto ou aberto. A de detenção, em regime semiaberto, ou aberto, salvo necessidade de transferência a regime fechado.

fosse condenado com a pena máxima, tal sancionamento poderia ser substituído por medida restritiva de direitos (CP, art. 44, I).[14]

Além dos dispositivos da ordem interna citados, enunciam-se aqui tratados e acordos internacionais que guardam relação com a inadimplência alimentar e que foram ratificados pelo Brasil. Dentre estes, destacam-se o Pacto Internacional sobre Direitos Civis e Políticos,[15] a Convenção sobre os Direitos da Criança[16] e a Convenção Americana de Direitos Humanos, também conhecida como Pacto San Jose da Costa Rica, de 22 de novembro de 1969.[17] Este normativo, como será visto, foi um marco na jurisprudência brasileira em relação à proibição da prisão civil por dívidas, ao prever expressamente que, dentre os direitos à liberdade pessoal, "ninguém deve ser detido por dívidas. Este princípio não limita os mandados de autoridade judiciária competente expedidos em virtude de inadimplemento de obrigação alimentar" (art. 7.7).

2.2 RECURSOS EXTRAORDINÁRIOS 349.703[18] E 466.343[19] – A INCONVENCIONALIDADE DA PRISÃO CIVIL DO DEPOSITÁRIO INFIEL RECONHECIDA PELO SUPREMO TRIBUNAL FEDERAL

Um estudo sobre a prisão civil do devedor de alimentos não poderia deixar de tecer comentários sobre a outra modalidade de cabimento desse meio coercitivo, conforme a Constituição, em seu art. 5º, inciso LXVII, que também o autorizou para o depositário infiel, para fazer um paralelo comparativo entre ambos.

[...] § 2º As penas privativas de liberdade deverão ser executadas em forma progressiva, segundo o mérito do condenado, observados os seguintes critérios e ressalvadas as hipóteses de transferência a regime mais rigoroso: a) o condenado a pena superior a 8 (oito) anos deverá começar a cumpri-la em regime fechado; b) o condenado não reincidente, cuja pena seja superior a 4 (quatro) anos e não exceda a 8 (oito), poderá, desde o princípio, cumpri-la em regime semiaberto; c) o condenado não reincidente, cuja pena seja igual ou inferior a 4 (quatro) anos, poderá, desde o início, cumpri-la em regime aberto.

14. CP, Art. 44. As penas restritivas de direitos são autônomas e substituem as privativas de liberdade, quando: I – aplicada pena privativa de liberdade não superior a quatro anos e o crime não for cometido com violência ou grave ameaça à pessoa ou, qualquer que seja a pena aplicada, se o crime for culposo; II – o réu não for reincidente em crime doloso; III – a culpabilidade, os antecedentes, a conduta social e a personalidade do condenado, bem como os motivos e as circunstâncias indicarem que essa substituição seja suficiente.

15. Texto legislativo aprovado pelo Decreto Legislativo 226, de 12.12.91, a Carta de Adesão ao Pacto foi depositada em 24 de janeiro de 1992 e a promulgação pelo Decreto Executivo 592 se deu em 06.07.92, dispondo em seu art. 11 que "ninguém poderá ser preso apenas por não cumprir uma obrigação contratual".

16. O Governo brasileiro ratificou a referida Convenção em 24 de setembro de 1990, tendo a mesma entrado em vigor para o Brasil em 23 de outubro de 1990 e sido promulgada pelo Decreto 99.710/1990.

17. A Convenção foi promulgada no Brasil pelo Decreto 678, de 6 de novembro 1992.

18. STF – RE 349703, Relator(a): Carlos Britto, Relator(a) p/ Acórdão: Gilmar Mendes, Tribunal Pleno, julgado em 03.12.2008, Public 05.06.2009.

19. RE 466343, Relator(a): Cezar Peluso, Tribunal Pleno, julgado em 03.12.2008, Repercussão Geral – Mérito DJe-104 Public 05.06.2009.

A possibilidade de prisão civil nos casos de alienação fiduciária em garantia trouxe dissenso no mundo jurídico, não apenas na jurisprudência, mas também na doutrina, notadamente no tocante à natureza jurídica dos contratos de depósito e sua equivalência à alienação fiduciária em garantia, para muitos, uma *aberratio legis*.[20]

Diante do elevado número de decretos prisionais de devedores em relação a esse tipo de contrato, os tribunais brasileiros iniciaram uma reviravolta interpretativa para restringir a exegese da autorização constitucional de prisão civil em relação ao depositário infiel. Afastou a sua aplicação quando não se tratasse de genuíno contrato de depósito, em que não haveria um nexo teórico para fins de sua equiparação, sendo mera ficção jurídica encetada pelo Decreto-Lei 911/1969, para equiparar a ação de busca e apreensão em ação de depósito.[21]

Para além da diferenciação dos institutos – do contrato de depósito e do contrato de alienação fiduciária em garantia – outro grande argumento, no âmbito do STJ (apesar da divergência de parte dos ministros), era o de que os tratados internacionais firmados pelo Brasil – o Pacto Internacional sobre Direitos Civis e Políticos e o Pacto de São José de Costa Rica – teriam derrogado o art. 1.287 do CC/1916, regra geral e fonte normativa de lei geral da prisão civil do depositário infiel, além de ser o suporte legal para o Decreto-Lei 911/69, haja vista que a legislação internacional teria eficácia de lei ordinária e poderia revogar a lei geral (dispositivo do CC).

Realmente, diante da adesão brasileira aos referidos tratados internacionais, a discussão em torno da validade do Decreto-Lei 911/1969 passou a ser ainda mais questionada. Isso especialmente porque os diplomas internacionais restringiram a possibilidade de prisão civil por dívida, autorizando-a apenas em virtude de inadimplemento de obrigação alimentar, deixando de fora qualquer outra constrição corporal em razão de patrimônio.

Importante pontuar que, até então, o STF rechaçava a tese de que a Convenção Americana, por ter incorporado direitos humanos no âmbito doméstico, teria sustado a eficácia das normas específicas do Decreto-Lei 911/1969, haja vista que os tratados internacionais incorporados mantinham status de lei ordinária[22] e, por conseguinte, eventuais conflitos deveriam ser dirimidos pelas regras de

---

20. SARLET, Ingo Wolfgang. Comentário ao artigo 5º, LXVII. In: CANOTILHO, J.J. Gomes; MENDES, Gilmar F.; SARLET, Ingo W.; STRECK, Lenio L. (Coord.). *Comentários à Constituição do Brasil*. São Paulo: Saraiva: Almedina, 2013, p. 469.
21. O *leading case* foi o julgado da Corte Especial do STJ – EREsp 149.518/GO, Rel. Ministro Ruy Rosado de Aguiar, Corte Especial, julgado em 05.05.1999, DJ 28.02.2000, em que se definiu a tese de que "não cabe a prisão civil do devedor que descumpre contrato garantido por alienação fiduciária".
22. Como na ADI 1480 MC, Relator(a): Celso de Mello, Tribunal Pleno, julgado em 04.09.1997, DJ 18.05.2001.

hermenêutica previstas na Lei de Introdução às Normas do Direito Brasileiro (Lei 12.376/2010).[23]

Seguindo essa forma de pensar, o Pacto de São José da Costa Rica, por se tratar de norma geral, não seria hábil a revogar a norma especial prevista pelo Decreto-Lei 911/1969. Além disso, vigorava à época o entendimento de que a própria Constituição previa, de forma expressa, "essa modalidade de prisão, pelo que não se poderia admitir revogação de norma constitucional por tratado internacional com valor de lei ordinária".[24]

Diante dos intensos debates e da relevância do tema, além da divergência jurisprudencial existente no âmbito da própria corte, o STF julgou o Recurso Extraordinário (RE) 349703, em conjunto com o RE 466343, em deliberação iniciada em 2003 e finalizada somente em 2008, no qual se deram importantes modificações no que tange à interpretação dos direitos fundamentais.[25]

Naquela oportunidade, por maioria, reconheceu-se a "supralegalidade" dos tratados internacionais de direitos humanos que não fossem aprovados com quórum de emenda,[26] ou seja, normativamente, os tratados de direitos humanos estão acima da lei, mas abaixo da Constituição. A partir de então, toda lei passa por um juízo vertical de dupla compatibilidade: com a Constituição e com os tratados de direitos humanos; diante de sua incompatibilidade, a lei ordinária perderá a sua validade.[27]

Assim, desde a ratificação, pelo Brasil, do Pacto Internacional sobre Direitos Civis e Políticos e da Convenção Americana sobre Direitos Humanos, não há mais substrato legal para que o depositário infiel venha a ser preso por inadim-

---

23. SANTOS, Pedro Felipe de Oliveira. Inconstitucionalidade da prisão civil do depositário infiel e a supralegalidade dos tratados internacionais de direitos humanos – RE 349703. In: FUX, Luiz (Coord.). *Os grandes julgamentos do Supremo*. Rio de Janeiro: GZ, 2020, p. 385-386.
24. SANTOS, Pedro Felipe de Oliveira. Inconstitucionalidade da prisão civil do depositário infiel e a supralegalidade dos tratados internacionais de direitos humanos – RE 349703. In: FUX, Luiz (Coord.). *Os grandes julgamentos do Supremo*. Rio de Janeiro: GZ, 2020, p. 386.
25. Diante da maior integração com os instrumentos internacionais voltados à proteção dos direitos humanos, defende Luiz Flávio Gomes e Valério de Oliveira Mazzuoli que se inaugurou "um novo modelo de Estado: o Constitucional Internacionalista (ou Transnacional) de Direito [...] a terceira 'onda' da evolução do Estado, do Direito e da Justiça" (GOMES, Luiz Flávio; MAZZUOLI, Valério de Oliveira. *Comentários à Convenção Americana sobre Direitos Humanos*: Pacto de San José da Costa Rica. 3. ed. São Paulo: RT, 2010, p. 76).
26. Estabelece a Constituição Federal no art. 5º, § 3º, que "os tratados e convenções internacionais sobre direitos humanos que forem aprovados, em cada Casa do Congresso Nacional, em dois turnos, por três quintos dos votos dos respectivos membros, serão equivalentes às emendas constitucionais". Por conseguinte, os tratados de direitos humanos que não forem aprovados pelo quórum exigido no § 3º serão considerados supralegais.
27. GOMES, Luiz Flávio; MAZZUOLI, Valério de Oliveira. *Comentários à Convenção Americana sobre Direitos Humanos*: Pacto de San José da Costa Rica. 3. ed. São Paulo: RT, 2010, p. 77.

plemento do seu contrato, passando, o Brasil, a observar os padrões civilizatórios internacionais. Apesar de vigentes, as leis que previam a prisão civil em razão de depósito (independentemente do tipo) perderam sua validade e eficácia porque eram inconvencionais.[28]

Segundo o Ministro Gilmar Mendes, seguindo entendimento das Constituições da Alemanha, França e Grécia, no que toca aos tratados de direitos humanos não submetidos ao processo legislativo especial do art. 5º, § 3º da CF, a internalização no ordenamento jurídico, "por meio do processo de ratificação previsto na Constituição, tem o condão de paralisar a eficácia jurídica de toda e qualquer disciplina normativa infraconstitucional com ela conflitante".[29]

Importante lembrar que, apesar de ratificado, o Pacto de São José não fora submetido ao rito das EC, não possuindo status constitucional e, por conseguinte, não revogando a previsão contida no art. 5º, LXVII, CF.

Assim, o afastamento da prisão civil do depositário infiel perdura em razão do efeito paralisante dos tratados de direitos humanos em relação à norma infraconstitucional, inclusive no que toca à legislação posterior que lhe seja conflitante.[30]

Somado a isso, reconheceu-se a inconstitucionalidade da prisão do devedor fiduciante, por violação dos princípios da proporcionalidade e da reserva legal.[31]

O entendimento acima deu letra à Súmula Vinculante 25 do STF, com o seguinte teor: "É ilícita a prisão civil de depositário infiel, qualquer que seja a modalidade de depósito".[32]

Por outro lado, a possibilidade de prisão civil do devedor de alimentos manteve-se incólume.

---

28. Ou seja, "estão em consonância com a CF (são constitucionais), mas não com a Convenção Americana (sendo, portanto, inconvencionais). Como deve ser aplicada a norma mais favorável, prepondera por força do princípio *pro homine* o texto internacional (em detrimento da Constituição brasileira)", conforme Luiz Flávio Gomes e Valério de Oliveira Mazzuoli. *Comentários à Convenção Americana sobre Direitos Humanos*: Pacto de San José da Costa Rica. 3. ed. São Paulo: RT, 2010, p. 75-76.
29. STF – RE 349703, Relator(a): Carlos Britto, Relator(a) p/ Acórdão: Gilmar Mendes, Tribunal Pleno, julgado em 03.12.2008, Public 05.06.2009.
RE 466343, Relator(a): Cezar Peluso, Tribunal Pleno, julgado em 03.12.2008, Repercussão Geral – Mérito Public 05.06.2009.
30. Exemplos: art. 1287 do CC/1916; art. 652 do CC/2002 e Dec. Lei 911/1969.
31. SARLET, Ingo Wolfgang. Comentário ao artigo 5º, LXVII. In: CANOTILHO, J.J. Gomes; MENDES, Gilmar F.; SARLET, Ingo W.; STRECK, Lenio L. (Coord.). *Comentários à Constituição do Brasil*. São Paulo: Saraiva: Almedina, 2013, p. 469.
32. BRASIL. Supremo Tribunal Federal. Súmula Vinculante 25. É ilícita a prisão civil de depositário infiel, qualquer que seja a modalidade de depósito.

2.3 CARACTERÍSTICAS E NATUREZA JURÍDICA DA PRISÃO CIVIL

Historicamente, a prisão civil passou por três fases principais, com diversas feições. A princípio, possuía a natureza de servidão humana, em que o endividado era considerado um servo do seu credor, obrigado a trabalhar para a sua família até o pagamento de sua dívida (liberdade como objeto de contratação). Em um segundo momento, ela passou a ter o caráter de aprisionamento, privado ou público, decorrente de pena imposta pelo rompimento da promessa de pagamento (tinha um nítido viés de vingança). Por fim, a prisão por dívida tornou-se uma experiência de solvabilidade da pessoa em débito (entendimento dos dias atuais).[33]

Atualmente, portanto, a prisão civil é considerada um meio coercitivo típico a ser usado em face do descumprimento de determinada obrigação, um indutor de comportamento do devedor[34] por meio da pressão psicológica, com a ameaça à restrição de sua liberdade, visando modificar a sua vontade originária de ver frustrada a satisfação do direito do exequente.

Trata-se, mais precisamente, de técnica executiva[35] processual extrema, voltada a intimidar o devedor a cumprir, de forma célere e efetiva, o pagamento do débito alimentar, sob pena de privação de sua liberdade de locomoção, com o seu recolhimento ao cárcere, em virtude do inadimplemento. Não se trata de punição, portanto.[36]

---

33. AZEVEDO, Álvaro Villaça. *Prisão Civil por Dívida*. 3. ed. São Paulo: Atlas, 2012, p. 37-38.
34. Giuseppe Chiovenda destaca que os meios executivos são "as medidas que a lei permite aos órgãos jurisdicionais pôr em prática para o fim de obter que o credor logre praticamente o bem a que tem direito. Esses meios executivos podem dividir-se em meios de coação e de sub-rogação". Pela coação, o órgão jurisdicional procura conseguir o bem devido com a participação do executado, influindo em sua vontade para que preste o que deve, como soem as multas, o arresto pessoal (a prisão) e o sequestro com função coercitiva. Já pelos meios de sub-rogação, o órgão judicial objetiva conseguir o bem a que o credor tem direito, independentemente de participação, e, por conseguinte, da vontade do devedor, tal como se dá na apreensão das coisas móveis e imóveis (penhora) para convertê-las em pecúnia (CHIOVENDA, Giuseppe. *Instituições de direito processual civil*. Campinas: Bookseller, 2002, p. 349-350).
35. Procedimento ou rito e técnica executiva não se confundem. Conforme pontua Rafael Calmon "o *procedimento* ou rito é aquele conjunto de atos inter-relacionados que devem ser seguidos com o objetivo de que o Estado preste jurisdição [...] Técnica executiva é qualquer medida processual revestida de aptidão para, dentro de um procedimento de índole executiva, compelir o obrigado ou responsável a cumprir a obrigação exigida. Em resumo: *procedimento* é esquema ritual; *técnica executiva* é método, medida, mecanismo. São coisas distintas. Logo, não se confundem a técnica executiva da prisão civil com o procedimento executivo que a contempla" (*Manual de direito processual das famílias*. 2. ed. São Paulo: SaraivaJur, 2021, p. 614).
36. Nesse sentido: "A prisão civil por alimentos não é punição pelo inadimplemento, mas técnica coercitiva de natureza excepcional e que deve ser utilizada quando se revelar o meio mais apropriado para vencer a renitência do devedor" (HC 401.887/SC, Rel. Ministra Nancy Andrighi, Terceira Turma, julgado em 26.09.2017, DJe 29.09.2017).

O legislador ordinário, visando conferir efetividade à referida tutela jurisdicional, previu o regramento da obrigação alimentar que autoriza a prisão com os pressupostos dispostos no art. 538 do CPC, *verbis*:

> Art. 528. No cumprimento de sentença que condene ao pagamento de prestação alimentícia ou de decisão interlocutória que fixe alimentos, o juiz, a requerimento do exequente, mandará intimar o executado pessoalmente para, em 3 (três) dias, pagar o débito, provar que o fez ou justificar a impossibilidade de efetuá-lo.
>
> § 1º Caso o executado, no prazo referido no *caput*, não efetue o pagamento, não prove que o efetuou ou não apresente justificativa da impossibilidade de efetuá-lo, o juiz mandará protestar o pronunciamento judicial, aplicando-se, no que couber, o disposto no art. 517.
>
> § 2º Somente a comprovação de fato que gere a impossibilidade absoluta de pagar justificará o inadimplemento.
>
> § 3º Se o executado não pagar ou se a justificativa apresentada não for aceita, o juiz, além de mandar protestar o pronunciamento judicial na forma do § 1º, decretar-lhe-á a prisão pelo prazo de 1 (um) a 3 (três) meses.
>
> § 4º A prisão será cumprida em regime fechado, devendo o preso ficar separado dos presos comuns.
>
> § 5º O cumprimento da pena não exime o executado do pagamento das prestações vencidas e vincendas.
>
> § 6º Paga a prestação alimentícia, o juiz suspenderá o cumprimento da ordem de prisão.
>
> § 7º O débito alimentar que autoriza a prisão civil do alimentante é o que compreende até as 3 (três) prestações anteriores ao ajuizamento da execução e as que se vencerem no curso do processo.
>
> § 8º O exequente pode optar por promover o cumprimento da sentença ou decisão desde logo, nos termos do disposto neste Livro, Título II, Capítulo III, caso em que não será admissível a prisão do executado, e, recaindo a penhora em dinheiro, a concessão de efeito suspensivo à impugnação não obsta a que o exequente levante mensalmente a importância da prestação.
>
> § 9º Além das opções previstas no art. 516, parágrafo único, o exequente pode promover o cumprimento da sentença ou decisão que condena ao pagamento de prestação alimentícia no juízo de seu domicílio.

Em suma: i) dívida que compreenda até as 3 (três) prestações anteriores[37] ao ajuizamento da execução e as que vencerem no curso do processo; ii) intimação do devedor para pagar a dívida de alimentos, provisórios ou definitivos, em 3

---

37. Lembra Rafael Calmon que "como a periodicidade e o valor das prestações não se vinculam a fórmulas e períodos predefinidos, mostra-se perfeitamente possível que o pagamento seja ajustado para ser feito semanalmente, quinzenalmente, mensalmente, bimestralmente etc., em valores ou percentuais tão variáveis quanto a criatividade e a autonomia da vontade permitirem. Podem ser celebradas até convenções processuais a esse respeito, como visto. Em consequência, até mais de três prestações poderiam ser vencidas em apenas *um mês*, caso a periodicidade do pensionamento fosse *semanal*. Por outro lado, apenas *três prestações* poderiam se vencer em seis meses, se fosse ajustado o pagamento *bimestral* e assim por diante" (CALMON, Rafael. *Manual de direito processual das famílias*. 2. ed. São Paulo: SaraivaJur, 2021, p. 607).

dias,[38] provar que o fez ou justificar a sua impossibilidade[39] (CPC, art. 528, *caput* c.c. art. 531), sob pena de protesto do título (art. 528, § 1º) e decretação de sua prisão civil (art. 538, § 3º). Se o devedor for insolvente, deverá se submeter ao rito previsto nos arts. 748 e seguintes do CPC/1973 (conforme estabelece o art. 1.052 do CPC/2015); iii) possibilidade de reiteração da ordem de prisão civil, caso configurado novo descumprimento da obrigação de pagar alimentos (§ 7º);[40] iv) cumprimento da prisão civil em regime fechado (§ 4º); e v) prazo de restrição da liberdade do devedor de 1 (um) a 3 (três) meses[41] (§ 3º).

Importa salientar que a utilização do rito prisional é faculdade conferida ao credor, expressamente contemplada pelo CPC (art. 528, § 8º) e consagrada na jurisprudência.[42] Em vez do aprisionamento civil, pode o credor optar pelo regime de cumprimento de sentença que reconhece a exigibilidade de obrigação de pagar quantia certa (arts. 523 a 527), sendo vedado ao magistrado decretar a medida prisional de ofício.

Por esse procedimento específico, além da coerção pessoal (CPC, art. 528, § 3º), diversas outras medidas (típicas e atípicas) são previstas e podem ser empregadas. Dentre as típicas, há o protesto do pronunciamento judicial (CPC, 528, §

---

38. O prazo deverá ser contado em dias úteis, haja vista a sua natureza processual, nos termos do Enunciado 146 da II Jornada de Direito Processual Civil do Conselho da Justiça Federal – CJF: "O prazo de 3 (três) dias previsto pelo art. 528 do CPC conta-se em dias úteis e na forma dos incisos do art. 231 do CPC, não se aplicando seu § 3º".
39. Segundo o entendimento do STJ, a justificativa apta a afastar a prisão civil "deverá ser baseada em fato novo, isto é, que não tenha sido levado em consideração pelo juízo do processo de conhecimento no momento da definição do débito alimentar. Outrossim, a impossibilidade do devedor deve ser apenas temporária; uma vez reconhecida, irá subtrair o risco momentâneo da prisão civil, não havendo falar, contudo, em exoneração da obrigação alimentícia ou redução do encargo, que só poderão ser analisados em ação própria". Apesar de afastar temporariamente a prisão, a justificativa não impede, "porém, que a execução prossiga em sua forma tradicional (patrimonial), com penhora e expropriação de bens, ou ainda, que fique suspensa até que o executado se restabeleça em situação condizente à viabilização do processo executivo, conciliando as circunstâncias de imprescindibilidade de subsistência do alimentando com a escassez superveniente de seu prestador, preservando a dignidade humana de ambos" (REsp 1185040/SP, Rel. Ministro Luis Felipe Salomão, Quarta Turma, julgado em 13.10.2015, DJe 09.11.2015).
40. No mesmo sentido é a Súmula 309 do STJ: "O débito alimentar que autoriza a prisão civil do alimentante é o que compreende as três prestações anteriores ao ajuizamento da execução e as que se vencerem no curso do processo".
41. Apesar dos ditames do novo CPC, há, ainda, certa polêmica sobre o prazo de prisão civil, notadamente por não ter o art. 1.072, V do código revogado, de forma expressa, o art. 19 da Lei 5.478/1968 (A Lei de Alimentos) e, por conseguinte, existem duas leis tratando do prazo de prisão civil, em que, por esta, o prazo é de até 60 (sessenta) dias, sem previsão de prazo mínimo, além de estabelecer a possibilidade de aprisionamento em outras situações, no cumprimento de outros deveres, como "para a instrução da causa" e para "prestar esclarecimento".
42. Segundo a jurisprudência do STJ, "a eleição do rito de execução por dívida alimentar é de livre escolha do credor, tanto na hipótese de versar sobre título judicial, como extrajudicial (arts. 528, §§ 3º e 8º, e 911 do CPC/2015)" (REsp 1557248/MS, Rel. Ministro Ricardo Villas Bôas Cueva, Terceira Turma, julgado em 06.02.2018, DJe 15.02.2018).

1º), a negativação do nome[43] (CPC, art. 782, § 3º),[44] o desconto em folha (CPC, art. 529)[45] e a expropriação (CPC, art. 528, § 8º, c/c art. 530).[46]

Podem ser utilizadas, ainda, medidas atípicas como "o bloqueio de cartões de crédito, a apreensão de Carteira Nacional de Habilitação ou do passaporte do devedor e a inserção de juros moratórios progressivos na dívida (limitados ao teto de 12% ao ano)".[47] Convém ressaltar que o STF no julgamento da Ação Direta de Inconstitucionalidade – ADI 5941,[48] decidiu que não há inconstitucionalidade das medidas atípicas de apreensão de passaporte e da Carteira Nacional de Habilitação (do que decorrem a proibição de viajar para o exterior e de dirigir), da proibição de participação em concurso público e em licitação pública.[49]

---

43. Antes da específica previsão do CPC/2015, o STJ já reconhecia tal possibilidade, conforme o REsp 1533206/MG, Rel. Ministro Luis Felipe Salomão, Quarta Turma, julgado em 17.11.2015, DJe 1º.02.2016. No julgamento do referido *leading case*, pontuou-se que: "É plenamente possível que o magistrado, no âmbito da execução de alimentos, venha a adotar, em razão da urgência de que se reveste o referido crédito e sua relevância social, as medidas executivas do protesto e da inscrição do nome do devedor de alimentos nos cadastros de restrição ao crédito, caso se revelem como meio eficaz para a sua obtenção, garantindo à parte o acesso à tutela jurisdicional efetiva. Isso porque: i) o segredo de justiça não se sobrepõe, numa ponderação de valores, ao direito à sobrevivência e dignidade do menor; ii) o rito da execução de alimentos prevê medida mais gravosa, que é a prisão do devedor, não havendo justificativa para impedir meio menos oneroso de coerção; iii) a medida, até o momento, só é admitida mediante ordem judicial; e iv) não deve haver divulgação de dados do processo ou do alimentando envolvido, devendo o registro se dar de forma sucinta, com a publicação ao comércio e afins apenas que o genitor é devedor numa execução em curso".
44. Art. 782, § 3º A requerimento da parte, o juiz pode determinar a inclusão do nome do executado em cadastros de inadimplentes.
45. Art. 529. Quando o executado for funcionário público, militar, diretor ou gerente de empresa ou empregado sujeito à legislação do trabalho, o exequente poderá requerer o desconto em folha de pagamento da importância da prestação alimentícia.
46. Art. 530. Não cumprida a obrigação, observar-se-á o disposto nos arts. 831 e seguintes.
47. CALMON, Rafael. *Manual de direito processual das famílias*. 2. ed. São Paulo: SaraivaJur, 2021, p. 598.
48. A irresignação constitucional tinha como objeto os artigos 139, IV; 297, *caput*; 380, parágrafo único; 403, parágrafo único, 536, *caput* e § 1º; e 773 do CPC e como parâmetro de controle, os artigos 1º, III; 5º, II, XV e LIV; 37, I e XXI; 173, § 3º; e 175, *caput*, da Constituição Federal. A petição inicial alegava, em suma, que a adoção de técnica de execução indireta para incursão radical na esfera de direitos do executado, notadamente direitos fundamentais quando carente de respaldo constitucional, não merecia acolhimento, já que não se conhece um direito fundamental ao adimplemento de um crédito, trazendo o risco da aplicação desregrada do artigo 139, IV, embasando medidas arbitrárias e autoritárias de restrição de direitos fundamentais, com o propósito utilitarista de satisfação de obrigações pecuniárias. O exercício potencial ou atual da liberdade seria desproporcional e indevidamente tolhido quando inexiste, lado outro, direito fundamental a autorizar sua restrição. Da mesma forma no que toca à vedação da participação de devedores em concursos ou em licitações públicas, acabava-se por violar, além da dignidade, o princípio da eficiência, criando-se barreira absolutamente desproporcional para o acesso aos cargos públicos e a se impedir que a Administração Pública selecionasse os cidadãos mais aptos para o exercício da função, assim como que ela recebesse propostas mais vantajosas em determinada licitação (a regência da matéria exige reserva legal, sendo incabível a interpretação extensiva artigo 139, IV, do CPC), acabando por incorrer em franca violação aos princípio da legalidade, da livre concorrência nas licitações, da primazia do interesse público e, ao fim e ao cabo, até mesmo do devido processo legal.
49. [...] 9. A flexibilização da tipicidade dos meios executivos visa a dar concreção à dimensão dialética do processo, porquanto o dever de buscar efetividade e razoável duração do processo é imputável não

No que toca às medidas atípicas, apesar de se tratar de demanda antiga, ela voltou a ganhar força, principalmente após o advento do novo CPC, inclusive com a defesa de boa doutrina processual pela aplicação da prisão civil como medida coercitiva atípica nas execuções, não para aquelas atinentes à dívida patrimonial (em que é somente é cabível a medida típica da prisão por dívida de alimentos), mas em execuções de cunho não patrimonial, em obrigações de não fazer ou de fazer ou de entrega de coisa infungível, cujo objetivo é o de preservar a seriedade da função jurisdicional.[50]-[51] Ou, ainda, com o fundamento de que, pela teoria dos

---

apenas ao Estado-juiz, mas, igualmente, às partes. 10. O Poder Judiciário deve gozar de instrumentos de *enforcement* e *accountability* do comportamento esperado das partes, evitando que situações antijurídicas sejam perpetuadas a despeito da existência de ordens judiciais e em razão da violação dos deveres de cooperação e boa-fé das partes – o que não se confunde com a punição a devedores que não detêm meios de adimplir suas obrigações. 11. A variabilidade e dinamicidade dos cenários com os quais as Cortes podem se deparar (e.g. tutelas ao meio ambiente, à probidade administrativa, à dignidade do credor que demanda prestação essencial à sua subsistência, ao erário e patrimônio públicos), torna impossível dizer, a priori, qual o valor jurídico a ter precedência, de modo que se impõe estabelecer o emprego do raciocínio ponderativo para verificar, no caso concreto, o escopo e a proporcionalidade da medida executiva, vis-à-vis a liberdade e autonomia da parte devedora. 12. *In casu*, o argumento da eventual possibilidade teórica de restrição irrazoável da liberdade do cidadão, por meio da aplicação das medidas de apreensão de carteira nacional de habilitação e/ou suspensão do direito de dirigir, apreensão de passaporte, proibição de participação em concurso público e proibição de participação em licitação pública, é imprestável a sustentar, só por si, a inconstitucionalidade desses meios executivos, máxime porque a sua adequação, necessidade e proporcionalidade em sentido estrito apenas ficará clara à luz das peculiaridades e provas existentes nos autos. 13. A excessiva demora e ineficiência do cumprimento das decisões judiciais, sob a perspectiva da análise econômica do direito, é um dos fatores integrantes do processo decisório de escolha racional realizado pelo agente quando deparado com os incentivos atinentes à propositura de uma ação, à interposição de um recurso, à celebração de um acordo e à resistência a uma execução. Num cenário de inefetividade generalizada das decisões judiciais, é possível que o devedor não tenha incentivos para colaborar na relação processual, mas, ao contrário, seja motivado a adotar medidas protelatórias, contexto em que, longe de apresentar estímulos para a atuação proba, célere e cooperativa das partes no processo, a legislação (e sua respectiva aplicação pelos julgadores) estará promovendo incentivos perversos, com maiores payoffs apontando para o descumprimento das determinações exaradas pelo Poder Judiciário. 14. A efetividade no cumprimento das ordens judiciais, destarte, não serve apenas para beneficiar o credor que logra obter seu pagamento ao fim do processo, mas incentiva, adicionalmente, uma postura cooperativa dos litigantes durante todas as fases processuais, contribuindo, inclusive, para a redução da quantidade e duração dos litígios. 15. *In casu*, não se pode concluir pela inconstitucionalidade de toda e qualquer hipótese de aplicação dos meios atípicos indicados na inicial, mercê de este entendimento, levado ao extremo, rechaçar quaisquer espaços de discricionariedade judicial e inviabilizar, inclusive, o exercício da jurisdição, enquanto atividade eminentemente criativa que é. Inviável, pois, pretender, apriorística e abstratamente, retirar determinadas medidas do leque de ferramentas disponíveis ao magistrado para fazer valer o provimento jurisdicional. 16. Ação direta de inconstitucionalidade conhecida e, no mérito, julgada improcedente" (ADI 5941, Relator(a): Luiz Fux, Tribunal Pleno, julgado em 09.02.2023, Processo Eletrônico DJe-s/n Divulg 27.04.2023 Public 28.04.2023).

50. MARINONI, Luiz Guilherme. *Técnica Processual e Tutela dos Direitos*. São Paulo: Thomson Reuters Brasil, 2020, p. 200-202.
51. O CNJ, diante da existência de vários casos em que magistrados determinavam a prisão civil, ou ameaça de fazê-la, contra advogados públicos que estariam descumprindo ordens judiciais e incorrendo na suposta prática do crime de desobediência, recomendou aos tribunais que se abstivessem desta prática,

direitos fundamentais, seria possível a prisão civil quando se estivesse diante de situação envolvendo a violação de outro direito fundamental de maior envergadura, ou seja, seria cabível apenas quando ela fosse o único meio idôneo, necessário e razoável para a efetivação de outros direitos fundamentais.[52-53]

Ainda que cumprido o período de cárcere (de um a três meses), remanescerá o executado na condição de inadimplente, já que a prisão não tem efeito liberatório da dívida (CPC, art. 528, § 5º), podendo ela continuar sendo cobrada, agora, por outros meios.

É de se atentar que a dosimetria de prazos mínimo e máximo para a prisão civil, por envolver restrição da liberdade, é fundamental para se conferir a máxima efetividade da tutela jurisdicional, cabendo, para tanto, a sua modulação fundamentada.[54-55]

---

haja vista que "não se pode admitir que advogados públicos sejam punidos com a pena mais grave em vigor neste País – a restrição da liberdade – por desempenharem as funções a eles acometidas por lei, ou seja, pelo exercício de suas atribuições funcionais. A determinação de prisão do advogado público por descumprimento de decisão judicial configura procedimento incorreto, nos termos da LOMAN, e enseja punição disciplinar" (CNJ – PP: 00007496120112000000, Relator: Jorge Hélio Chaves de Oliveira, Data de Julgamento: 30.08.2011).

52. DIDIER JR., Fredie; CUNHA, Leonardo Carneiro da; BRAGA, Paula Sarno; OLIVEIRA, Rafael Alexandria de. *Curso de Direito Processual Civil* – v.5 Execução. 14. ed. Salvador: JusPodivm, 2024, p. 129-135. Apesar disso, tais autores não admitem a prisão civil para débitos com conteúdo patrimonial, ainda que não pecuniários e, por conseguinte, defendem que não é cabível a técnica executiva extrema nas obrigações de fazer, de não fazer e de entrega de coisa distinta de dinheiro.

53. A defesa de sua incidência tem ocorrido, em geral, em causas envolvendo discussões como a necessidade de obediência pelo gestor público de determinações no cumprimento da ordem de imediata internação em leito hospitalar ou no fornecimento de tratamento médico/medicamento em razão da urgência e do valor sobrevivência envolvido.

54. "O sopesamento motivado da 'dosimetria' do prazo de prisão civil está intrinsecamente vinculado à efetividade dos direitos fundamentais do executado. A sua inexistência acaba por esvaziar o dever de fundamentação adequada, impelindo, não raras vezes, ao arbítrio do julgador em detrimento da efetividade da tutela jurisdicional e, como agravante, inviabilizando o efetivo controle do provimento judicial pelas instâncias superiores, vulnerando direitos fundamentais do executado, em especial, a sua dignidade e o seu direito de liberdade de locomoção. Em razão da carência legislativa e do fato de que o juiz não pode se eximir de decidir alegando lacuna da lei (LINDB, art. 4º) há a obrigação de o magistrado julgar, com a fundamentação analítica e adequada somada a técnica de ponderação, valendo-se de critérios razoáveis e de acordo com o caso em concreto, de modo a permitir a melhor dosagem de aprisionamento do executado, inclusive como forma de influenciar em seu futuro comportamento à conformidade legal e de se buscar a máxima eficiência do remédio processual, evitando os altos custos do Estado com o encarceramento" (D'ALESSANDRO, Gustavo. A "dosimetria" do prazo de prisão civil: uma questão de efetividade dos direitos fundamentais. In: CALMON, Rafael; PORTANOVA, Rui e D'ALESSANDRO, Gustavo (Coord.). *Alimentos*: aspectos processuais. Indaiatuba, SP: Foco, 2024, p. 96-103). Em sentido contrário, Amílcar Castro entende que o juiz poderá decretar a prisão "pelo prazo de um a três meses, graduando esse tempo a seu prudente arbítrio" (CASTRO, Amílcar. *Comentários ao código de processo civil*. São Paulo: RT, 1974, v. 8, n. 513, p. 376).

55. O STJ reconheceu a necessidade de haver a dosimetria do prazo de prisão civil no julgamento do RHC 188.811/GO, relator Ministro Raul Araújo, Quarta Turma, julgado em 12.03.2024, DJe de 02.04.2024. Conclui-se que "no momento da definição do prazo da prisão civil, deve haver um juízo de ponderação acerca dos efeitos éticos-sociais da repreenda frente às garantias constitucionais, por meio de

Ademais, é possível que ocorra a prorrogação do prazo de prisão, desde que demonstrada a recalcitrância e a desídia do devedor de alimentos, observado o prazo máximo legal (só é possível a dilação quando o prazo de prisão tenha sido inicialmente fixado abaixo do patamar de três meses).[56]

Por outro lado, em se efetivando a quitação do débito, deverá ocorrer a imediata soltura do devedor (CPC, art. 528, § 6º) e a modificação de seu *status*, especialmente porque não se trata de punição, mas de técnica de execução, não havendo interesse do Estado em manter a segregação do executado.

A jurisprudência do STJ não tem admitido a aplicação da teoria do adimplemento substancial nos vínculos jurídicos familiares,[57] especialmente para fins de elidir a prisão civil do devedor de alimentos. Do mesmo modo, não se admite o pagamento parcial do débito para afastamento do cárcere,[58] uma vez que as quantias inadimplidas são tidas como débito atual, que compreende as três prestações anteriores à citação e as que vencerem no curso do processo.[59]

Tem-se questionado, no meio jurídico, a abrangência da prisão civil como medida típica para outros casos de dívida de natureza alimentar, como nos casos de dívidas trabalhistas (salário), de créditos advindos de benefícios previdenciários, de honorários advocatícios, precatórios, todos em razão desta ideia de se tratar de verba de cunho alimentar.

Majoritariamente, a jurisprudência tem afastado a possibilidade de cárcere para as situações de inadimplência não decorrentes do direito das famílias, especialmente em razão da obrigatória reserva legal, além do fato de que eventual legislação ampliativa deveria receber o controle à luz dos direitos fundamentais.[60]

---

mecanismo argumentativo justificador quanto à proporcionalidade e à razoabilidade, conforme as circunstâncias fáticas e a respectiva base empírica, restringindo-se a possibilidade de exacerbação da reprimenda e inibindo-se soluções judiciais arbitrárias e opressivas. Por conseguinte, deve o magistrado fixar de forma individualizada, proporcional e razoável, como toda medida de índole coercitiva, o tempo de restrição da liberdade, estabelecendo critérios objetivos de ponderação, enquanto não houver tal estipulação pelo legislador, evitando-se, assim, a escolha de prazo de restrição da liberdade ao mero talante do julgador".

56. REsp 1698719/SP, Rel. Ministra Nancy Andrighi, Terceira Turma, julgado em 23.11.2017, DJe 28.11.2017.
57. HC 439.973/MG, Rel. Ministro Luis Felipe Salomão, Rel. p/ Acórdão Ministro Antonio Carlos Ferreira, Quarta Turma, julgado em 16.08.2018, DJe 04.09.2018.
58. Conforme jurisprudência pacífica do STJ, à guisa de exemplo: "O pagamento parcial do débito não afasta a regularidade da prisão civil, porquanto as quantias inadimplidas caracterizam-se como débito atual, que compreendem as três prestações anteriores à citação e as que vencerem no curso do processo, nos termos da Súmula 309/STJ" (HC 561.257/SP, Rel. Ministro Raul Araújo, Quarta Turma, julgado em 05.05.2020, DJe 08.05.2020).
59. HC 561.257/SP, Rel. Ministro Raul Araújo, Quarta Turma, julgado em 05.05.2020, DJe 08.05.2020.
60. SARLET, Ingo Wolfgang. Comentário ao artigo 5º, LXVII. In: CANOTILHO, J.J. Gomes; MENDES, Gilmar F.; SARLET, Ingo W.; STRECK, Lenio L. (Coord.). *Comentários à Constituição do Brasil*. São

Inclusive, por esses fundamentos, o STJ afastou a possibilidade de prisão civil decorrente de ato ilícito, os chamados alimentos indenizatórios.[61]

Por fim, estabelece a norma que o cumprimento da prisão civil se dará pelo regime fechado, devendo o encarcerado ficar separado dos presos comuns (CPC, art. 528, § 4º).[62] Apesar da clareza da redação, em situações excepcionais, a jurisprudência vem abrandando tal disposição para autorizar o recolhimento do preso em regime diverso do fechado, como em casos envolvendo portadores de doenças graves (esclerose múltipla, diabetes e poliartrose, que inspiram cuidados médicos contínuos e cuja falta poderá ensejar risco de morte ou de danos graves à saúde e integridade física),[63] idosos,[64] em razão da pandemia da Covid-19[65] e, por mais improvável que possa parecer, em relação ao preso que é advogado, diante da disposição do art. 7º da Lei 8.906/1994.[66]

Paulo: Saraiva: Almedina, 2013. p. 464-465.
61. HC 523.357/MG, Rel. Ministra Maria Isabel Gallotti, Quarta Turma, julgado em 1º.09.2020, DJe 16/10/2020. Ver, também, o voto-vista prolatado neste processo pelo Ministro Luis Felipe Salomão.
62. Esclarece Daniel Assumpção que no decorrer do trâmite legislativo do novo diploma processual, tentou-se minimizar a coação psicológica do devedor de alimentos com a previsão de que a prisão civil seria cumprida em regime semiaberto e apenas se houvesse a sua reincidência é que incidiria o regime fechado. Além disso, também havia a ideia de que devedor deveria ficar separado dos "presos comuns" (isto é, presos pelo cometimento de um crime) e, caso não fosse possível tal divisão, passaria a prisão a ser domiciliar. (NEVES, Daniel Amorim Assumpção. *Novo Código de Processo Civil Comentado*. Salvador: JusPodivm, 2016, p. 929).
63. RHC 86.842/SP, Rel. Ministra Nancy Andrighi, Terceira Turma, julgado em 17.10.2017, DJe 19.10.2017.
64. RHC 13.165/SP, Rel. Ministra Laurita Vaz, Segunda Turma, julgado em 1º.10.2002, DJ 14.04.2003; HC 57.915/SP, Rel. Ministro Humberto Gomes De Barros, Terceira Turma, julgado em 03.08.2006, DJ 14.08.2006.
65. HC 568.021/CE, Rel. Ministro Paulo de Tarso Sanseverino, Rel. p/ Acórdão Ministra Nancy Andrighi, Segunda Seção, julgado em 24.06.2020, DJe 31.08.2020.
66. A Segunda Seção do STJ pacificou o entendimento de que a prerrogativa da sala de estado-maior não pode incidir na prisão civil do advogado que for devedor alimentar, desde que lhe seja garantido, por óbvio, um local apropriado, devidamente segregado dos presos comuns, nos termos expressos do art. 528, §§ 4º e 5º, do CPC/2015. Em uma ponderação entre direitos fundamentais – o direito à liberdade e à dignidade humana do devedor advogado inadimplente de obrigação alimentícia versus o direito à tutela jurisdicional efetiva, à sobrevivência, à subsistência e à dignidade humana do credor –, promoveu o legislador constituinte a sua opção política em dar prevalência ao direito deste último, sem fazer nenhuma ressalva. A autorização da prisão civil do devedor de alimentos é endereçada a assegurar o mínimo existencial ao credor. Admitir o seu cumprimento em sala de estado-maior ou de forma domiciliar, em nome da prerrogativa do profissional advogado, redundaria, no limite, em solapar todo o arcabouço erigido para preservar a dignidade humana do credor de alimentos. Assim, é cabível a prisão civil do advogado devedor de alimentos. A prerrogativa estipulada no art. 7º, V, do Estatuto da OAB é voltada eminentemente à prisão penal, mais precisamente às prisões cautelares determinadas antes do trânsito em julgado da sentença penal condenatória. A aplicação dos regramentos da execução penal, como forma de abrandar a prisão civil, acabará por desvirtuar a técnica executiva e enfraquecer a política pública estatal, afetando a sua coercibilidade, justamente o móvel que induz a conduta do devedor alimentar (HC 740.531/SP, relator Ministro Luis Felipe Salomão, Segunda Seção, julgado em 26.10.2022, DJe de 27.12.2022.). Havia divergência no STJ quanto ao tema. No mesmo sentido: HC 305.805/GO, Rel. Ministro Paulo de Tarso Sanseverino, Terceira Turma, julgado em 23.10.2014, DJe

Aliás, no que toca aos idosos, a obrigação alimentar dos avós é tida como complementar e subsidiária. Por isso, já decidiu o STJ que o fato de eles assumirem espontaneamente o custeio da educação dos menores não autoriza, para fins de execução, que se adote contra eles a técnica executiva da prisão.[67] Ao revés, dever-se-á comprovar, de forma prévia e inequívoca, que ambos os pais estejam absolutamente impossibilitados de prover os filhos de forma suficiente para se transmitir a obrigação aos avós.[68]

Em verdade, com relação aos avós, tem-se evoluído a exegese da técnica executiva em busca de sua proporcionalidade e de sua humanização, como se verifica do Enunciado 599 da VII Jornada de Direito Civil, segundo o qual:

> Deve o magistrado, em sede de execução de alimentos avoengos, analisar as condições do(s) devedor(es), podendo aplicar medida coercitiva diversa da prisão civil ou determinar seu cumprimento em modalidade diversa do regime fechado (prisão em regime aberto ou prisão domiciliar), se o executado comprovar situações que contraindiquem o rigor na aplicação desse meio executivo e o torne atentatório à sua dignidade, como corolário do princípio de proteção aos idosos e garantia à vida.

Excepcionalmente, como dito, também foi reconhecida a possibilidade de abrandamento do regime fechado em decorrência da pandemia da Covid-19, tema que, em razão de sua relevância, especialmente pelo momento que o mundo atravessou, será delineado em tópico específico a seguir.

2.3.1 Controle judicial de política públicas: a pandemia e o regime de cumprimento da prisão civil

A exacerbação da crise sanitária decorrente da disseminação do novo coronavírus, com incontáveis danos à população do País, deveria ensejar uma atuação rápida e conjunta dos Poderes da República em prol de políticas públicas aptas a amenizar os efeitos da pandemia da Covid-19.

Especificamente em relação ao Judiciário e diante do arquétipo da prisão civil, tendo em conta que o magistrado deve ser tido como um "agente implementador" da política pública, sendo a passagem pelo juiz um pressuposto obrigatório para efetivação e eventual controle da medida, no referido estado de emergência, há a necessidade de uma maior abertura hermenêutica da jurisdição. O que vem a possibilitar uma melhor conformação e compreensão da realidade econômica

---

31.10.2014. Em sentido contrário (vedando a prisão civil): HC 271.256/MS, Relator Ministro Raul Araújo, Quarta Turma, julgado em 11.02.2014, DJe 26.03.2014.
67. HC 416.886/SP, Rel. Ministra Nancy Andrighi, Terceira Turma, julgado em 12.12.2017, DJe 18.12.2017.
68. REsp 1415753/MS, Rel. Ministro Paulo de Tarso Sanseverino, Terceira Turma, julgado em 24.11.2015, DJe 27.11.2015.

e social experimentada, em que o direito fundamental à adequada tutela jurisdicional vindica uma postura do magistrado que seja apta a proteger, de forma condizente, os preceitos normativos previstos no direito material.

Da mesma forma, o CNJ,[69] na qualidade de órgão de controle interno do Poder Judiciário sem competência jurisdicional, responsável pelo aperfeiçoamento do sistema judiciário brasileiro e que busca trazer efetividade e unidade ao Poder Judiciário, notadamente no âmbito administrativo e financeiro, desenvolvendo políticas judiciárias por meio de atos normativos e recomendações orientadas pelos valores da justiça e paz social,[70] também deveria atuar de forma a amenizar, dentro do possível, as drásticas consequências da pandemia.[71]

Nesse passo, em relação à técnica executiva da prisão civil, o Poder Público (Legislativo, Executivo e Judiciário) acabou optando por mitigar os rigores do procedimento durante o período pandêmico, com a recomendação do CNJ pela adoção do regime domiciliar. O Judiciário decidiu no mesmo sentido e o Legislativo promulgou lei de caráter transitório e emergencial com a referida providência devidamente sancionada pelo Executivo.

Em 17 de março 2020, o CNJ expediu a Recomendação 62, aconselhando aos magistrados "que considerem a colocação em prisão domiciliar das pessoas presas por dívida alimentícia, com vistas à redução dos riscos epidemiológicos e em observância ao contexto local de disseminação do vírus" (art. 6º).[72]

---

69. O art. 103-B, § 4º, I da CF, confere expressamente ao CNJ a atribuição de zelar pela autonomia do Judiciário e pelo cumprimento do Estatuto da Magistratura, *podendo, para tanto, expedir atos regulamentares de sua competência ou recomendar providências*.
70. SALOMÃO, Luis Felipe; D'ALESSANDRO, Gustavo. As recomendações do CNJ em matéria de Recuperação Judicial e Falência. *Recuperação de empresa e falência*: diálogos entre a doutrina e a jurisprudência. Barueri/SP: Atlas, 2021, p. 32.
71. "Nessa vertente constitucional e para maior efetivação do seu mister, cabe ao órgão expedir disposições gerais de cunho diretivo, além de possuir legitimidade para fiscalizar, ainda que de ofício, atos administrativos praticados pelo Poder Judiciário, realizando, assim, uma espécie de *accountability* da Justiça brasileira. No domínio dos atos regulamentares do órgão está o poder de proclamar atos de comando abstrato, no lídimo exercício de suas funções, regulamentando condutas e impondo a toda a magistratura nacional o cumprimento de obrigações de essência puramente administrativa, tendo como escopo a agilidade e a eficiência do Poder Judiciário e, em última *ratio*, o bem-estar de toda a sociedade. Com efeito, o Supremo Tribunal Federal – STF, no julgamento da Ação Declaratória de Constitucionalidade 12-6/DF, decidiu, pelo seu órgão máximo – extraindo diretamente do § 4º do art. 103-B da CF –, que o CNJ detém o poder de expedir atos de caráter normativo primário, dado que tem "como finalidade debulhar os próprios conteúdos lógicos dos princípios constitucionais de centrada regência de toda a atividade administrativa do Estado, especialmente o da impessoalidade, o da eficiência, o da igualdade e o da moralidade" [...] Nesse passo, o Regimento Interno do CNJ dispõe que seu Plenário poderá, por maioria absoluta, editar atos normativos mediante Resoluções, Instruções ou Enunciados Administrativos e Recomendações" (SALOMÃO, Luis Felipe, D'ALESSANDRO, Gustavo. As recomendações do CNJ em matéria de Recuperação Judicial e Falência. *Recuperação de empresa e falência*: diálogos entre a doutrina e a jurisprudência. Barueri/SP: Atlas, 2021, p. 32-33).
72. A Recomendação 78, de 15.09.2020, prorrogou tal normativo por mais 360 dias.

No julgamento do *Habeas Corpus* – HC coletivo 568.021 ocorrido em 23 de março de 2020, em decisão liminar com extensão para todo o território nacional, o Ministro do STJ, Paulo de Tarso Sanseverino, converteu em domiciliar todas as prisões dos devedores de alimentos enquanto perdurasse a pandemia.[73]

Apesar de reconhecer a necessidade de abrandamento do regime, após alguma reflexão, aquela corte superior reviu o seu posicionamento inicial para assumir que não se tratava propriamente de autorização para o cumprimento de prisão em regime domiciliar. Este não seria um meio eficaz como medida coercitiva, diante das regras de distanciamento social e restritivas de livre circulação já existentes na pandemia, o confinamento social já era a realidade da maioria da população, sendo o isolamento a medida mais adequada para afastar o alto contágio do vírus SARS-CoV-2 e preservar o bem-estar da sociedade. Concluiu-se, então, que, em verdade, deveria ser deferida a suspensão momentânea do cumprimento da prisão com o diferimento provisório da execução durante o período da pandemia, preservando-se, assim, a efetividade da prestação jurisdicional e respeitando-se a dignidade da pessoa humana,[74] notadamente, porque "o direito à prisão domiciliar é medida que não cumpre o mandamento legal e que fere, por vias transversas, a própria dignidade do alimentando".[75]

Posteriormente, em 10 de junho de 2020, o Congresso Nacional promulgou a Lei 14.010/2020, que dispõe sobre o Regime Jurídico Emergencial e Transitório das relações jurídicas de Direito Privado (RJET) no período da pandemia da Covid-19, estabelecendo em seu art. 15 que, "*até 30 de outubro de 2020*, a prisão civil por dívida alimentícia, prevista no art. 528, § 3º e seguintes da Lei 13.105, de 16 de março de 2015 (Código de Processo Civil), deverá ser cumprida exclusivamente sob a modalidade domiciliar, sem prejuízo da exigibilidade das respectivas obrigações".[76]

---

73. O mérito do remédio processual acabou sendo considerado prejudicado devido à edição de lei posterior regulando a matéria (HC 568.021/CE, Rel. Ministro Paulo de Tarso Sanseverino, Rel. p/ Acórdão Ministra Nancy Andrighi, Segunda Seção, julgado em 24.06.2020, DJe 31.08.2020).
74. HC 580.261/MG, Rel. Ministro Paulo de Tarso Sanseverino, Terceira Turma, julgado em 02.06.2020, DJe 08/06/2020. RHC 136.143/SP, Rel. Ministra Maria Isabel Gallotti, Quarta Turma, julgado em 16.03.2021, DJe de 30.03.2021.
75. HC 574.495/SP, Rel. Ministro Ricardo Villas Bôas Cueva, Terceira Turma, julgado em 26.05.2020, DJe 1º.06.2020.
76. Diante do vencimento do prazo estabelecido pela norma – 30 de outubro de 2020 –, a Terceira Turma do STJ, em entendimento bastante peculiar, assumindo a posição de que não seria possível, ainda, a retomada da medida processual extrema e, por outro lado, que não se poderia mais diferir a ordem de prisão para momento futuro, acabou por delegar ao exequente o poder de escolha: se exige o cumprimento da prisão em regime domiciliar ou se difere a ordem de prisão em regime fechado (HC 645.640/SC, Rel. Ministra Nancy Andrighi, Terceira Turma, julgado em 23.03.2021, DJe 26.03.2021).

Em suma, constata-se que a obrigação alimentar acabou ficando esvaziada, já que a prisão domiciliar, mormente em tempos de Covid-19, deixou de ser meio apto a constranger o devedor a pagar sua dívida.

E ainda pior, apesar do abrandamento da técnica pelos Poderes da República, não se pensou em nenhum desenho de política pública alternativa voltada especificamente a resguardar a parte vulnerável da demanda, o credor de alimentos, que se viu impedido de usar a sua ferramenta processual mais contundente para atingir os reclamos de sua sobrevivência.[77]

Em verdade, o que acabou se demonstrando foi a ocorrência de uma sobreposição de políticas públicas, assim como, por via transversa, a necessidade de se cogitar da obsolescência da técnica da prisão civil, reforçando a necessidade de se proceder a uma Avaliação de Impacto Legislativo (AIL) dessa técnica executiva, que é o principal instrumento processual da política pública de combate à inadimplência alimentar, exatamente o objeto do presente trabalho.

Por fim, em novembro de 2021, foi aprovada pelo CNJ a Recomendação 122 de 03.11.2021,[78] que dispôs pela retomada do regime fechado do devedor

---

77. Nesse cenário, buscando uma substituição do estado de desconformidade para um estado ideal de coisas – isto é, definindo o objetivo a ser alcançado –, o Estado poderia ter determinado, de forma incremental, por exemplo: que o Executivo implementasse, de imediato, uma verba assistencial específica e provisória voltada aos credores alimentares e, ao mesmo tempo, efetivasse o esgotamento de outros meios executivos coercitivos (protesto, penhora, tornozeleira eletrônica, prisão domiciliar, entre outros), inclusive autorizando desconto excepcional de eventual verba assistencial recebida pelo devedor; não achando bens penhoráveis e havendo reiterada resistência do devedor a cumprir a obrigação, antes de se decretar a prisão, que se determinasse a observância do cenário pandêmico da localidade, mais precisamente do local destinado ao cumprimento da técnica executiva, e das condições pessoais do executado (como saber se ele já foi vacinado ou infectado pelo vírus SARS-CoV-2); no caso de decreto prisional, que se iniciasse pelo regime semiaberto (recolhimento à noite e nos fins de semana), relegando o regime fechado apenas para as situações excepcionais de constantes relutâncias ao pagamento pelo devedor; por fim, a instauração de comissão para implementação de política pública específica destinada a atender tais demandas, com a retirada gradual da técnica da prisão civil dos credores com menos condições financeiras (como se verá de forma mais aprofundada na conclusão desta obra) e a criação de um fundo especial de garantia – assim como ocorreu com sucesso em Portugal, e que será melhor analisado no capítulo terceiro. Assim, à vista da maior amplitude e da flexibilidade do seu provimento, levando-se em conta a premência da situação até então existente (anterior à atual Recomendação do CNJ que autorizou a retomada do regime fechado de cumprimento), além da complexidade do conflito (multifatorial, multipolar e policêntrico), envolvendo direitos fundamentais em extrema debilidade, tal medida, muito provavelmente, mostrar-se-ia o instrumental mais pertinente ao saneamento célere, eficaz e efetivo do problema. No que diz respeito à execução de alimentos e à prisão civil, poderia ter estabelecido um plano de ação, com a definição de etapas de cumprimento da ordem judicial, inclusive quanto aos terceiros que irão contribuir para o seu cumprimento, com participação efetiva da sociedade e de especialistas no tema, sempre almejando o aprimoramento do instituto em busca de contemplar os anseios sociais, materializando direitos fundamentais do credor, sem que, em contrapartida, haja violação dos direitos fundamentais do devedor, sempre sob gestão do órgão judicial.
78. Disponível em: https://atos.cnj.jus.br/atos/detalhar/4231. Acesso em 6 dez. 2021.

de alimentos, tomando em c*onsideração, justamente, os fatos de que*: a prisão domiciliar não vinha se mostrando um meio eficaz a constranger o devedor de alimentos a quitar sua dívida;[79] do longo período de espera dos credores, durante o período da pandemia da Covid-19; diante do avanço da imunização nacional e da redução concreta dos perigos causados pela pandemia.

Poucos dias depois disso, em julgado de 23 de novembro de 2021, o STJ confirmou o entendimento de referida recomendação, realinhando o seu posicionamento quanto ao regime de prisão civil, diante dos dados atuais da pandemia no Brasil (cenário próximo ao período pré-SARS-CoV-2) e do avanço da vacinação no território brasileiro (à época, com quase três quartos da população brasileira já tendo tomado a primeira dose e quase um terço totalmente imunizada). Com a retomada das atividades econômicas, comerciais, sociais, culturais e de lazer, concluiu-se que "não mais subsistem as razões de natureza humanitária e de saúde pública que justificaram a suspensão do cumprimento das prisões civis de devedores de alimentos em regime fechado".[80]

Apesar de superada a impossibilidade de utilização da técnica executiva pela nova Recomendação do CNJ,[81] remanesce a discussão sobre a eficiência (produtiva e alocativa) da prisão civil (conforme se verá no tópico 2.5).

2.3.2 Prisão civil x prisão penal x prisão administrativa

A prisão civil brasileira, como já adiantado, ao menos nos termos em que disciplinada atualmente, possui natureza de meio coativo direto que não pode ser confundido com pena ou punição[82] (prisão penal). É considerada, dentro das espécies de prisão, como extrapenal, assim como ocorre com a militar e a administrativa.

A prisão administrativa, como o próprio nome diz, é aquela prisão decretada por autoridade administrativa ou judiciária na defesa dos interesses do serviço público e no cumprimento de um dever de direito público.

---

79. Para Araken de Assis, "o deferimento de prisão domiciliar ao executado constitui amarga pilhéria. Dela não resulta nenhum estímulo real sobre a vontade renitente do devedor. O controle do confinamento, ademais, se revela difícil e, na maioria das vezes, improvável; assim, torna-se pífia a ameaça derivada do meio executório. É preciso deixar bem claro ao alimentante relapso que, insatisfeitas as prestações, a pena se concretizará da pior forma e duramente; caso contrário, ensina a experiência, o obrigado não se sensibilizará com a medida judicial. As experiências de colocar o executado em albergue, à margem da lei, em nome de um duvidoso garantismo, revelaram que o devedor, nesta contingência, prefere cumprir a pena em lugar de pagar dívida" (ASSIS, Araken de. *Da execução de alimentos e prisão do devedor*. 10. ed. São Paulo: Thomson Reuters Brasil, 2019, p. 176).
80. HC 706.825/SP, Rel. Ministra Nancy Andrighi, Terceira Turma, julgado em 23.11.2021, DJe 25.11.2021.
81. Recomendação 122 de 03.11.2021.
82. AZEVEDO, Álvaro Villaça. *Prisão Civil por Dívida*. 3. ed. São Paulo: Atlas, 2012, p. 39.

Com a revogação da antiga Lei de Falências (Decreto-Lei 7.661/1945), que expressamente previa a possibilidade de prisão do falido, do devedor e do síndico por violação a deveres decorrentes da falência,[83] passou a lei de regência (Lei 11.101/2005) a prever a possibilidade de prisão do falido e de seus administradores, não mais como uma espécie de prisão civil ou administrativa, mas como "espécie de prisão preventiva, ficando sua decretação sujeita à observância dos pressupostos e requisitos estabelecidos entre os arts. 311 e 315 do CPP".[84]-[85]

Em tese, portanto, subsistiriam as prisões administrativas do CPP (art. 319, I e II) e do Estatuto do Estrangeiro (Lei 6.815/1980), mas o STF se posicionou pela sua não recepção pós-Constituição de 1988, ao julgar o Recurso em *Habeas Corpus* – RHC 66905.[86]

No que tange à prisão militar, a própria Constituição Federal (art. 5º, LXI) ressalvou sua possibilidade como prisão disciplinar, especialmente diante da peculiar estrutura das forças armadas, tratando-se de importante meio coercitivo para a tutela de suas bases: a hierarquia e a disciplina.[87]

Com relação à prisão penal, esta é sanção, é penalidade que decorre da condenação pela prática de um ato ilícito definido como crime ou contravenção, devendo a pena ser cumprida, independentemente da quitação dos valores devidos pela responsabilização civil advinda de referida conduta.[88]

---

83. Decreto-Lei 7.661/1945, arts. 14, parágrafo único, VI; 35, parágrafo único; 37; 60, § 1º; 63, XXII; 69 §§ 5º e 7º. No entanto, as Cortes Superiores já se posicionavam pela não recepção de tais dispositivos pela Constituição de 1988, conforme se depreende da Súmula 280 do STJ: O art. 35 do Decreto-Lei 7.661, de 1945, que estabelece a prisão administrativa, foi revogado pelos incisos LXI e LXVII do art. 5º da Constituição Federal de 1988.
84. LIMA, Renato Brasileiro. *Manual de Processo Penal*. 5. ed. Salvador: JusPodivm, 2017, p. 866.
85. Segundo o art. 99, VII da Lei 11.101/2005, "a sentença que decretar a falência do devedor, dentre outras determinações: [...] VII – determinará as diligências necessárias para salvaguardar os interesses das partes envolvidas, podendo ordenar a prisão preventiva do falido ou de seus administradores quando requerida com fundamento em provas da prática de crime definido nesta Lei".
86. "Tendo em vista que, posteriormente a prolação do acórdão recorrido, entrou em vigor a nova constituição, em virtude da qual – por força do disposto no inciso LXI do artigo 5º ('ninguém será preso senão em flagrante delito ou por ordem escrita e fundamentada de autoridade judiciária competente, salvo nos casos de transgressão militar ou crime propriamente militar, definidos em lei') – deixou de ser permitida, e que, segundo as informações suplementares colhidas, existe contra o ora recorrente mandado para que se efetive a prisão administrativa decretada antes da vigência do mencionado texto constitucional, concede-se 'habeas corpus' de ofício ao ora recorrente, para que se torne sem efeito esse mandado" (RHC 66905, Relator(a): Moreira Alves, Primeira Turma, julgado em 04.11.1988, DJ 10.02.1989).
87. Há existência desse tipo de prisão é extremamente polêmica e tem persistido nas infrações disciplinares de militares e bombeiros. Com o advento da Lei 13.967/2019, em tese, teria havido a extinção do ordenamento desse tipo de restrição da liberdade ambulatória. No entanto, há, ainda, discussão sobre a constitucionalidade de diversos dispositivos deste normativo – ADI 6.595/DF, ainda pendente de julgamento.
88. Existe, ainda, a prisão cautelar que é "aquela decretada antes do trânsito em julgado de sentença penal condenatória com o objetivo de assegurar a eficácia das investigações ou de processo criminal" (LIMA, Renato Brasileiro. *Manual de Processo Penal*. 5. ed. Salvador: JusPodivm, 2017, p. 875).

Já a prisão civil, de viés eminentemente econômico, de cunho social e existencial, não tem como mote a punição do devedor, mas sim uma forma de forçá-lo à quitação do débito alimentar. Em sendo assim, os efeitos da técnica executiva devem ser cessados com o adimplemento da dívida ou com o escoamento do prazo de segregação definido pelo magistrado.

A finalidade da prisão penal é a retribuição pela prática do delito perpetrado e a prevenção de novos crimes, em que o caráter preventivo se desdobra na intimidação do preso (não agir do mesmo modo) e na sua ressocialização, bem como na sociedade, destinatária da norma penal, ante o seu caráter intimidador.[89]

A dosimetria da prisão penal será realizada nos termos dos arts. 59 e 68 do CP, em que o magistrado, no seu mister, deverá definir as penas, quantificá-las, definir o regime inicial de cumprimento e a possibilidade de sua substituição, considerando, além das circunstâncias atenuantes/agravantes e das causas de diminuição/aumento, os aspectos concernentes "à culpabilidade, aos antecedentes, à conduta social, à personalidade do agente, aos motivos, às circunstâncias e consequências do crime, bem como ao comportamento da vítima" (CP, art. 59).

A prisão civil, por sua vez, tem o fito de coagir o devedor a pagar os alimentos, efetivando a subsistência do credor alimentar e amenizando o problema social decorrente da inadimplência alimentar. Repita-se: "a prisão civil não é uma sanção; muito menos uma pena. É uma mera medida executiva de cunho civil. Portanto, prende-se 'para' (pagar) e não 'por' que (não pagou)".[90]

Com relação à técnica executiva extrema, apesar de a norma estabelecer os limites temporais mínimo e máximo de aprisionamento civil e definir o regime fechado como forma de cumprimento, não há previsão de critérios ou parâmetros objetivos a permitir uma ponderação racional, "dosimetria", na definição do tempo adequado de restrição de liberdade que deve ser imposto ao devedor de alimentos.[91]

---

89. NUCCI, Guilherme de Souza. Manual de direito penal. 17. ed. Rio de Janeiro: Forense, 2021, p. 309.
90. CALMON, Rafael. Manual de direito processual das famílias. 2. ed. São Paulo: SaraivaJur, 2021, p. 640.
91. Rafael Calmon entende que o julgador deve se pautar em critérios racionais e legítimos na fixação, como ocorre em qualquer medida coercitiva ou punitiva. Assim, defende que "fatores como idade, condição de saúde e envergadura financeira dos envolvidos, bem como quantidade de prestações inadimplidas e o tempo de atraso no pagamento deveriam influenciar seriamente na fixação do prazo prisional. De repente, poderia ser cogitado até um paralelismo entre a quantidade de prestações devidas e a quantidade de tempo de prisão: um mês de aprisionamento poderia ser fixado para quem devesse uma prestação, dois meses de aprisionamento para quem devesse duas prestações e três meses para quem devesse três prestações ou mais, por exemplo. A razoabilidade, a singularidade e a proporcionalidade na decretação da prisão civil e na fixação de seu prazo devem ser observadas com o cuidado necessário para que uma 'medida coercitiva' não se transforme em 'medida punitiva'" (CALMON, Rafael. Manual de direito processual das famílias. 2. ed. São Paulo: SaraivaJur, 2021, p. 648-649). Arnaldo Marmitt, por sua vez, assevera que "a fixação deve ser deixada ao alto critério e prudente arbítrio do juiz. É ele a pessoa mais indicada para impor um lapso temporal justo, dentro de uma faixa entre o máximo

No entanto, o STJ, em 2024, decidiu que, ao tempo da definição do prazo da prisão civil, deverá ocorrer um juízo de ponderação, fixando-se de forma individualizada, proporcional e razoável o tempo de restrição da liberdade, por meio de critérios objetivos, enquanto não houver a definição pelo Legislativo, evitando-se, assim, a escolha de prazo de restrição da liberdade ao mero arbítrio do julgador.[92]

Diante dessa diferença estrutural é que não se pode aplicar o regime de progressão de pena estabelecido no Código Penal (art. 33, § 1º, a, b, e c), inerente à condenação criminal, à prisão civil.[93] A aplicação dos regramentos da execução penal, como o fito de abrandar os rigores do encarceramento decorrente de dívida, ensejará, em verdade, o desvirtuamento da técnica processual. Esvazia-se, assim, a sua finalidade coercitiva[94] e prejudica-se a um só tempo, o direito fundamental dos credores em receber os alimentos para uma sobrevivência digna e do Estado na eficiência da política pública de enfrentamento do problema do inadimplemento alimentar.

Apesar disso, por ambas (prisão civil e prisão penal) acarretarem a restrição de liberdade de locomoção do indivíduo, elas se assemelham de alguma forma, inclusive tendo o legislador se valido, de forma atécnica, dos vocábulos "regime prisional" e "pena", característicos das ciências criminais, para o instituto de direito civil. Ademais, há quem entenda que, apesar de sua natureza civil, é possível se realizar a detração penal, isto é, deve-se descontar "da pena aplicada ao condenado por abandono material o tempo em que permaneceu preso por inadimplemento relativo à pensão alimentícia".[95] Ainda em relação à similitude, as duas possuem, de alguma maneira, um cunho social, ainda que decorram de políticas públicas diversas.

Essa similitude, aliás, é comprovada no âmbito da própria jurisprudência das Cortes Superiores. Com efeito, o STJ já entendeu pela aplicação da regra contida no art. 7º, V, da Lei 8.906/94, à prisão civil de quem é advogado, segundo a qual constitui direito do causídico inscrito nos quadros da Ordem "não

---

e o mínimo estabelecidos em lei, e que lhe parecer mais razoável para o devedor refletir e sentir-se convidado a quitar a dívida, de vital importância para o credor [...] Para tal mister socorrer-se-á das peculiaridades e das circunstâncias que amoldurarem o quadro concreto, mais o seu prudente arbítrio, e os fins sociais a que se dirige a lei, aliado às exigências do bem comum, como lhe impõe o artigo 5º da lei de introdução ao Código Civil" (MARMITT, Arnaldo. *Prisão civil por alimentos e depositário infiel*. Rio de Janeiro: Aide, 1989, p. 120 e 123).

92. RHC 188.811/GO, relator Ministro Raul Araújo, Quarta Turma, julgado em 12.03.2024, DJe de 02.04.2024.
93. HC 77527, Relator(a): Marco Aurélio, Relator(a) p/ Acórdão: Moreira Alves, Tribunal Pleno, julgado em 23.09.1998, DJ 16.04.2004.
94. HC 181.231/RO, Rel. Ministro Vasco Della Giustina (Desembargador convocado do TJ/RS), Terceira Turma, julgado em 05.04.2011, DJe 14.04.2011.
95. GRECO, Rogério. *Código Penal*: comentado. 5. ed. Niterói, RJ: Impetus, 2011, p. 732.

ser recolhido preso, antes de sentença transitada em julgado, senão em sala de Estado-Maior, com instalações e comodidades condignas, e, na sua falta, em prisão domiciliar".[96]

No entanto, o próprio STJ, em sentido diametralmente oposto, afastou o direito de o preso advogado ser recolhido em sala de Estado Maior ou em prisão domiciliar, justamente por considerar que tal prerrogativa é voltada à prisão penal, de índole punitiva.[97]

2.4 OS NÚMEROS E A IMPLEMENTAÇÃO DA PRISÃO CIVIL DO DEVEDOR

Ultrapassados o arcabouço jurídico e as características da prisão civil, cabe, agora, uma análise técnica mais aprofundada sobre os números da técnica executiva, já que a coleta e sistematização dos dados permitem um maior conhecimento da realidade que se deseja investigar para fins de manter ou de se propor alguma alteração na regulação estatal.

Importa realçar que, em regra, tem-se reconhecido, na prisão civil, uma técnica de grande serventia em razão dos seus "altos índices de eficiência"[98] e em que "os dados estatísticos do cotidiano forense não escondem que a prisão civil do devedor de alimentos cumpre, em larga medida, a sua finalidade: fazer com que o alimentante pague a dívida alimentar".[99]

No momento em que este texto está sendo escrito, segundo o portal do CNJ, no Brasil existem 2.452 pessoas privadas de sua liberdade em razão da prisão civil (conforme figura abaixo).[100]

---

96. HC 271.256/MS, Relator Ministro Raul Araújo, Quarta Turma, julgado em 11.02.2014, DJe 26.03.2014.
97. Esse entendimento foi o que prevaleceu na Segunda Seção do STJ no julgamento HC 740.531/SP, relator Ministro Luis Felipe Salomão, Segunda Seção, julgado em 26.10.2022, DJe de 27.12.2022. Pacificou-se o entendimento de que a prerrogativa estipulada no art. 7º, V, do Estatuto da OAB é voltada eminentemente à prisão penal, mais precisamente às prisões cautelares determinadas antes do trânsito em julgado da sentença penal condenatória, não podendo ser aplicada como forma de abrandar a prisão civil, notadamente porque acabará por desvirtuar a técnica executiva e enfraquecer a política pública estatal, afetando a sua coercibilidade, justamente o móvel que induz a conduta do devedor alimentar. HC 305.805/GO, Relator Ministro Paulo de Tarso Sanseverino, Terceira Turma, julgado em 23.10.2014, DJe 31.10.2014.
98. DIAS, Maria Berenice. *Alimentos* – Direito, Ação, Eficácia, Execução. 3. ed. Salvador: JusPodivm, 2020, p. 355.
99. FARIAS, Cristiano Chaves de; ROSENVALD, Nelson. *Curso de Direito Civil: Obrigações*. 15. ed. Salvador: JusPodivm, 2021, p. 114. Apesar disso, os autores não informam onde estão esses dados. Ademais, reconhecem que "a prisão civil é medida odiosa, devendo ser repelida no Estado Democrático de Direito".
100. Disponível em: https://portalbnmp.cnj.jus.br/#/estatisticas. Acesso em: 31 jan. 2025.

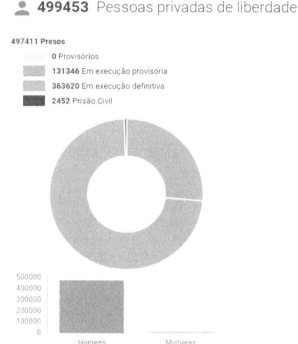

Fonte: Conselho Nacional de Justiça – CNJ

Os dados indicativos do número de prisões civis alteram-se diariamente[101] (e deve ter tido substancial incremento após a nova Recomendação 122/2021 do CNJ que autorizou a retomada do regime fechado de cumprimento) e, proporcionalmente, como se percebe, são muito inferiores aos dos presos em execução provisória e definitiva decorrentes de delitos criminais.

Indaga-se, então: Mas a que preço? Qual é o custo sistêmico da implementação da prisão civil como instrumento de política pública do Estado?

A técnica executiva extrema traz custos de diversas ordens: financeiros, de tempo, de direitos humanos, sociais, familiares, morais, internacionais e, ainda assim, não é garantido que o credor receberá os seus alimentos.

De fato, a prisão civil acarreta um alto dispêndio ao erário, já que o valor para a manutenção do devedor de alimentos no sistema penitenciário, conside-

---

101. "Registre-se que os exíguos prazos previstos na legislação processual para a prisão civil e, por conseguinte a alta rotatividade da constrição, se relacionam com o número relativamente baixo de prisões civis", CONSELHO NACIONAL DE JUSTIÇA, *Banco Nacional de Monitoramento de Prisões* – BNMP 2.0: Cadastro Nacional de Presos. Brasília: CNJ, 2018. p. 39. Disponível em: https://www.cnj.jus.br/wp-content/uploads/2019/08/bnmp.pdf. Acesso em: 4 fev. 2002.

rando a média nacional dos custos do preso, é de cerca de R$ 2.146 mil por mês aos cofres públicos, variando a depender do Estado, conforme gráfico infra.[102-103]

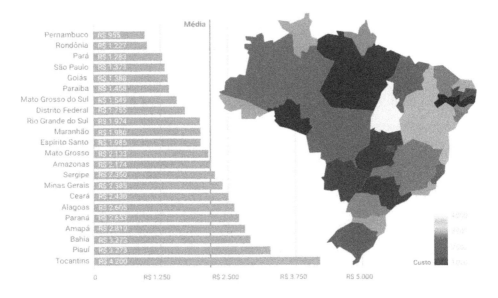

Fonte: Conselho Nacional de Justiça – CNJ

---

102. Conforme o relatório *Calculando custos prisionais: panorama nacional e avanços necessários* do CNJ "Feitas todas essas considerações, na Figura 01 apresentamos os custos mensais por preso divulgados pelas unidades da Federação. Nota-se que, em média, esse custo mensal é de R$2.146. Se ponderarmos esse valor pelo tamanho das populações prisionais das UFs o custo médio é de R$ 1.803. A variação entre o valores apresentados pelas UFs, contudo, se mostra bastante substancial: há uma diferença de 340% entre o estado com o menor custo per capta, Pernambuco (R$ 955), e o que mais gasta, o Tocantins (R$4.200)" (BRASIL, CONSELHO NACIONAL DE JUSTIÇA, *Calculando custos prisionais [recurso eletrônico] : panorama nacional e avanços necessários* / Conselho Nacional de Justiça, Programa das Nações Unidas para o Desenvolvimento, Departamento Penitenciário Nacional; coordenação de Luís Geraldo Sant'Ana Lanfredi et al. Brasília: Conselho Nacional de Justiça, 2021, p. 23). Disponível em: https://www.cnj.jus.br/wp-content/uploads/2021/11/calculando-custos-prisionais-panorama-nacional-e-avancos-necessarios.pdf. Acesso em: 24 dez. 2024.
103. O Tribunal de Contas da União – TCU no julgamento do Processo 03.673/2017-0, Acórdão 2643/2017, de Relatoria da Min. Ana Arraes, julgado em 29.11.2017 pelo seu plenário, diante da ausência de dados sobre os custos do preso no Brasil e por se tratar de poderosa ferramenta para subsidiar a tomada de decisões na implementação de políticas públicas, determinou "ao Ministério da Justiça e Segurança Pública, por meio da Secretaria Executiva e do Departamento Penitenciário Nacional, que: 9.1.1. institua controle periódico da remessa, por parte dos estados e do Distrito Federal, de planilhas que contenham dados referentes ao custo mensal do preso por estabelecimento prisional, nos termos do art. 6º da Resolução CNPCP 6/2012, e elabore tabela específica dessas despesas, oferecendo-as por meio eletrônico às secretarias de estado de administração penitenciária ou órgãos equivalentes, na forma do art. 7º da referida Resolução [...] 9.1.5. estabeleça critérios de aceitabilidade do custo das vagas prisionais criadas com recursos do Fundo Penitenciário Nacional – Funpen que contemple todos os parâmetros considerados relevantes, como tipo de regime, tipo de obra (conclusão de obra, nova obra ou ampliação de unidade) e localização do empreendimento, entre outros".

Não se pode deixar de considerar, ainda, o custo unitário de um processo de execução e o seu tempo de tramitação.

Segundo dados do Instituto de Pesquisa Econômica Aplicada (Ipea), o custo médio do processo de execução fiscal na Justiça Federal de primeiro grau, por exemplo, é de aproximadamente de R$ 4.368,00;[104] o prazo médio de duração do Executivo Fiscal, de acordo com o anuário estatístico do CNJ (Justiça em Números[105] de 2021), é de 8 anos e 1 mês; e dos demais processos de execução (desconsiderando os processos de execução fiscal) é de 3 anos.[106]

No que toca aos direitos humanos, a medida extrema é considerada desproporcional aos fins buscados,[107] em afronta ao princípio constitucional da digni-

---

104. Como não se encontrou dados sobre o custo unitário do processo de execução de alimentos, adotou-se, como base informativa, o custo de um processo de execução fiscal, o único que dispõe de dados confiáveis, justamente por representar o maior contingente de ações no Judiciário brasileiro. Disponível em: http://ipea.gov.br/agencia/images/stories/PDFs/relatoriopesquisa/121009_relatorio_custounitario_justicafederal.pdf. Acesso em: 11 nov. 2021. Por outro lado, em estudo realizado pelo Centro de Pesquisas sobre o Sistema de Justiça brasileiro (CPJus) do Instituto Brasiliense de Direito Público (IDP) revelou que o custo médio de um processo julgado no país em 2013 é de R$ 2.369,73, em que a Justiça Estadual apresentou um custo de R$ 1.795,71, a Justiça Federal de R$ 2.063,39 e a Justiça do Trabalho de R$ 3.250,08. Disponível em: https://www.conjur.com.br/dl/idjus2013.pdf. Acesso em: 8 dez. 2021.
105. "Principal fonte das estatísticas oficiais do Poder Judiciário, anualmente, desde 2004, o Relatório Justiça em Números divulga a realidade dos tribunais brasileiros, com muitos detalhamentos da estrutura e litigiosidade, além dos indicadores e das análises essenciais para subsidiar a Gestão Judiciária brasileira". Disponível em: https://www.cnj.jus.br/pesquisas-judiciarias/justica-em-numeros/. Acesso em: 20 nov. 2021.
106. CONSELHO NACIONAL DE JUSTIÇA, *Justiça em números 2021*. Brasília: CNJ, 2021, p. 181. Disponível em: https://www.cnj.jus.br/wp-content/uploads/2021/11/relatorio-justica-em-numeros2021-051121.pdf. Acesso em: 11 nov. 2021.
107. "Trata-se de remédio heroico, só aplicável em casos extremos, por violento ou vexatório. E sobretudo é expediente processual condenado pela doutrina. Mattirolo, por exemplo, a considera 'flagrante violação dos princípios fundamentais do direito e um absurdo econômico'. Entende que o organismo humano não pode ser o corpo sem valor, sobre que seja lícito fazer experiência, pois, tendo razão e dignidade de fins, não pode ser reduzido à condição de simples meio. E o direito moderno, do mesmo modo que, acertadamente, proíbe que alguém, por contrato, aliene incondicionalmente sua liberdade, não deve permitir que a mesma possa servir de garantia de obrigações civis, ou meio de experimentar a solvência do devedor" (CASTRO, Amílcar. *Comentários ao Código de Processo Civil*. São Paulo: RT, 1974, v. 8, n. 513, p. 377-378). No original: "Sotto questo aspetto l'arresto personale costituisce una flagrante violazione dei principi fondamentali dei diritto, ed è un assurdo economico. La personalità dell'individuo umano è e non può essere il corpus vile, sul quale sia lecito fare lo experimentum: essa ha ragione e dignità di fine, nè può essere ridotta alla condizione di semplice mezzo. Nella stessa guisa, in cui il diritto moderno giustamente proibisce quei contratti, coi quali taluno aliena incondizionatamente la sua libertà, obbligandola sua opera all' altrui servizio senza prefissione di termino o determinazione di impresa (2); così, per logica conseguenza, non deve permettere che la libertà della persona possa essere garantia di obbligazioni civili, mezzo di sperimentare la solvibilità del debitore" (MATTIROLO, Luigi. *Trattato di Diritto Giudiziario Civile Italiano*. 4. ed. Torino: Fratelli Bocca Editori, 1808, v. VI, n. 1.042, p. 705).

dade humana.[108] Segundo essa corrente, deve ser garantida a existência digna do devedor em detrimento de uma lógica patrimonialista das relações pessoais.[109]

Realmente, na prática e pelos ditames da lei, o devedor é encarcerado em presídio de segurança máxima ou média, em regime fechado (CPC, art. 528, § 4º), específico para a prisão-pena (criminal), quando, em verdade, deveria ser preso em cadeia pública, ou, em sua falta, em estabelecimento adequado (LEP, art. 201).[110] Não se pode olvidar que o STF já reconheceu a existência de um "Estado de Coisas Inconstitucional (ECI)" no sistema prisional brasileiro, justamente pela constatação de violações generalizadas e sistêmicas de direitos fundamentais dos presos decorrentes da reiterada inércia ou incapacidade estatal em contê-las (ADPF 347).[111]

---

108. O Ministro Ruy Rosado de Aguiar, ao reconhecer a ilegalidade da prisão civil do devedor em alienação fiduciária, afirmou que: "essa opinião é antiga e se reforça na mesma proporção em que se degrada o sistema prisional do país, transformados os cárceres em depósitos destituídos das mínimas condições de dignidade, conforme estamos diariamente, sendo informados pela imprensa. Basta a fotografia de uma cela em que os detentos, para dormir, revezam-se na ocupação dos espaços; basta, também, ouvir o relato do que acontece no fundo dos corredores das penitenciárias e nas celas improvisadas das delegacias de polícia para se entenderem os esforços dos penalistas e dos penitenciaristas em limitar o uso da prisão apenas àqueles que absolutamente, não podem continuar vivendo em sociedade. Nessas condições, que o juiz não pode desconhecer, parece inadmissível submeter o descumpridor de um contrato, o devedor de uma dívida civil, às agruras de um regime penitenciário fechado, durante meses, que a lei penal reser.va aos delinquentes mais perigosos, pois à maioria dos autores de crimes são, hoje, aplicadas penas alternativas [...] Constituindo-se as nossas casas prisionais, no dizer de ex-Ministro da Justiça, 'verdadeiras sucursais do inferno', pode-se bem medir a gravidade da ameaça que pesa sobre o pequeno comerciante, a dona de casa que compra uma geladeira, o agricultor de cinco hectares, inadimplentes por qualquer razão, que são os que realmente sofrem essa espécie de sanção, exatamente por serem pequenos". Voto prolatado no EREsp 149.518/GO, Corte Especial, julgado em 05.05.1999, DJ 28.02.2000.
109. FACHIN, Rosana Amara Girardi. *Dever alimentar para um novo Direito de Família*. Rio de Janeiro: Renovar, 2005, p. 102.
110. CALMON, Rafael. *Manual de direito processual das famílias*. 2. ed. São Paulo: SaraivaJur, 2021, p. 661.
111. ADPF 347 MC, Relator(a): Marco Aurélio, Tribunal Pleno, julgado em 09.09.2015, Processo Eletrônico Public 19.02.2016. No julgamento do mérito, em 18.12.2024, "o Tribunal, por unanimidade, 1) homologou o plano Pena Justa, que deve ter sua implementação iniciada; 2) determinou que os Estados e o Distrito Federal iniciem a elaboração de seus planos de ação, que devem ser apresentados ao STF no prazo de 6 (seis) meses, devendo os planos estaduais refletir os 4 (quatro) eixos do Pena Justa, sua estrutura e metodologia de elaboração, no que for pertinente aos Estados e ao Distrito Federal; 3) determinou que os Grupos de Monitoramento e Fiscalização do Sistema Carcerário, juntamente com os Comitês de Políticas Penais, a União e o DMF/CNJ, deverão orientar o processo de construção dos planos, em diálogo cooperativo com as autoridades estaduais e distritais; e 4) por fim, determinou que o DMF/CNJ deverá enviar para o STF, semestralmente, informes de monitoramento sobre o grau de cumprimento do plano nacional e dos planos estaduais e distrital. Em relação às medidas específicas, o Tribunal, por maioria: a) homologou a medida relativa à vedação do ingresso de pessoas com transtorno mental em hospital de custódia, nos termos do voto do Ministro Relator, vencidos os Ministros André Mendonça, Alexandre de Moraes, Dias Toffoli, Luiz Fux e Nunes Marques; b) deixou de homologar a medida referente à obrigação de instalação de câmeras corporais em policiais penais, vencidos os Ministros Luís Roberto Barroso (Presidente e Relator), Edson Fachin, Flávio Dino, Cristiano Zanin e Cármen Lúcia; e c) deixou de homologar as medidas relativas à "compensação penal" por condições

Nessa perspectiva, há, também, o custo de reputação internacional, já que violações de direitos humanos acarretam "a responsabilidade jurídica daqueles a quem a violação é atribuível, incluindo indivíduos, órgãos públicos e, em última instância, o Estado brasileiro",[112] o que importa em consequências jurídicas como a cessação da violação (inclusive na omissão), a garantia de não repetição desta (busca a prevenção). Também a reparação da vítima, seja pela restituição (com a devolução de um bem ou condição anterior), pela compensação (indenizando o dano causado quando não puder haver a restituição) ou satisfação (reparação quando o dano ou o aspecto do dano não puder ser restituído nem compensado). Em violações mais graves, ainda há a tipificação de crimes internacionais que implicam, também, na responsabilidade penal individual.[113]

Com a perda de prestígio da imagem do Brasil perante a comunidade global, diante da constatação de inexistência de uma proteção sólida e de direitos humanos básicos ao devedor preso, até mesmo em relação à própria garantia de sua vida, somado ao fato de não se demonstrar o empenho estatal no combate ao problema da inadimplência alimentar, com o amparo adequado aos direitos fundamentais de subsistência do credor de alimentos, o estado brasileiro poderá prejudicar a sua colocação no cenário mundial. Isso ocorre, por exemplo, no Índice de Desenvolvimento Humano (IDH) incluído no Relatório de Desenvolvimento Humano do Programa das Nações Unidas para o Desenvolvimento (PNUD), da ONU.[114]

---

degradantes e à "remição ficta" por ausência de oferta de trabalho e estudo, vencidos os Ministros Luís Roberto Barroso, Edson Fachin, Gilmar Mendes e Cármen Lúcia. Redigirá o acórdão o Ministro Relator. Falou, pelo requerente, o Dr. Daniel Sarmento. Plenário, Sessão Virtual Extraordinária de 18.12.2024 (11h00) a 18.12.2024 (23h59)". Disponível em: https://portal.stf.jus.br/processos/detalhe.asp?incidente=4783560. Acesso em: 26 dez. 2024.

112. VASCONCELOS NETO, Diego Valadares; LEANDRO, Ariane Gontijo Lopes; ARRUDA, Pedro Henrique de Mattos Freire. Fundamentação em Direitos Humanos e Cidadania. *Coleção Cadernos de Direitos Humanos*: Cadernos Pedagógicos da Escola de Formação em Direitos Humanos de Minas Gerais |EFDH-MG. Belo Horizonte: Marginália Comunicação, 2016, v. 2. p. 47.

113. VASCONCELOS NETO, Diego Valadares; LEANDRO, Ariane Gontijo Lopes; ARRUDA, Pedro Henrique de Mattos Freire. Fundamentação em Direitos Humanos e Cidadania. *Coleção Cadernos de Direitos Humanos*: Cadernos Pedagógicos da Escola de Formação em Direitos Humanos de Minas Gerais |EFDH-MG. Belo Horizonte: Marginália Comunicação, 2016, v. 2. p. 47-48.

114. "O Índice de Desenvolvimento Humano (IDH) é uma medida resumida do progresso a longo prazo em três dimensões básicas do desenvolvimento humano: renda, educação e saúde. O objetivo da criação do IDH foi o de oferecer um contraponto a outro indicador muito utilizado, o Produto Interno Bruto (PIB) per capita, que considera apenas a dimensão econômica do desenvolvimento. Criado por Mahbub ul Haq com a colaboração do economista indiano Amartya Sen, ganhador do Prêmio Nobel de Economia de 1998, o IDH pretende ser uma medida geral e sintética que, apesar de ampliar a perspectiva sobre o desenvolvimento humano, não abrange nem esgota todos os aspectos de desenvolvimento". Disponível em: https://www.br.undp.org/content/brazil/pt/home/idh0/conceitos.html. Acesso em: 24 nov. 2021. De acordo com relatório divulgado em 15.12.2020 pelo Pnud, o Brasil perdeu cinco posições no *ranking* mundial do Índice de Desenvolvimento Humano (IDH), passando do 79º para o 84º lugar entre

Por fim, há o custo moral, familiar e social, uma vez que a prisão civil pode acarretar um abalo moral no devedor, com o desprestígio e quebra dos direitos de sua personalidade.[115] Pode, também, agravar a ruptura física e psicológica na relação entre pai e filho[116] e reforçar exclusões no ambiente de trabalho, perante o seu meio social, reduzindo oportunidades e trazendo impactos negativos tanto para o devedor "apenado" como para os seus familiares.

2.5 AVALIAÇÃO DE IMPACTO, CUSTO E EFICÁCIA

A intervenção estatal, visando à concretização do bem-estar da sociedade por meio de políticas e ações, decorre de decisões essencialmente republicanas e democráticas.[117] Um dos seus maiores desafios é efetivar a elaboração e a implementação de suas ações por meio de processos fundamentados, mediante a escolha de mecanismos institucionais e a tomada de deliberações dotadas de maior qualidade e efetividade, atendendo as demandas e as soluções dos problemas públicos com mais eficiência, perfazendo uma atuação mais satisfatória do Estado.

Vale registrar que o princípio da eficiência foi expressamente inserido no Direito brasileiro no art. 37, *caput*, da CF, pela EC 19/98, tendo como destinatário específico a administração pública e como principal objetivo o de atingir melhores resultados sociais, com a determinação de que o Estado "cumpra bem as suas tarefas, empregando, em tempo razoável, os meios apropriados e pertinentes".[118]

Há, também, o princípio da economicidade (art. 70 da CF/88), pelo qual as ações públicas devem se dar com os menores custos (diretos e indiretos – decorrentes de externalidades negativas), sem se sacrificar a qualidade final e com a

---

189 países. Disponível em: http://hdr.undp.org/sites/default/files/hdr_2020_overview_portuguese.pdf. Acesso em: 24 nov. 2021.

115. AZEVEDO, Álvaro Villaça. *Prisão Civil por Dívida*. 3. ed. São Paulo: Atlas, 2012, p. 178.

116. Conforme Sottomayor, "o facto de a violação da obrigação de alimentos constituir uma ofensa criminal entre membros da mesma família, *maxime* entre pais e filhos/as, pode provocar alguns custos psicológicos na relação pai/filho/a. A relação entre o progenitor sem a guarda e o/a filho/a menor pode transformar-se numa relação baseada no medo e não na afeição, em que o primeiro vê o/a filho/a como a causa da prisão e o segundo aceita este ponto de vista e sente-se culpado/a. No entanto, este fator - a preservação da relação entre pais e filhos/as – não servirá como um fator desincentivador da aplicação da pena de prisão, nos casos em que a relação entre pais e filhos/as já esteja previamente comprometida pelo afastamento do progenitor devedor e pela recusa sistemática deste em pagar alimentos, quando está em condições de o fazer" (SOTTOMAYOR, Maria Clara. *Regulação do Exercício das Responsabilidades Parentais nos Casos de Divórcio*. 7. ed. Coimbra: Almedina, 2021, p. 487).

117. VIEIRA, Eduardo S. S.; MENEGUIN, Fernando B.; RIBEIRO, Henrique Marques. KÄSSMAYER, Karin. In: MENEGUIN, Fernando B.; SILVA, Rafael Silveira e (Org.). *Avaliação de impacto legislativo*: cenários e perspectivas para sua aplicação. Brasília: Senado Federal, Coordenação de Edições Técnicas, 2017, p. 14.

118. FREITAS, Juarez. *O controle dos atos administrativos e os princípios fundamentais*. 5. ed. São Paulo: Malheiros, 2013, p. 110.

proibição de qualquer desperdício. Soma-se, ainda, o princípio da eficácia (art. 74 da CF/88), que estabelece a busca por resultados em sintonia com os objetivos, as prioridades e as metas constitucionais.[119]

Por conseguinte, após ser definida uma determinada política pública, a sua implementação não poderá se realizar de forma a gerar desperdícios (não há motivação moral ou ética para tanto). especialmente em um mundo com escassez de recursos, em que as necessidades humanas são potencialmente ilimitadas.[120]

Partindo-se do pressuposto de que "toda regra que gera desperdício (é ineficiente) é injusta",[121] só será possível que o tomador de decisão realize um efetivo exercício de ponderação se for também possível compreender, dentre as alternativas disponíveis, as reais consequências dessa ou daquela regra. O que possibilita a realização de uma análise de custo-benefício para tomada da decisão socialmente desejável[122] e, diante das restrições orçamentárias, de forma mais eficiente possível.[123]

Segundo Meneguin, a AIL se consubstancia em verdadeira análise econômica da legislação, por efetivar um estudo pormenorizado de como as pessoas respondem a incentivos e, por conseguinte, como reagiriam aos dispositivos de determinado normativo, deixando de lado a intuição e o senso comum, propósitos semelhantes à teoria comportamental da Economia.[124]

---

119. FREITAS, Juarez. *O controle dos atos administrativos e os princípios fundamentais*. 5. ed. São Paulo: Malheiros, 2013, p. 110-111.
120. GICO JUNIOR, Ivo Teixeira. Introdução ao direito e economia. In: TIMM, Luciano Benetti (Org.). *Direito e Economia no Brasil*: estudos sobre a análise econômica do direito. 3. ed. Indaiatuba, SP: Foco, 2019, p. 26
121. GICO JUNIOR, Ivo Teixeira. Introdução ao direito e economia. In: TIMM, Luciano Benetti (Org.). *Direito e Economia no Brasil*: estudos sobre a análise econômica do direito. 3. ed. Indaiatuba, SP: Foco, 2019, p. 27.
122. GICO JUNIOR, Ivo Teixeira. Introdução ao direito e economia. In: TIMM, Luciano Benetti (Org.). *Direito e Economia no Brasil*: estudos sobre a análise econômica do direito. 3. ed. Indaiatuba, SP: Foco, 2019, p. 27.
123. Fala-se em uma análise econômica social em que são utilizados preços sociais, ao contrário da avaliação privada, em que a valorização dos fatores e produtos ocorrem a preços de mercado. "Ao contrário dos preços de mercado, que representam os benefícios e custos de oportunidade para as empresas e indivíduos, os preços sociais refletem o custo de oportunidade para a economia como um todo" (MENEGUIN, Fernando B. Avaliação de Impacto Legislativo no Brasil. UC Berkeley, Latin American and Caribbean Law and Economics Association (ALACDE) *Annual Papers*. Publicação em 26.04.2010, p. 7). Disponível em https://escholarship.org/content/qt8ts831r2/qt8ts831r2.pdf. Acesso em: 11 dez. 2021.
124. MENEGUIN, Fernando B. Avaliação de Impacto Legislativo no Brasil. UC Berkeley, Latin American and Caribbean Law and Economics Association (ALACDE) *Annual Papers*. Publicação em 26.04.2010, p. 7. Disponível em https://escholarship.org/content/qt8ts831r2/qt8ts831r2.pdf. Acesso em: 11 dez. 2021.

Nessa perspectiva, os países do mundo ocidental têm demonstrado cada vez mais preocupação em sistematizar padrões na avaliação de impacto de sua legislação, até mesmo incluindo-a como fase obrigatória do processo, com o intento de garantir que as futuras leis sejam mais simples, eficientes, modernas e justas, alcançando o fim almejado ao menor custo possível, tornando o sistema jurídico mais efetivo e eficaz,[125] como será melhor explicitado.

O debate em relação às proposições legislativas, como se percebe, tem se mostrado etapa extremamente importante no desenho das políticas públicas – a política pública perpassa por diversas etapas descritas analiticamente como ciclo das políticas públicas, desde a sua idealização até a análise dos resultados –, sendo a avaliação *ex ante* (em que se avaliam os motivos, o planejamento, a definição dos agentes, as normas disciplinadoras e a análise dos possíveis impactos) conhecida como AIL e quando se tratar da esfera infralegal e regulamentadora da norma, como uma Avaliação de Impacto Regulatório (AIR).[126]

Não se pode deixar de mencionar que, após a implementação do ato normativo, há, ainda, uma avaliação *ex post* – a Avaliação de Resultado Regulatório (ARR), instrumento de avaliação do desempenho de determinado regramento adotado ou alterado após a implementação da ação escolhida, considerando o alcance dos propósitos e resultados inicialmente pretendidos, bem como outros impactos observados sobre o mercado e a sociedade. A falta de avaliação poderá resultar na permanência de regramentos ineficazes, no desconhecimento de impactos não desejados, na incompreensão sobre a própria necessidade ou oportunidade de melhoria na regulação e na ausência de fundamentos técnicos comprobatórios dos benefícios e da adequação da medida tomada pelo estado.[127]

De fato, buscando melhorar a qualidade da análise das opções legislativas e da melhor alternativa para o enfrentamento do problema público, é que se propõe a realização de uma AIL. De forma a propiciar a tomada de decisão com um maior respaldo técnico e analítico, em processo baseado em evidências, inclusive com a previsão dos seus efeitos, permitindo uma definição racional e adequada dos

---

125. MENEGUIN, Fernando B. Avaliação de Impacto Legislativo no Brasil. UC Berkeley, Latin American and Caribbean Law and Economics Association (ALACDE) *Annual Papers*. Publicação em 26.04.2010, p. 3 e 12. Disponível em https://escholarship.org/content/qt8ts831r2/qt8ts831r2.pdf. Acesso em 11 dez. 2021.
126. VIEIRA, Eduardo S. S.; MENEGUIN, Fernando B.; RIBEIRO, Henrique Marques. KÄSSMAYER, Karin. In: MENEGUIN, Fernando B.; SILVA, Rafael Silveira e (Org.). *Avaliação de impacto legislativo*: cenários e perspectivas para sua aplicação. Brasília: Senado Federal, Coordenação de Edições Técnicas, 2017, p. 18.
127. CASA CIVIL DA PRESIDÊNCIA DA REPÚBLICA. *Diretrizes gerais e guia orientativo para elaboração de Análise de Impacto Regulatório – AIR* / Subchefia de Análise e Acompanhamento de Políticas Governamentais et al. Brasília: Presidência da República, 2018, p. 13, 89 e 90.

possíveis fins sociais (se realmente há necessidade de algum tipo de intervenção estatal, qual a melhor estrutura de incentivos, os melhores mecanismos para a solução do problema público, como se alcançar os resultados pretendidos com os menores custos possíveis etc.).

Justamente por isso é que a AIL é tida como um dos principais instrumentos para a melhoria da qualidade legislativa, mostrando-se essencial para subsidiar, orientar e trazer maior segurança ao tomador de decisão,[128] permitindo a regulagem da potencial legislação na contribuição de uma "eficiente coordenação dos incentivos postos à sociedade e com o atingimento de objetivos que promovam aumento de bem-estar social".[129]

Trata-se de metodologia objetiva[130] aplicada a um processo sistemático fundado em provas, que propicia o acesso a todos os tipos de dados pertinentes à atividade de legislar, servindo como uma atividade de apoio para uma escolha fundamentada de políticas legislativas (e não de engessar o processo político),[131] com a possibilidade de avaliação, a partir da definição de um problema regulatório, dos possíveis impactos da legislação e de outras alternativas de ação disponíveis para o alcance dos objetivos pretendidos.[132]

---

128. A sua integração ao processo decorre das mais variadas motivações: a possibilidade de se enquadrar processos racionais e científicos ao ato normativo; o uso político estratégico; o de acelerar a tomada de decisão política; a função legitimadora com obtenção de apoio público ao ato normativo, dentre outras (MENEGUIN, Fernando B. Avaliação de Impacto Legislativo no Brasil. UC Berkeley, Latin American and Caribbean Law and Economics Association (ALACDE) *Annual Papers*. Publicação em 26.04.2010, p. 4-5. Disponível em https://escholarship.org/content/qt8ts831r2/qt8ts831r2.pdf. Acesso em: 11 dez. 2021).
129. VIEIRA, Eduardo S. S.; MENEGUIN, Fernando B.; RIBEIRO, Henrique Marques. KÄSSMAYER, Karin. In: MENEGUIN, Fernando B.; SILVA, Rafael Silveira e (Org.). *Avaliação de impacto legislativo*: cenários e perspectivas para sua aplicação. Brasília: Senado Federal, Coordenação de Edições Técnicas, 2017, p. 20.
130. A Legística é justamente a área do conhecimento voltada ao estudo da elaboração das leis, com método, valendo-se de uma série de técnicas para aprimorar a qualidade e o conteúdo das normas jurídicas, podendo ser ela material (propõe o aperfeiçoamento dos preceitos metodológicos para as etapas do processo de elaboração do conteúdo das normas jurídicas) ou formal (voltada à sistematização, redação e comunicação legislativa) (SALINAS, N.S.C. *Avaliação Legislativa no Brasil*: um estudo de caso sobre as normas de controle das transferências voluntárias de recursos públicos para entidades do terceiro setor. Dissertação de Mestrado em Direito. Faculdade de Direito, Universidade de São Paulo, São Paulo, 2008, p. 28-29).
131. MENEGUIN, Fernando B. Avaliação de Impacto Legislativo no Brasil. UC Berkeley, Latin American and Caribbean Law and Economics Association (ALACDE) *Annual Papers*. Publicação em 26.04.2010, p. 20-21. Disponível em https://escholarship.org/content/qt8ts831r2/qt8ts831r2.pdf. Acesso em: 11 dez. 2021.
132. CASA CIVIL DA PRESIDÊNCIA DA REPÚBLICA. *Diretrizes gerais e guia orientativo para elaboração de Análise de Impacto Regulatório* – AIR / Subchefia de Análise e Acompanhamento de Políticas Governamentais et al. Brasília: Presidência da República, 2018, p. 23.

E, apesar de não ser vinculante, a AIL tem, como principais propósitos, os de identificar o seguinte: qual o problema que se quer enfrentar (fundamental para a delimitação dos objetivos e alternativas para enfrentá-lo); os objetivos da proposição; as opções para se alcançar os objetivos; o arcabouço jurídico que normatiza a questão e eventuais limites constitucionais e legais para a nova proposição; identificar os impactos econômicos e sociais da legislação aprovada, quem e como será atingido; os custos; e a comparação entre as alternativas aventadas, contribuindo, assim, para a redução de resistências às mudanças (diante do respaldo técnico), além do desenvolvimento de uma cidadania econômica, com a promoção de fiscalização e controle dos gastos públicos.[133]

A referida avaliação proporciona a realização de um profundo diagnóstico da legislação em relação à sua: efetividade – analisar se a conduta dos destinatários da norma está conforme o esperado; eficácia – saber se o normativo está elaborado de forma a atender os objetivos pretendidos;[134] eficiência – examinar se os benefícios decorrentes da lei compensam os custos impostos pela norma e se são eles são os menores possíveis.[135] Deve-se

---

133. MENEGUIN, Fernando B. Avaliação de Impacto Legislativo no Brasil. UC Berkeley, Latin American and Caribbean Law and Economics Association (ALACDE) *Annual Papers*. Publicação em 26.04.2010, p. 9-11 e 17. Disponível em https://escholarship.org/content/qt8ts831r2/qt8ts831r2.pdf. Acesso em: 11 dez. 2021.
134. João Caupers cita interessante exemplo sobre a efetividade e eficácia. "Suponhamos que, justificadamente preocupado com o número de mortes provocadas por acidentes de viação e dispondo de informação estatística apontando o traumatismo craniano como causa provável de mais de cinquenta por cento dos óbitos, o legislador introduz no código da estrada uma norma estipulando o uso obrigatório de capacete por parte do condutor e dos passageiros de qualquer veículo automóvel, com o objectivo imediato (v. supra) de, num período de quatro anos, um mínimo de 80% dos ocupantes dos veículos passar a utilizar quotidianamente aquele dispositivo protector. Admitamos ainda que, não obstante uma intensa campanha de marketing sublinhando as vantagens do uso do capacete (incluindo, para sensibilizar os jovens, o aspecto desportivo que tal acessório conferiria aos condutores) e a instauração de um sistema de pesadas coimas, transcorrido o período de quatro anos, apenas um em cada quatro condutores utiliza regularmente o capacete. Poderia então dizer-se que a lei não produziu os efeitos pretendidos, que foi ineficiente. Admitamos, inversamente, que a lei conseguiu generalizar o uso do capacete entre os condutores e restantes ocupantes dos veículos automóveis: terá então sido uma lei eficiente. Observe-se, contudo, que o objetivo final do legislador era o de reduzir o número de fatalidades causadas por traumatismo craniano. Que pensar se, não obstante a eficiência comprovada da lei, as estatísticas comprovarem que tal número não conheceu redução significativa? Teremos então uma lei ineficaz [...] O que se pode dizer é que a opção de editar uma lei com tal conteúdo não terá sido bem pensada: teria, provavelmente, sido preferível subsidiar a investigação em matéria de segurança dos veículos automóveis, contribuindo assim para que os construtores atingissem mais rapidamente níveis de segurança em si mesmo potenciadores de uma redução das fatalidades" (CAUPERS, João. Relatório sobre o programa, conteúdo e métodos de uma disciplina de Metódica da Legislação. *Cadernos de Ciência de Legislação*, n. 35, out./dez. 2003, p. 54-55).
135. "A análise custo-benefício é o processo usado para a determinação da eficiência econômica global. Comparam-se os custos com os benefícios sociais que provavelmente resultarão da proposição le-

considerar, além disso, outros efeitos produzidos, até mesmo aqueles inesperados pelo legislador.[136]

O legislador brasileiro vem, em alguma medida, tentando incitar o processo de avaliação de impacto legislativo no ordenamento brasileiro, ao promulgar a Lei Complementar 95, de 1998. Tal normativo é responsável por instituir regras para a "elaboração, redação, alteração e a consolidação das leis", prevendo algumas padronizações na formulação das leis, malgrado não ter apresentado qualquer metodologia para se analisar o conteúdo e os potenciais impactos da proposição legislativa.[137]

Aliás, há agora uma obrigação constitucional determinada pelo art. 37, § 16, da CF, incluído pela EC 109/2021, segundo a qual, na forma da lei, os órgãos e as entidades da administração pública, individual ou conjuntamente, devem realizar avaliação das políticas públicas, inclusive com divulgação do objeto a ser avaliado e dos resultados alcançados.

---

gislativa e estes com o resultado de alternativas, de forma a escolher o projeto que apresenta a maior diferença positiva entre os benefícios globais (econômicos e sociais) e os custos globais" (VIEIRA, Eduardo S. S.; MENEGUIN, Fernando B.; RIBEIRO, Henrique Marques. KÄSSMAYER, Karin. In: MENEGUIN, Fernando B.; SILVA, Rafael Silveira e (Org.). *Avaliação de impacto legislativo*: cenários e perspectivas para sua aplicação. Brasília: Senado Federal, Coordenação de Edições Técnicas, 2017, p. 20).

136. João Caupers trata da eficiência e da eficácia sob outra perspectiva. Para o autor "a diferença entre eficiência e eficácia da lei se pode equacionar da seguinte forma. Para uma decisão ser eficiente, basta que relacione suficientemente inputs e outputs, isto é, que tenha produzido o resultado previsto. Tratando-se dos efeitos de uma decisão legislativa, esse resultado previsto consubstancia-se na adoção pelos destinatários do comportamento pretendido pelo legislador. Pode, pois, dizer-se que a eficiência da lei é um problema jurídico, no sentido de que a lei não eficiente operou como um não direito, não conseguiu impor-se como imperativo comportamental, não adquiriu juridicidade. A eficácia da lei é um conceito bem diverso: não é um problema jurídico, mas um problema pré-jurídico. As circunstâncias geradoras da ineficácia da lei não se podem procurar na conduta dos destinatários – que fizeram, no nosso exemplo, o que deles se esperava – mas no comportamento do próprio legislador – que não terá feito aquilo que deveria para atingir os objectivos que pretendia. As mais das vezes, a ineficácia de uma lei pode atribuir-se a uma deficiente formulação dos objectivos pelo legislador – frequentemente devida a uma insuficiente informação sobre a realidade social – ou a uma relação supostamente causal que não vem a obter confirmação" (CAUPERS, João. Relatório sobre o programa, conteúdo e métodos de uma disciplina de Metódica da Legislação. *Cadernos de Ciência de Legislação*, n. 35, out./dez. 2003, p. 55-56).

137. O seu decreto regulamentador, o Decreto 9.191, de 2017, por sua vez, principalmente após as alterações decorrentes do Decreto 10.420, de 2020, tentando suprir essa lacuna, previu expressamente a competência da Subchefia de Análise de Acompanhamento de Políticas Governamentais da Casa Civil para, valendo-se de sua discricionariedade, "a) solicitar aos órgãos da administração pública federal e ao Banco Central do Brasil informações para instruir o exame dos atos normativos sujeitos à apreciação do Presidente da República"; "b) requerer ao órgão proponente a análise prévia de impacto da proposta de ato normativo"; e "c) estabelecer metodologia a ser utilizada para a análise prévia de impacto da proposta de ato normativo de que trata a alínea 'b'" (art. 24, inc. III). Em sentido similar, há ainda a Lei de Responsabilidade Fiscal – LRF, Lei Complementar 101, de 4 de maio de 2000, que em seus artigos 14 e 16, exige a realização de estimativas de impacto orçamentário das proposições legislativas.

Nessa ordem de ideias, diante do problema público objeto da presente pesquisa – a inadimplência da obrigação alimentar –, da análise dos números da prisão civil, das questões sistêmicas e estruturais da referida técnica executiva, da compreensão de suas consequências e seus impactos, é que se poderá avaliar, de forma mais acurada, a necessidade (ou não) de uma intervenção legislativa, seja para o seu aprimoramento, seja para a sua exclusão, seja para apontar alternativas mais efetivas, eficazes e eficientes.

Com efeito, tendo-se em conta que o principal objetivo da política pública em comento é, em nítido caráter existencial, a de efetivar a subsistência do credor de alimentos (e as benesses dela decorrentes, vida, saúde, educação), densificando o preceito constitucional da obrigação alimentar, deve o Estado valer-se de um mínimo de subsídio, de dados relevantes e de um planejamento estratégico, para tomar, de forma mais consciente,[138] decisões a respeito dos melhores meios para se alcançar o seu objetivo. E, dessa forma, reduzir os distúrbios sociais decorrentes do inadimplemento, seja de forma qualitativa, garantindo os alimentos e preservando direitos fundamentais, seja quantitativa, com a redução dos custos para o Estado e para a sociedade.

2.5.1 Contribuições para uma análise de impacto da prisão civil

Neste tópico, sem a pretensão de esgotar o tema ou de definir qual seria a metodologia de avaliação mais adequada,[139] são apresentados subsídios, considerações e reflexões para uma avaliação de impacto da prisão civil, com escopo em elementos já existentes a respeito da política pública atual, que deposita na

---

138. "Há um crescente debate sobre qual a melhor forma de atuação do governo: por meio da dissuasão ou da persuasão [...]. O primeiro modelo está centrado na prescrição, no monitoramento e na punição dos desvios observados, enquanto o segundo enfatiza a cooperação, a prevenção e a conciliação. A advocacia da persuasão está amparada na racionalidade e na cooperação dos atores, que podem agir de modo adequado por meio de incentivos próprios ou externos. Desse modo, as alternativas não normativas devem ser sempre consideradas. Recomenda-se ainda o desenho de alternativas denominadas na literatura internacional como 'regulação responsiva', isto é, que sejam capazes de abarcar diferentes comportamentos de modo dinâmico, aplicando a abordagem mais restritiva e punitiva sobre aqueles atores que realmente se recusam a cooperar ou se ajustar ao comportamento desejado. A ponderação entre as medidas de incentivo, restritivas e punitivas deve ser analisada caso a caso, dependendo do setor, do histórico de seus atores, dos riscos envolvidos etc. O desafio é conseguir identificar e implementar alternativas que consigam punir os atores transgressores e ao mesmo tempo estimular aqueles que desejam cooperar e até mesmo ultrapassar os padrões mínimos desejados. Ações excessivamente prescritivas que criem barreiras ou custos desnecessários aos regulados cooperativos podem gerar uma cultura de desincentivo e resistência à conformidade" (CASA CIVIL DA PRESIDÊNCIA DA REPÚBLICA. *Diretrizes gerais e guia orientativo para elaboração de Análise de Impacto Regulatório – AIR*/ Subchefia de Análise e Acompanhamento de Políticas Governamentais et al. Brasília: Presidência da República, 2018, p. 48).

139. A doutrina elenca diversos métodos como análise multicritério, a de custo-benefício, a de custo-efetividade e a de custo e de risco.

prisão civil todas as suas fichas como o principal instrumento de efetivação da obrigação alimentar.

Pretende-se, assim, questionar a eficiência do instrumento processual da prisão civil, notadamente por se estar no âmbito de proteção de direitos fundamentais (tanto do credor como do devedor de alimentos), inclusive verificando se há nela uma "falha de governo" com vistas a saber se a ação adotada é realmente efetiva, (in)consistente, se cria novos problemas ou agrava os existentes.[140]

Almeja-se, ainda, contribuir, de alguma forma, para a elaboração de uma política pública de combate à inadimplência alimentar, fundada em evidências, permitindo um melhor desenho da ação estatal através de seu processo legislativo, com possíveis soluções alternativas de ação pelo Estado para minorar o problema social, tendo como parâmetro a investigação da experiência internacional, mais precisamente, o sistema de Portugal.

Como visto, a prisão civil traz consequências relevantes e severas ao executado, já tendo sido banida, como técnica executiva no âmbito cível, de diversos países do mundo ocidental (a exemplo de Espanha, Portugal, Bélgica, Itália, Alemanha e França), o que levanta um primeiro alerta sobre a real necessidade de sua manutenção no Brasil.

Na ordem interna brasileira, o cárcere do devedor de alimentos traz uma contradição congênita, já que o seu próprio sistema judicial, no âmbito criminal, vem incentivando a adoção de métodos despenalizadores em substituição à prisão como sanção (por exemplo, a composição civil, a transação penal e a suspensão condicional do processo da Lei 9.099/90,[141] o Acordo de Não Persecução Penal

---

140. CASA CIVIL DA PRESIDÊNCIA DA REPÚBLICA. *Diretrizes gerais e guia orientativo para elaboração de Análise de Impacto Regulatório* – AIR / Subchefia de Análise e Acompanhamento de Políticas Governamentais et al. Brasília: Presidência da República, 2018, p. 36.
141. Art. 72. Na audiência preliminar, presente o representante do Ministério Público, o autor do fato e a vítima e, se possível, o responsável civil, acompanhados por seus advogados, o Juiz esclarecerá sobre a possibilidade da composição dos danos e da aceitação da proposta de aplicação imediata de pena não privativa de liberdade.
Art. 76. Havendo representação ou tratando-se de crime de ação penal pública incondicionada, não sendo caso de arquivamento, o Ministério Público poderá propor a aplicação imediata de pena restritiva de direitos ou multas, a ser especificada na proposta.
Art. 89. Nos crimes em que a pena mínima cominada for igual ou inferior a um ano, abrangidas ou não por esta Lei, o Ministério Público, ao oferecer a denúncia, poderá propor a suspensão do processo, por dois a quatro anos, desde que o acusado não esteja sendo processado ou não tenha sido condenado por outro crime, presentes os demais requisitos que autorizariam a suspensão condicional da pena (art. 77 do Código Penal).

(ANPP).[142] de leniência[143] e as medidas cautelares diversas da prisão do CPP[144]) e desencarceradoras (Súmulas Vinculantes 26 e 56 do STF[145]), sempre em prol da dignidade humana.

---

142. CPP, Art. 28-A. Não sendo caso de arquivamento e tendo o investigado confessado formal e circunstancialmente a prática de infração penal sem violência ou grave ameaça e com pena mínima inferior a 4 (quatro) anos, o Ministério Público poderá propor acordo de não persecução penal, desde que necessário e suficiente para reprovação e prevenção do crime, mediante as seguintes condições ajustadas cumulativa e alternativamente: I – reparar o dano ou restituir a coisa à vítima, exceto na impossibilidade de fazê-lo; II – renunciar voluntariamente a bens e direitos indicados pelo Ministério Público como instrumentos, produto ou proveito do crime; III – prestar serviço à comunidade ou a entidades públicas por período correspondente à pena mínima cominada ao delito diminuída de um a dois terços, em local a ser indicado pelo juízo da execução, na forma do art. 46 do Decreto-Lei 2.848, de 7 de dezembro de 1940 (Código Penal); IV – pagar prestação pecuniária, a ser estipulada nos termos do art. 45 do Decreto-Lei 2.848, de 7 de dezembro de 1940 (Código Penal), a entidade pública ou de interesse social, a ser indicada pelo juízo da execução, que tenha, preferencialmente, como função proteger bens jurídicos iguais ou semelhantes aos aparentemente lesados pelo delito; ou V – cumprir, por prazo determinado, outra condição indicada pelo Ministério Público, desde que proporcional e compatível com a infração penal imputada.
143. Lei 12.259/2011. Art. 86. O Cade, por intermédio da Superintendência-Geral, poderá celebrar acordo de leniência, com a extinção da ação punitiva da administração pública ou a redução de 1 (um) a 2/3 (dois terços) da penalidade aplicável, nos termos deste artigo, com pessoas físicas e jurídicas que forem autoras de infração à ordem econômica, desde que colaborem efetivamente com as investigações e o processo administrativo e que dessa colaboração resulte: I – a identificação dos demais envolvidos na infração; e II – a obtenção de informações e documentos que comprovem a infração noticiada ou sob investigação.
144. Art. 310. Após receber o auto de prisão em flagrante, no prazo máximo de até 24 (vinte e quatro) horas após a realização da prisão, o juiz deverá promover audiência de custódia com a presença do acusado, seu advogado constituído ou membro da Defensoria Pública e o membro do Ministério Público, e, nessa audiência, o juiz deverá, fundamentadamente: I – relaxar a prisão ilegal; ou II – converter a prisão em flagrante em preventiva, quando presentes os requisitos constantes do art. 312 deste Código, e se revelarem inadequadas ou insuficientes as medidas cautelares diversas da prisão; ou III – conceder liberdade provisória, com ou sem fiança". Art. 319. "São medidas cautelares diversas da prisão: I – comparecimento periódico em juízo, no prazo e nas condições fixadas pelo juiz, para informar e justificar atividades; II – proibição de acesso ou frequência a determinados lugares quando, por circunstâncias relacionadas ao fato, deva o indiciado ou acusado permanecer distante desses locais para evitar o risco de novas infrações; III – proibição de manter contato com pessoa determinada quando, por circunstâncias relacionadas ao fato, deva o indiciado ou acusado dela permanecer distante; IV – proibição de ausentar-se da Comarca quando a permanência seja conveniente ou necessária para a investigação ou instrução; V – recolhimento domiciliar no período noturno e nos dias de folga quando o investigado ou acusado tenha residência e trabalho fixos; VI – suspensão do exercício de função pública ou de atividade de natureza econômica ou financeira quando houver justo receio de sua utilização para a prática de infrações penais; VII – internação provisória do acusado nas hipóteses de crimes praticados com violência ou grave ameaça, quando os peritos concluírem ser inimputável ou semi-imputável (art. 26 do Código Penal) e houver risco de reiteração; VIII – fiança, nas infrações que a admitem, para assegurar o comparecimento a atos do processo, evitar a obstrução do seu andamento ou em caso de resistência injustificada à ordem judicial; IX – monitoração eletrônica.
145. Súmula 26. "Para efeito de progressão de regime no cumprimento de pena por crime hediondo, ou equiparado, o juízo da execução observará a inconstitucionalidade do art. 2º da Lei 8.072, de 25 de julho de 1990, sem prejuízo de avaliar se o condenado preenche, ou não, os requisitos objetivos e subjetivos do benefício, podendo determinar, para tal fim, de modo fundamentado, a realização de exame criminológico". Súmula 56: "A falta de estabelecimento penal adequado não autoriza a manutenção

Em sentido diametralmente oposto, a técnica executiva extrema, principalmente após alterações do CPC de 2015, recrudesceu a prisão civil ao estabelecer prazos mínimo e máximo (mínimo de um mês e máximo de três meses), além de agravar o regime de cumprimento que, agora, deverá ser totalmente no regime fechado. Ademais, deve-se considerar os elevados dispêndios ao erário relacionados à prisão civil, para se efetivar uma boa avaliação de impacto.

Como visto, há um custo estatal aproximado de R$ 2,15 mil por preso, por mês, aos cofres públicos (podendo chegar a 3 meses e, portanto, um gasto próximo de R$ 6,5 mil para cada preso) que deverá ser somado ao custo médio unitário de um processo de execução que gira em torno de R$ 4 mil reais.[146-147] Portanto, em uma prisão civil de 3 meses, o Poder Público acaba tendo um gasto aproximado de R$ 10,5 mil, isto é, mais ou menos R$ 3,5 mil por mês.

Por outro lado, na prática, constata-se que o efeito incentivador decorrente da prisão do devedor só se verifica a curto prazo, não garantindo o pagamento durante toda a menoridade da criança e só produz resultados efetivos em relação a alguns pais (já que certos pais continuarão sem pagar, apesar de encarcerados).[148]

Desse modo, ainda que os devedores sejam presos, certa parte dos credores continuará sem receber o seu crédito alimentar, e outros receberão pensões em importe menor que os custos estatais. Ou seja, o Estado continuará tendo um encargo financeiro elevado (em comparação ao valor devido ao credor) e que não retornará aos cofres públicos, pois não há qualquer previsão legal dispondo sobre a necessidade de ressarcimento, pelo preso, dos valores relativos à sua manutenção no presídio,[149] perfazendo uma má-alocação dos recursos públicos (que são

---

do condenado em regime prisional mais gravoso, devendo-se observar, nessa hipótese, os parâmetros fixados no RE 641.320/RS".

146. Como destacado na nota 104 do capítulo 2, não se conseguiu obter dados sobre o custo unitário do processo de execução de alimentos e, assim, adotou-se, como base informativa, o custo de um processo de execução fiscal, o único que dispõe de dados confiáveis, justamente por representar o maior contingente de ações no Judiciário brasileiro, mas que pode não refletir exatamente o custo de uma execução de alimentos.
147. Apesar disso, há dúvida se tal custo, por ser inerente ao Poder Judiciário, deveria entrar nos cálculos. De fato, o sistema de Portugal não abre mão dos processos executivos, talvez nenhum sistema faça isso. Aliás, ainda que haja atualmente doutrina defendendo a possibilidade de se solicitar administrativamente a intervenção do Fundo Garantidor, como destacado no capítulo 3, continua sendo necessária uma tentativa anterior de obtenção da pensão alimentar pela via judicial executiva e respectivas ferramentas persuasórias.
148. SOTTOMAYOR, Maria Clara. *Regulação do Exercício das Responsabilidades Parentais nos Casos de Divórcio*. 7. ed. Coimbra: Almedina, 2021, p. 486. A autora defende que "para garantir o pagamento regular da obrigação de alimentos a longo prago, mostra-se mais eficaz [...] a dedução da prestação nos rendimentos do devedor".
149. Apesar de não efetivada na prática, para as condenações criminais, há previsão expressa na Lei de Execução Penal estabelecendo que o condenado que conseguir trabalho remunerado, deverá, com o produto da remuneração atender, dentre outras obrigações "d) ao ressarcimento ao Estado das despesas realizadas com a manutenção do condenado, em proporção a ser fixada e sem prejuízo da

escassos), fazendo-se um gasto dirigido ao devedor ao invés de orientar a despesa pública para beneficiar a quem mais precisa do recurso, o credor de alimentos.

Importa lembrar que existe o devedor desvalido, aquele que realmente não tem condições financeiras e não paga em razão de não ter renda fixa. Sua prisão implicará no impedimento da realização da mínima fonte de renda (trabalho informal, como o de motorista de aplicativo, de entregador de alimentos etc.), que costuma ser seu principal meio de sustento. A prisão do devedor de alimentos com esse perfil também vai na contramão do objetivo de promover o interesse do alimentando e, ainda, que o devedor contumaz, apesar de já ter sido preso, insiste em não quitar o seu débito, voltando à prisão,[150] ampliando os custos estatais e pondo ainda mais em xeque a eficiência da técnica prisional civil.[151]

---

destinação prevista nas letras anteriores" (Lei 7.210/1984 – LEP, art. 29, § 1º) e de "constituem deveres do condenado: [...] VIII – indenização ao Estado, quando possível, das despesas realizadas com a sua manutenção, mediante desconto proporcional da remuneração do trabalho" (art. 39). Há, ainda, Projeto de Lei – PLS 580, de 2015 – já aprovado pela CCJ, que prevê a obrigação de o preso ressarcir o Estado pelos gastos com a sua mantença no estabelecimento prisional, mantendo as regras para o condenado hipossuficiente, mas, para os presos que possuírem condições econômicas, "como, por exemplo, os condenados por corrupção, lavagem de dinheiro ou crimes financeiros, deve promover o ressarcimento ao Estado, independentemente do disposto no art. 29 da LEP", tendo o relator do projeto, em sua justificação, afirmado que "a principal razão está na falta de recursos para mantê-lo. Se as despesas com a assistência material fossem suportadas pelo preso, sobrariam recursos que poderiam ser aplicados em saúde, educação, em infraestrutura etc.". Disponível em: https://legis.senado.leg.br/sdleg-getter/documento?dm=3715615&ts=1636397462388&disposition=inline. Acesso em: 8 dez. 2021.

150. Segundo Sottomayor, a inadimplência cresce com o aumento da duração das penas e, além disso, apesar da prisão induzir a taxas de pagamentos mais altas, considera que tal sanção deve ser aplicada com cautela, já que há grupos de indivíduos relativamente aos quais ela não tem qualquer efeito (SOTTOMAYOR, Maria Clara. *Regulação do Exercício das Responsabilidades Parentais nos Casos de Divórcio*. 7. ed. Coimbra: Almedina, 2021, p. 486).

151. Maria Clara Sottomayor traz interessantes conclusões com base em estudo realizado nos Estados Unidos da América por David Chambers (*Making Fathers Pay, The Enforcement of Child Support* The University of Chicago Press, Cicado end London, 1979, p. 216-252): "Metade ou um quarto dos homens, conforme os Estados, pagavam 10% ou menos do devido, no período após a saída da prisão até o fim do ano seguinte [...]. Muitos homens não pagam nada e um terço deixa o Estado [...] Os homens que continuam sem pagar alimentos são os que estiveram mais de 90 dias na prisão, os homens condenados anteriormente por não cumprimento da obrigação de alimentos, os homens com doenças físicas e aqueles que já tinham sido condenados pela prática de outros crimes. Para estes grupos a prisão foi um insucesso [...]. Os fatores mais ligados ao índice de pagamentos após a prisão são a condenação por outros crimes e o emprego. Os homens que têm dificuldades de emprego antes da prisão pagam substancialmente pior depois da saída da prisão do que os que não tinham problemas de emprego no momento da condenação. Relacionados com problemas de emprego estão problemas de doenças físicas e alcoolismo. [...] Quanto à prisão de homens com emprego, o índice de pagamentos após a saída da prisão é mais elevado (sobretudo relativamente a gerentes comerciais e a profissões intelectuais, [...]). No entanto, alguns abandonam o Estado (o que limita os laços sociais com os filhos) para evitar os pagamentos e fugir à pena de prisão e outros perdem o emprego devido à pena de prisão, o que diminui a sua capacidade de pagar. [...] Relativamente a este grupo de homens, mais eficaz do que a pena de prisão para combater a fuga ao cumprimento da obrigação de alimentos, seria, como vimos, a dedução da prestação de alimentos nos salários (ou outros rendimentos) do devedor. [...] Quanto maior é a duração da pena de prisão menor é o nível de pagamentos após a saída da prisão. A duração das penas

Importa destacar que o valor da pensão, em regra, é muito inferior a esses R$ 3,5 mil reais mensais. Aliás, em verdade, "como a lei processual não estipula um valor mínimo para que a prisão civil possa ser decretada, em alguns desses casos, as dívidas podem ser bem pequenas, girando em torno de R$ 100,00 ou R$ 200,00".[152]

Apenas para se ter ideia de um gasto comparativo, estimava-se que o custo mínimo do aluno no Brasil, previsto para o exercício de 2020, fosse de aproximadamente R$ 3.643,16 por ano.[153] Portanto, um aluno estudando por um ano inteiro dispende o equivalente a o que o Estado desembolsa em apenas um mês de prisão do devedor de alimentos.

Há, também, um enorme custo de tempo. O prazo médio de duração de um processo executivo, tendo como base os processos de execução (desconsideradas as execuções fiscais) é de três anos.

Ademais, na praxe forense, o devedor de alimentos acaba sendo preso em presídio de segurança máxima ou média, agravando os riscos para a sua vida e para a sua saúde, ante o já reconhecido o ECI do sistema prisional brasileiro e a constatação de violações de direitos humanos.[154]

A repercussão negativa decorrente da falta de combatividade ao problema social da inadimplência alimentar e o fato constatado de violações aos direitos humanos básicos do preso rebaixam a imagem do Brasil no cenário mundial. Isso acarreta a perda de prestígio e a diminuição de investimentos (diante da repulsa dos investidores, por exemplo).

O encarceramento (e o não pagamento) também poderá, como visto, desmoralizar e romper direitos da personalidade (danos morais) e ampliar o afastamento e a desagregação da relação entre pai e filho. Também incorrerá na provável demissão do devedor (pela ausência no trabalho), somada ao estigma de "presidiário", que será capaz de reforçar exclusões e preconceitos, com impactos negativos em todo o seu círculo social e familiar.

---

diminui a capacidade e a vontade de pagar a obrigação de alimentos, pois diminui as hipóteses de os pais arranjarem emprego, aumenta a revolta destes e, consequentemente, a sua resistência em pagar". (SOTTOMAYOR, Maria Clara. *Regulação do Exercício das Responsabilidades Parentais nos Casos de Divórcio*. 7. ed. Coimbra: Almedina, 2021, p. 486-487).

152. CALMON, Rafael. *Manual de direito processual das famílias*. 2. ed. São Paulo: SaraivaJur, 2021, p. 662.
153. Disponível em: https://www.fnde.gov.br/index.php/financiamento/fundeb/area-para-gestores/dados-estatisticos. Acesso em: 25 nov. 2021.
154. Convém realçar que, por força do princípio *pro homine*, "em matéria de direitos humanos devemos fazer incidir sempre a norma mais favorável (a que mais amplia o direito, a liberdade ou a garantia)" (GOMES, Luiz Flávio; MAZZUOLI, Valério de Oliveira. *Comentários à Convenção Americana sobre Direitos Humanos*: Pacto de San José da Costa Rica. 3. ed. São Paulo: RT, 2010, p. 78).

Diante desse quadro e especialmente da constatação de que, de um lado, a prisão civil não torna certo o pagamento da dívida, já que o credor não necessariamente receberá os seus alimentos, e de outro, existem outros mecanismos que garantem o recebimento da pensão alimentícia pelo menor carente, surgem questionamentos sobre a eficiência da política pública que se valha de referido instrumental.

De fato, além da resolução do conflito ao menor custo possível (produtivamente eficiente), é fundamental que haja a alocação do bem da vida pretendido a quem de direito (alocativamente eficiente) – pelo seu ângulo social, a eficiência alocativa é considerada de acordo com a destinação dos recursos da sociedade na produção dos bens e dos serviços mais relevantes do ponto de vista da coletividade, ou seja, os que propiciem o maior bem-estar social[155] e, por conseguinte, a melhor política pública será aquela que for capaz de garantir que o credor receba os seus alimentos ao menor custo possível.[156]

Assim, diante dos dados já explorados – natureza, objetivo, histórico, atos normativos, números, subsídios para uma futura análise de impacto – e de sua complexidade ínsita, é que surge a ponderação sobre a necessidade de se buscar (re)formular uma política pública mais eficiente (eficiência produtiva e alocativa) e capaz de promover mais adequadamente os direitos humanos do credor e do devedor.

Em razão disso, será explorado, no próximo capítulo, um estudo da experiência internacional, com análise da solução que vem sendo adotada pelos países europeus – o Fundo Garantidor de Alimentos –, mais precisamente, a sistemática adotada por Portugal como uma possível alternativa de ação para o enfrentamento do problema público do inadimplemento alimentar no Brasil.

---

155. Tendo em conta que "as escolhas do Poder Legislativo representam aquilo que a sociedade mais valoriza, então, devemos concluir que as leis oriundas do processo legislativo regular representam os valores e as escolhas que a sociedade faria para si e serão, portanto, alocativamente eficientes. Logo, o juiz será alocativamente eficiente quando adjudicar o bem da vida de acordo com o direito, *i.e.*, com as regras jurídicas (GICO JÚNIOR, Ivo Teixeira. *Análise Econômica do Processo Civil*. Indaiatuba, SP: Foco, 2020, p. 61-62).
156. Esclarece Ivo Gico que "se o objetivo do serviço público adjudicativo adjudicatório é resolver o conflito e alocar o bem da vida a quem de direito, então um determinado processo terá sido resolvido de maneira *alocativamente eficiente* se o bem da vida sob litígio for corretamente adjudicado a quem de direito e será *produtivamente eficiente* se a adjudicação for realizada ao menor custo possível. Nessa linha, a busca pela eficiência alocativa é a busca pela maior aderência possível do resultado do processo ao direito (adjudicação) e a busca pela eficiência produtiva é a adjudicação ao menor custo possível (produtividade e economicidade)" (*Análise Econômica do Processo Civil*. Indaiatuba, SP: Foco, 2020, p. 57).

3
O SISTEMA PORTUGUÊS DO FUNDO GARANTIDOR DE ALIMENTOS DEVIDOS A MENORES E A VIABILIDADE DE SUA IMPLANTAÇÃO NO BRASIL

O surgimento de um problema social vindica do gestor público uma análise profunda e permanente da melhor forma de intervenção estatal para enfrentá-lo e, ao mesmo tempo, de se atender aos reclamos da sociedade, devendo o gestor público ter a ciência completa sobre tal transtorno, suas causas, seus atores e a melhor forma de resolvê-lo.

No estudo do diagnóstico e na busca do tratamento mais eficiente deste problema, é crucial que o *policymaker* se debruce na exploração de alternativas, valendo a investigação da experiência estrangeira, para aumentar a probabilidade de se efetivar uma melhor escolha, tomando uma decisão mais racional e eficiente do ponto de vista do bem-estar social, permitindo uma maior transparência, além de diminuir as chances de se atender apenas a determinados grupos de interesse.[1]

Em relação ao enfrentamento do problema público da inadimplência da obrigação alimentar, o mundo ocidental, em grande parte dos seus países, vem eliminando de suas ordens jurídicas a medida coercitiva da prisão civil como meio de coerção. Isso se dá, especialmente, em razão do princípio da dignidade humana do devedor, com escopo nos ditames do Protocolo 4 de Estrasburgo, 16.09.1963, em que se reconhecem certos direitos e liberdades além dos que já figuram na Convenção Europeia e em seu Protocolo Adicional da Convenção Europeia de Direitos Humanos, que dispôs, em seu artigo primeiro, nominado de "Proibição da prisão por dívidas", que "ninguém pode ser privado da sua liberdade pela única razão de não poder cumprir uma obrigação contratual", não

---

1. VIEIRA, Eduardo S. S.; MENEGUIN, Fernando B.; RIBEIRO, Henrique Marques. KÄSSMAYER, Karin. In: MENEGUIN, Fernando B.; SILVA, Rafael Silveira e (Org.). *Avaliação de impacto legislativo*: cenários e perspectivas para sua aplicação. Brasília: Senado Federal, Coordenação de Edições Técnicas, 2017, p. 89-90. Salientam os autores que "o motivo de estudar os modelos de outros países não é fazer uma transposição integral para o caso brasileiro, mas compreender, analisar e identificar as dificuldades enfrentadas em sua implementação" (p. 102).

se havendo qualquer tipo de ressalva, diferentemente do que fez o Pacto de São José da Costa Rica para autorizar a técnica executiva nas dívidas de alimentos.

Ainda que sem a utilização da prisão civil, o credor de alimentos residente nesses estados,[2] especialmente os mais necessitados, tem tido êxito em receber os alimentos que lhe são devidos. Isso vem ocorrendo porque, além das medidas executivas existentes, institui-se um Fundo Especial que lhe garante tais recursos, antecipando o pagamento da pensão alimentícia devida quando o obrigado principal por seu sustento deixar de fazê-lo.[3]

Assim, na perspectiva de uma avaliação de impacto legislativo, pode-se aferir, conforme se verá adiante, que o *modus operandi* de adoção de um Fundo Garantidor como instrumento de política pública tem atendido de forma mais satisfatória o problema social da inadimplência alimentar. Constitui-se uma intervenção mais inteligente com relação aos credores e devedores de rendas reduzidas, seja por sua efetividade – por melhor atingir os objetivos definidos de solucionar a adimplência alimentar –, seja por sua eficácia – alcançando o resultado específico de aumento do número de credores necessitados recebendo os alimentos para a sua subsistência –, seja por sua eficiência – pois o Estado obtém os resultados almejados com o menor custo possível, reduzindo os custos financeiros, humanos, familiares, morais, sociais e internacionais e, principalmente, dando certeza ao alimentando de que ele receberá o seu sustento –,[4] alcançando-se um maior bem-estar social.

Em razão disso é que, neste capítulo, explorara-se o sistema jurídico português, notadamente o Fundo Garantidor de Alimentos Devidos a Menores

---

2. Sobre tais estados, confira-se a nota de rodapé 105 do capítulo 1.
3. Rafael Calmon entende que "de todos, parece que o modelo português seja o mais eficiente" e assinala alguns países que adotaram ou que criaram mecanismos assemelhados.
4. A efetividade é o "desempenho com relação ao alcance dos objetivos ou impactos pretendidos. Uma ação efetiva é aquela capaz de alcançar os objetivos ou impactos finais desejados, independentemente dos custos envolvidos ou do atingimento das metas planejadas", a eficácia é o "desempenho com relação ao alcance dos resultados. Uma ação eficaz é aquela capaz de alcançar as metas planejadas, independentemente dos custos envolvidos ou do alcance dos objetivos ou impactos finais desejados", já a eficiência é o "desempenho considerando a relação entre os resultados obtidos e os recursos empregados. Uma ação eficiente é aquela capaz de alcançar os resultados desejados com o menor custo possível, independentemente do alcance dos impactos desejados", sendo o objetivo a "declaração de algo que se deseja alcançar, definido em termos de um contexto, de um objeto e uma direção preferencial. (ex. resultado específico, tangível ou mensurável, do objetivo que se pretende alcançar. É a especificação quantitativa do objetivo e deve preferencialmente ser acompanhada de uma referência temporal que indique o prazo pretendido para seu alcance. (Ex: 5% de redução do número da emissão de monóxido de carbono veicular em 2 anos)", Conforme *Diretrizes gerais e guia orientativo para elaboração de Análise de Impacto Regulatório* – AIR / Subchefia de Análise e Acompanhamento de Políticas Governamentais et al. Brasília: Presidência da República, 2018, p. 94-95.

(FGADM) e o seu papel social no enfrentamento do problema público da inadimplência alimentar.

Inicialmente, abordam-se os aspectos jurídicos da obrigação alimentar em Portugal (3.1), passando-se, em um segundo momento, pela análise dos mecanismos jurídicos voltados a coagir o devedor (3.2) e, seguidamente, pela análise do papel social do Estado português e da sua política pública de combate à inadimplência alimentar (3.3). Na quarta seção (3.4), realiza-se uma análise pormenorizada do FGADM, criado pela Lei portuguesa 75/98 e regulamentado pelo Decreto-Lei 164/99, destacando as suas principais características, esclarecendo os seus requisitos e as polêmicas em torno deles, as responsabilidades do Fundo e o direito de sub-rogação do Estado para, no item cinco, efetivar considerações a respeito da racionalidade e das vantagens do sistema português em detrimento do brasileiro. Por fim, como conclusão, haverá a ponderação sobre viabilidade, condições e perspectivas de adoção de política semelhante no Brasil.

3.1 A OBRIGAÇÃO ALIMENTAR EM PORTUGAL

Todos têm o direito de constituir família.[5] Esta é a disposição da Constituição da República Portuguesa (CRP) que, assim como a Constituição do Brasil, reconhece que os pais têm o direito e o dever de educar e manter os filhos (art. 36, n. 5), consubstanciando-se na obrigação alimentar. Tal encargo, aliás, detém as mesmas características da brasileira de ser: irrenunciável,[6] impenhorável,[7] imprescritível, *intuitu personae*[8] etc.

O direito a alimentos decorre, portanto, do vínculo lastreado na solidariedade familiar, em que os membros da mesma família devem responder pelas necessidades essenciais de qualquer um deles que não esteja conseguindo se satisfazer por conta própria. O que deriva, em sua essência, do dever de sustento dos pais para com os filhos, pelo qual os consanguíneos devem se ajudar mutua-

---

5. Art. 36º. "1. Todos têm o direito de constituir família e de contrair casamento em condições de plena igualdade. 2. A lei regula os requisitos e os efeitos do casamento e da sua dissolução, por morte ou divórcio, independentemente da forma de celebração. 3. Os cônjuges têm iguais direitos e deveres quanto à capacidade civil e política e à manutenção e educação dos filhos. 4. Os filhos nascidos fora do casamento não podem, por esse motivo, ser objeto de qualquer discriminação e a lei ou as repartições oficiais não podem usar designações discriminatórias relativas à filiação. 5. Os pais têm o direito e o dever de educação e manutenção dos filhos. 6. Os filhos não podem ser separados dos pais, salvo quando estes não cumpram os seus deveres fundamentais para com eles e sempre mediante decisão judicial. 7. A adoção é regulada e protegida nos termos da lei, a qual deve estabelecer formas céleres para a respetiva tramitação".
6. Art. 2008, I do Código Civil Português.
7. Art. 2008, II do Código Civil Português.
8. Art. 2013 do Código Civil Português.

mente para a preservação de sua existência e perpetuação de sua espécie, direito que acabou sendo densificado no Código Civil Português – CCP.[9]

Conforme leciona Canotilho:

> O direito e o dever dos pais de educação e manutenção dos filhos (n. 5) são um verdadeiro direito-dever subjetivo e não uma simples garantia institucional ou uma simples norma programática, integrando o chamado poder paternal (que é uma constelação de direitos e deveres, dos pais e dos filhos, e não um simples direito subjectivo dos pais perante o Estado e os filhos). A natureza de direito-dever subjectivo dos pais traduz-se, na linguagem actual, na compreensão do poder paternal como *obrigação de cuidado parental*. [...] Quanto ao *direito e dever de manutenção*, ele envolve especialmente o dever de prover ao sustento dos filhos, dentro das capacidades económicas dos pais, até que eles estejam em condições (ou tenham obrigação) de o fazer. Daí o fundamento da *obrigação de alimentos* por parte do progenitor que não viva com os filhos.[10]

Segundo o CCP, no conteúdo do poder paternal (irrenunciável[11]) e na regulação das responsabilidades parentais decorrentes de divórcio/separação judicial, está ínsito o dever de definir os alimentos em favor do alimentado, ajustando, portanto, tudo aquilo que for indispensável ao sustento, à habitação e ao vestuário, compreendendo, ainda, em caso de menores, a instrução e a educação.[12]

A fixação dos alimentos, conforme pontua a doutrina portuguesa, tem como desiderato a satisfação das necessidades primárias da pessoa que por si só "não tem condições para viver e que a lei impõe à pessoa que a deva realizar, por virtude dos laços familiares que as unem".[13]

---

9. Arts. 1.874º, 1.878º, 1.880º e 1.885º do CC. Art. 1.874º "1. Pais e filhos devem-se mutuamente respeito, auxílio e assistência. 2. O dever de assistência compreende a obrigação de prestar alimentos e a de contribuir, durante a vida em comum, de acordo com os recursos próprios, para os encargos da vida familiar"; Art. 1878º "1. Compete aos pais, no interesse dos filhos, velar pela segurança e saúde destes, prover ao seu sustento, dirigir a sua educação, representá-los, ainda que nascituros, e administrar os seus bens. 2. Os filhos devem obediência aos pais; estes, porém, de acordo com a maturidade dos filhos, devem ter em conta a sua opinião nos assuntos familiares importantes e reconhecer-lhes autonomia na organização da própria vida"; Art. 1880º "Se no momento em que atingir a maioridade ou for emancipado o filho não houver completado a sua formação profissional, manter-se-á a obrigação a que se refere o artigo anterior na medida em que seja razoável exigir aos pais o seu cumprimento e pelo tempo normalmente requerido para que aquela formação se complete"; Art. 1.885º "1. Cabe aos pais, de acordo com as suas possibilidades, promover o desenvolvimento físico, intelectual e moral dos filhos. 2. Os pais devem proporcionar aos filhos, em especial aos diminuídos física e mentalmente, adequada instrução geral e profissional, correspondente, na medida do possível, às aptidões e inclinações de cada um".
10. CANOTILHO, José Joaquim Gomes; MOREIRA, Vital, *Constituição da República Portuguesa Anotada*, Coimbra, PT: Coimbra Editora, 2007, v. I, 1. ed. brasileira, 4. ed. portuguesa, p. 565.
11. Art. 1882º. "Os pais não podem renunciar ao poder paternal nem a qualquer dos direitos que ele especialmente lhes confere, sem prejuízo do que neste código se dispõe acerca da adopção".
12. Art. 2003º. "1. Por alimentos entende-se tudo o que é indispensável ao sustento, habitação e vestuário. 2. Os alimentos compreendem também a instrução e educação do alimentado no caso de este ser menor".
13. LIMA, Pires de/VARELA, Antunes. *Código Civil Anotado*. Coimbra Editora, 1995, v. V – artigos 1796º-2023º, p. 573.

Nunca é demais lembrar que ambos os pais têm o dever de sustentar o menor com a satisfação das despesas decorrentes do seu crescimento e desenvolvimento, haja vista o princípio da igualdade entre os cônjuges progenitores (CRP, art. 36º, n. 3),[14] no qual abrange não apenas os âmbitos extrafamiliares, como os direitos civis e políticos, mas também a esfera familiar.[15]

Com o rompimento da relação, nasce o direito aos alimentos em face do progenitor a quem o filho não for confiado.[16] Eles são devidos desde a propositura da ação ou estando já fixados pelo tribunal ou por acordo "desde o momento em que o devedor se constituiu em mora, sem prejuízo do disposto no artigo 2273º" (art. 2006º) e deverão ser pagos, em regra, em prestações pecuniárias mensais. Assim como ocorre no Brasil, deverão ser fixados de forma proporcional aos meios que detém o prestador e às necessidades do recebedor, atendendo-se, ainda, à possibilidade de o alimentando prover à sua subsistência.[17]

Estabelece o Regime Geral do Processo Tutelar Cível (RGPTC) que podem pleitear a fixação dos alimentos devidos à criança ou alterá-los "o seu representante legal, o Ministério Público, a pessoa à guarda de quem aquela se encontre ou o diretor da instituição de acolhimento a quem tenha sido confiada" (art. 45º, 1).

O juiz, então, designará conferência à qual o devedor é citado para comparecer (RGPTC, art. 46[18]). Caso esta não se realize ou não se chegue a um acordo, o devedor será citado para contestar e oferecer meios de prova, oportunidade

---

14. Art. 36º, n. 3 "Os cônjuges têm iguais direitos e deveres quanto à capacidade civil e política e à manutenção e educação dos filhos".
15. CANOTILHO, José Joaquim Gomes; MOREIRA, Vital, *Constituição da República Portuguesa Anotada*. Coimbra, PT: Coimbra Editora, 2007, v. I, 1. ed. brasileira, 4. ed. portuguesa, p. 564.
16. Conforme anteriormente asseverado, a ideia de dever de sustento e de obrigação alimentar não se confundem: aquele se consubstancia quando os pais asseguram *in natura* as necessidades do filho sob poder familiar, perfazendo-se numa obrigação de fazer; já a obrigação alimentar propriamente dita, em regra, se consubstancia pelo pagamento de prestações periódicas em dinheiro, numa verdadeira obrigação de dar. Código Civil, art. 1905º. "1 – Nos casos de divórcio, separação judicial de pessoas e bens, declaração de nulidade ou anulação de casamento, os alimentos devidos ao filho e a forma de os prestar são regulados por acordo dos pais, sujeito a homologação; a homologação é recusada se o acordo não corresponder ao interesse do menor. 2 – Para efeitos do disposto no artigo 1880º, entende-se que se mantém para depois da maioridade, e até que o filho complete 25 anos de idade, a pensão fixada em seu benefício durante a menoridade, salvo se o respetivo processo de educação ou formação profissional estiver concluído antes daquela data, se tiver sido livremente interrompido ou ainda se, em qualquer caso, o obrigado à prestação de alimentos fizer prova da irrazoabilidade da sua exigência".
17. Art. 2004º "1. Os alimentos serão proporcionados aos meios daquele que houver de prestá-los e à necessidade daquele que houver de recebê-los. 2. Na fixação dos alimentos atender-se-á, outrossim, à possibilidade de o alimentando prover à sua subsistência". No entanto, caso demonstre não ter capacidade de custear uma pensão, o devedor de alimentos poderá quitar a sua dívida disponibilizando a sua casa e companhia (art. 2005º, n. 2).
18. Art. 46º. "1 – O juiz designa o dia para uma conferência, que se realiza nos 15 dias imediatos. 2 – O requerido é citado para a conferência, devendo a ela assistir o requerente e a pessoa que tiver a criança

em que o magistrado determinará as diligências necessárias e elaborará relatório sobre os meios do requerido e as necessidades do alimentante. Contestando o feito, o juiz designará audiência de "discussão e julgamento" e, em não havendo contestação, o juiz decidirá sobre os alimentos (RGPTC, art. 47º[19]).

A obrigação alimentar cessa com a morte do alimentante (sucessores obrigados poderão passar a responder[20]) ou do alimentado, quando o credor violar gravemente os seus deveres para com o devedor e, por fim, quando o obrigado não puder mais prestar os alimentos ou quando aquele que os recebe não mais deles necessitar.[21] Em regra, também, é finda com a maioridade ou emancipação do alimentado.[22]

Tal como ocorre no Brasil, em muitos casos a obrigação deixa de ser cumprida pelo progenitor obrigado e, independentemente do motivo, os filhos destes acabam por ficar sem os meios para a sua subsistência, dificultando e prejudicando a vida do menor e do responsável com quem ele resida.[23]

No entanto, em Portugal, diante de referida inadimplência e desde que preenchidos os requisitos cumulativos da lei de regência, nasce a pretensão do credor de pleitear o recebimento dos seus alimentos de forma antecipada pela intervenção do FGADM.

à sua guarda, se não for o autor, que, para o efeito, são notificados. 3 – À conferência aplica-se, com as devidas adaptações, o disposto no artigo 35º".

19. Art. 47º. "1 – Se a conferência não se puder realizar ou nela não se chegar a acordo, é imediatamente ordenada a notificação do requerido para contestar, devendo, na contestação, ser oferecidos os meios de prova. 2 – Apresentada a contestação ou findo o prazo para a apresentação desta, o juiz manda proceder às diligências necessárias e à elaboração do relatório sobre os meios do requerido e as necessidades da criança. 3 – Apresentada contestação, há lugar a audiência de discussão e julgamento. 4 – Não tendo havido contestação, o juiz decide".

20. Código Civil, art. 2009º. "1. Estão vinculados à prestação de alimentos, pela ordem indicada: a) O cônjuge ou o ex-cônjuge; b) Os descendentes; c) Os ascendentes; d) Os irmãos; e) Os tios, durante a menoridade do alimentando; f) O padrasto e a madrasta, relativamente a enteados menores que estejam, ou estivessem no momento da morte do cônjuge, a cargo deste. 2. Entre as pessoas designadas nas alíneas b) e c) do número anterior, a obrigação defere-se segundo a ordem da sucessão legítima. 3. Se algum dos vinculados não puder prestar os alimentos ou não puder saldar integralmente a sua responsabilidade, o encargo recai sobre os onerados subsequentes".

21. Código Civil, art. 2013º "1. A obrigação de prestar alimentos cessa: a) Pela morte do obrigado ou do alimentado; b) Quando aquele que os presta não possa continuar a prestá-los ou aquele que os recebe deixe de precisar deles; c) Quando o credor viole gravemente os seus deveres para com o obrigado. 2. A morte do obrigado ou a impossibilidade de este continuar a prestar alimentos não priva o alimentado de exercer o seu direito em relação a outros, igual ou sucessivamente onerados".

22. Código Civil, art. 1880º "Se no momento em que atingir a maioridade ou for emancipado o filho não houver completado a sua formação profissional, manter-se-á a obrigação a que se refere o artigo anterior na medida em que seja razoável exigir aos pais o seu cumprimento e pelo tempo normalmente requerido para que aquela formação se complete".

23. MORGADINHO, Mariana Serra. *A obrigação de alimentos e o papel social do fundo de garantia de alimentos devidos a menores*. Dissertação de Mestrado na Área de Ciências Jurídico-Forenses, Faculdade de Direito da Universidade de Coimbra: Coimbra, janeiro 2016, p. 8.

Trata-se, em verdade, de concretização da Recomendação R (82)2, de 4 de fevereiro de 1982, do Conselho da Europa sobre o pagamento pelo Estado dos adiantamentos na manutenção da criança.[24] Nos termos do art. 15º, b, do seu estatuto, recomendou-se que os governos adotassem um sistema de pagamento antecipado dos alimentos quando se constatasse o inadimplemento do devedor (n. 1) e que fortalecessem os meios de recuperação de tais pagamentos dos devedores que fossem residentes em outros Estados (n. 2).

Realmente, apesar da natureza de direito-dever dos pais na educação e na manutenção, provendo o sustento dos filhos, "é evidente, porém, que ele não exclui a colaboração do Estado na educação dos filhos [...] nem, muito menos, o direito [sic] do Estado a garantir o direito ao ensino através de um sistema público de ensino",[25] como também não afasta o dever do Poder Público de contribuir com o combate à inadimplência alimentar, buscando meios de garantir a subsistência do menor necessitado.

De forma muito simplista, o fundo garantidor é o instrumento de política pública que, substituindo-se ao devedor inadimplente, garante o pagamento dos alimentos devidos ao credor. Em contrapartida, sub-roga-se em seus direitos para futuro reembolso, constituindo-se em "uma nova prestação do Estado a favor das crianças carecidas de alimentos (aquelas cujos progenitores não podem pagar a pensão de alimentos a que estariam obrigados)".[26]

É de se ter que, tal qual no Brasil, a prisão civil do devedor já foi uma técnica processual utilizada no primitivo Direito Português, ainda como herança dos romanos, e que desde 1966, ano de vigência do seu atual Código Civil, não é mais possível a cobrança de dívida contra a pessoa do devedor, mas tão somente contra o seu patrimônio.[27]

Destaca-se, no entanto, que a prisão civil naquele país sempre se voltou, como regra, contra devedores que realmente fossem detentores de boas condições econômicas e, ainda assim, apenas era autorizada após a sua condenação transitada em julgado e com a execução de todos os seus bens. Posteriormente,

---

24. Disponível em: https://rm.coe.int/CoERMPublicCommonSearchServices/DisplayDCTMContent?documentId=09000016804f9d38. Acesso em: 31 jan. 2025.
25. CANOTILHO, José Joaquim Gomes; MOREIRA, Vital, *Constituição da República Portuguesa Anotada*. Coimbra, PT: Coimbra Editora, 2007. v. I, 1. ed. brasileira, 4. ed. portuguesa, p. 565.
26. DIOGO, Joana Maria Costa Leal. *Fundo de Garantia de Alimentos Devidos a Menores no contexto do Estado Social*. Dissertação de Mestrado, Faculdade de Direito da Universidade Nova de Lisboa. Lisboa, março de 2018, p. 50.
27. AZEVEDO, Álvaro Villaça. *Curso de direito civil*: direito de família. 2. ed. São Paulo: Saraiva Educacional, 2019, p. 41-46.

afastou-se, também, a possibilidade de prisão dos insolventes que não tenham agido com fraude.[28]

Conforme se verá nos tópicos seguintes, o Estado português evoluiu em sua política pública, superando a prisão civil e criando o FGADM como mecanismo mais eficiente no asseguramento dos alimentos devidos e não pagos à criança, a custos (financeiros, humanos, familiares etc.) muito menores. Isso deu maior concretude à sua função de cooperar com a garantia de dar sustento aos credores alimentares mais necessitados, servindo de molde e exemplo para que o legislador brasileiro, numa avaliação de impacto legislativo, também possa ponderar sobre a viabilidade de sua inclusão como instrumento de política pública.

3.2 MECANISMOS JURÍDICOS PARA O CUMPRIMENTO DA OBRIGAÇÃO ALIMENTAR EM PORTUGAL

O descumprimento da obrigação alimentar faz nascer para o credor algumas vias jurídicas (ou de reparação efetiva) na busca do recebimento de seu crédito alimentar por meio de instrumentos coercitivos.

Em Portugal, tais mecanismos são três: 1) o Regime Geral do Processo Tutelar Cível – RGPTC (art. 48º); 2) o processo de execução especial do próprio CPC português (art. 933 e ss.); e 3) a sanção criminal tipificada no Código Penal (art. 250º) daquele país.

Com relação à dívida de alimentos paga em atraso, defende Sottomayor que ainda deve ser acrescida "uma indemnização dos danos causados ao credor com o atraso (art. 804º) e uma quantia pecuniária por cada dia de atraso no cumprimento (aplicação analógica do art. 829º-A do CC)".[29]

---

28. Em minucioso histórico do sistema português, Álvaro Villaça explica que "o Alvará de 11.01.1517 proibiu, de modo geral, que fosse decretada prisão civil por pequenas dívidas, relativas a alimentos, quando os alimentantes não tivessem condições de realizar o pagamento" e que, posteriormente, pelo Código Filipino, seguindo os ditames das Ordenações Filipinas, "o devedor que não atuasse ilicitamente e não tivesse como pagar seu débito não podia ser preso antes de condenação judicial passada em julgado, salvo se suspeito de fuga. Mesmo assim, estando condenado definitivamente, deveriam ser executados os seus bens. Não sendo estes encontrados, ou não sendo suficientes ao pagamento da condenação, só assim deveria ser 'preso e retido na cadeia', até que fizesse o pagamento, a não ser que cedesse seus bens [...] o Alvará de 12.08.1695, mantendo a abolição da prisão por pequenas dívidas alimentares [...] fixou em dez mil réis o limite dessas pequenas dívidas. Em seguida, o Aviso de 21.02.1758 aboliu essa prisão dos pobres. Também, a Lei de 20.06.1774 promoveu profunda alteração nesse regime, abolindo, de modo geral, por seu § 19, a prisão dos devedores insolventes, que não tivessem agido com fraude" (AZEVEDO, Álvaro Villaça. *Curso de direito civil*: direito de família. 2. ed. São Paulo: Saraiva Educacional, 2019, p. 42-44).
29. SOTTOMAYOR, Maria Clara. *Regulação do Exercício das Responsabilidades Parentais nos Casos de Divórcio*. 7. ed. Coimbra: Almedina, 2021, p. 479.

A primeira das técnicas executivas é a do RGPTC, que tem sido utilizada preferencialmente à ação executiva em razão da sua celeridade e por garantir, de forma mais eficaz, os interesses do credor. Ela é tida como um procedimento especialíssimo de cobrança coerciva, pré-executivo à obrigação de alimentos e que deve ser proposta antes ou independentemente da ação executiva.[30]

Pelo disposto em seu art. 48º, quando o devedor de alimentos não satisfizer as quantias em dívida até 10 (dez) dias após o vencimento, observa-se o seguinte:

> a) Se for trabalhador em funções públicas, são-lhe deduzidas as respetivas quantias no vencimento, sob requisição do tribunal dirigida à entidade empregadora pública; b) Se for empregado ou assalariado, são-lhe deduzidas no ordenado ou salário, sendo para o efeito notificada a respetiva entidade patronal, que fica na situação de fiel depositário; c) Se for pessoa que receba rendas, pensões, subsídios, comissões, percentagens, emolumentos, gratificações, comparticipações ou rendimentos semelhantes, a dedução é feita nessas prestações quando tiverem de ser pagas ou creditadas, fazendo-se para tal as requisições ou notificações necessárias e ficando os notificados na situação de fiéis depositários.
>
> 2 – As quantias deduzidas abrangem também os alimentos que se forem vencendo e são diretamente entregues a quem deva recebê-las.[31]

Prevê o normativo, portanto, a possibilidade da cobrança dos alimentos vencidos e vincendos de forma coativa, por meio da dedução dos rendimentos da pessoa judicialmente obrigada. E apesar de não ter estabelecido limites em relação ao *quantum* a ser deduzido, não será possível que ocorra a privação do devedor daquilo que for indispensável à sua sobrevivência, sob pena de afronta à sua dignidade.[32]

Não obstante, a referida técnica processual acabou deixando de estabelecer meios coercitivos para a cobrança dos devedores que estejam desempregados, que tenham pedido demissão, que trabalhem por conta própria ou que não disponham de rendimentos (conforme o previsto no dispositivo).[33]

---

30. SOTTOMAYOR, Maria Clara. *Regulação do Exercício das Responsabilidades Parentais nos Casos de Divórcio*. 7. ed. Coimbra: Almedina, 2021, p. 483.
31. Disponível em: https://www.pgdlisboa.pt/leis/lei_mostra_articulado.php?nid=2428&tabela=leis&-so_miolo=. Acesso em: 5 fev. 2022.
32. No julgamento do Proc. 238/04 (relator: Conselheiro Vítor Gomes), Ac. 306/2005, o Tribunal Constitucional português decidiu "julgar inconstitucional, por violação do princípio da dignidade humana, contido no princípio do Estado de Direito, com referência aos ns. 1 e 3 do artigo 63º da Constituição, a norma da alínea c) do n. 1 do artigo 189º da Organização Tutelar de Menores, aprovada pelo Decreto-Lei 314/78, de 27 de Outubro, interpretada no sentido de permitir a dedução, para satisfação de prestação alimentar a filho menor, de uma parcela da pensão social de invalidez do progenitor que prive este do rendimento necessário para satisfazer as suas necessidades essenciais".
33. SOTTOMAYOR, Maria Clara. *Regulação do Exercício das Responsabilidades Parentais nos Casos de Divórcio*. 7. ed. Coimbra: Almedina, 2021, p. 482.

O segundo meio executivo à disposição do credor e que independe da passagem pelo rito anterior do RGPTC está disposto no Código de Processo Civil de Portugal – CPCP (Lei 41/2013, de 26 de junho), no rito geral executivo do art. 724º e seguintes, combinado ao rito específico da execução especial por alimentos prevista nos artigos 933º à 937º, cujo principal dispositivo estabelece que:

> Art. 933º
>
> 1 – Na execução por prestação de alimentos, o exequente pode requerer a adjudicação de parte das quantias, vencimentos ou pensões que o executado esteja percebendo, ou a consignação de rendimentos pertencentes a este, para pagamento das prestações vencidas e vincendas, fazendo-se a adjudicação ou a consignação independentemente de penhora. 2 – Quando o exequente requeira a adjudicação das quantias, vencimentos ou pensões a que se refere o número anterior, é notificada a entidade encarregada de os pagar ou de processar as respetivas folhas para entregar diretamente ao exequente a parte adjudicada. 3 – Quando requeira a consignação de rendimentos, o exequente indica logo os bens sobre que há de recair e o agente de execução efetua-a relativamente aos que considere bastantes para satisfazer as prestações vencidas e vincendas, podendo para o efeito ouvir o executado. 4 – A consignação mencionada nos números anteriores processa-se nos termos dos artigos 803º e seguintes, com as necessárias adaptações. 5 – O executado é sempre citado depois de efetuada a penhora e a sua oposição à execução ou à penhora não suspende a execução.[34]

Como é possível perceber, diante da urgência ínsita das prestações alimentícias, estabeleceu-se um regime especial de cobrança em que não há a citação prévia do devedor de alimentos (a ser realizada apenas após a efetivação da constrição patrimonial),[35] além de não haver a suspensão da execução pela oposição à penhora ou à execução (art. 933º, n. 5) independentemente da demonstração de possível perda de garantia patrimonial do executado (o que não ocorre pela execução corrente pelo regime geral).

Ademais, diversamente da providência especial executiva do artigo 48º do RGPTC, tal rito pode "ter por base um documento autêntico ou particular – um título executivo extrajudicial – onde conste a fixação de uma obrigação de alimentos, por acordo ou por declaração unilateral".[36]

---

34. Disponível em: https://dre.pt/dre/detalhe/lei/41-2013-497406. Acesso em: 5 fev. 2022.
35. Maria Clara Sottomayor destaca a afirmação de estudo realizado nos Estados Unidos da América por David Chambers (*Making Fathers Pay, The Enforcement of Child Support*, The University of Chicago Press, Cicado end London, 1979, p. 76-78), "em que se demonstra que os níveis de pagamento são mais elevados em Estados que usam processo de execução, cujo início se dá sem esperar pela queixa da mãe juntamente com a pena de prisão (as agências públicas de execução de obrigações alimentares enviam ao pai faltoso, após algumas semanas de não pagamento ou de acumulação de atrasos até um certo montante, um aviso com a ameaça de prisão, caso os atrasos não sejam pagos)" (SOTTOMAYOR, Maria Clara. *Regulação do Exercício das Responsabilidades Parentais nos Casos de Divórcio*. 7. ed. Coimbra: Almedina, 2021, p. 479).
36. CANHA, Adriana. *Cumprimento Coercivo das Obrigações Alimentares* (a Crianças e Jovens). Dissertação de Mestrado, Universidade de Coimbra, 2016, p. 46.

Em sendo a consignação insuficiente, caberá ao credor indicar outros bens e, em havendo excesso de consignação, deverá o credor devolver o que sobejar (CPC, art. 934º[37]).

Como garantia das prestações vincendas, não haverá restituição das sobras dos bens vendidos para pagamento da execução alimentar ao executado, sem que antes ele demonstre que está "assegurado o pagamento das prestações vincendas até o montante que o juiz, em termos de equidade, considerar adequado, salvo se for prestada caução ou outra garantia idônea" (art. 937º).

A efetividade dos referidos meios executivos acaba, por consectário lógico, refletindo na diminuição do número de processos-crime por violação à obrigação de alimentos, terceira forma de coagir o devedor de alimentos, nos termos do ilícito penal disposto no art. 250º do CP de Portugal, nos seguintes termos:

> Art. 250º. 1 – Quem, estando legalmente obrigado a prestar alimentos e em condições de o fazer, não cumprir a obrigação no prazo de dois meses seguintes ao vencimento, é punido com pena de multa até 120 dias. 2 – A prática reiterada do crime referido no número anterior é punível com pena de prisão até um ano ou com pena de multa até 120 dias. 3 – Quem, estando legalmente obrigado a prestar alimentos e em condições de o fazer, não cumprir a obrigação, pondo em perigo a satisfação, sem auxílio de terceiro, das necessidades fundamentais de quem a eles tem direito, é punido com pena de prisão até 2 anos ou com pena de multa até 240 dias. 4 – Quem, com a intenção de não prestar alimentos, se colocar na impossibilidade de o fazer e violar a obrigação a que está sujeito criando o perigo previsto no número anterior, é punido com pena de prisão até dois anos ou com pena de multa até 240 dias. 5 – O procedimento criminal depende de queixa. 6 – Se a obrigação vier a ser cumprida, pode o tribunal dispensar de pena ou declarar extinta, no todo ou em parte, a pena ainda não cumprida.[38]

No que toca ao tipo penal, exige a lei que haja uma obrigação legal de alimentos e que o devedor esteja em condições de cumpri-la.[39] Também exige-se

---

37. Art. 934º "1 – Quando, efetuada a consignação, se mostre que os rendimentos consignados são insuficientes, o exequente pode indicar outros bens e volta-se a proceder nos termos do n. 3 do artigo anterior. 2 – Se, ao contrário, vier a mostrar-se que os rendimentos são excessivos, o exequente é obrigado a entregar o excesso ao executado, à medida que o receba, podendo também o executado requerer que a consignação seja limitada a parte dos bens ou se transfira para outros. 3 – O disposto nos números anteriores é igualmente aplicável, consoante as circunstâncias, ao caso de a pensão alimentícia vir a ser alterada no processo de execução".
38. Disponível em: https://dre.pt/dre/legislacao-consolidada/decreto-lei/1995-34437675. Acesso em: 5 fev. 2022.
39. "Quanto aos sujeitos abrangidos pela sanção penal, note-se que a lei exige que estes estejam em condições de cumprir a obrigação de alimentos, o que significa que não poderão ser penalmente condenados aqueles que não têm capacidade de pagar alimentos, por se encontrarem desempregados, sem culpa sua. A análise deste requisito depende sempre de uma avaliação do juiz relativamente ao mercado de trabalho, aos esforços que o obrigado tenha feito para arranjar emprego etc., o que poderá gerar

que o seu real descumprimento coloque o credor em situação de perigo quanto às suas necessidades fundamentais.[40-41]

---

alguma arbitrariedade no processo de seleção de quem é condenado ou não a uma pena de prisão" (SOTTOMAYOR, Maria Clara. *Regulação do Exercício das Responsabilidades Parentais nos Casos de Divórcio*. 7. ed. Coimbra: Almedina, 2021, p. 485).

40. Segundo Maria Clara Sottomayor, "basta a perspectiva do perigo, não se exigindo a carência efetiva, mesmo que a pessoa que tem direito a alimentos esteja a receber auxílio de terceiros. Para este efeito, a jurisprudência tem considerado auxílio de terceiros aquele que for prestado pela mãe da criança. Trata-se, portanto, conforme o tem classificado a doutrina, de crime de perigo" (SOTTOMAYOR, Maria Clara. *Regulação do Exercício das Responsabilidades Parentais nos Casos de Divórcio*. 7. ed. Coimbra: Almedina, 2021, p. 485). Por outro lado, destaca Joana Maria Costa Leal Diogo, que "não haverá preenchimento do tipo se o auxílio que o terceiro prestou foi concedido, independentemente do incumprimento, e nos casos em que, por causa do incumprimento do obrigado a alimentos, o FGADM interveio para pagar prestações alimentares. Nestes casos não deixarão de estar preenchidos os tipos de crime previstos nos ns. 3 e 4 do art. 250º do CP" (DIOGO, Joana Maria Costa Leal. *Fundo de Garantia de Alimentos Devidos a Menores no contexto do Estado Social*. Dissertação de Mestrado, Faculdade de Direito da Universidade Nova de Lisboa. Lisboa, 2018, p. 36.

41. Em lapidar julgado de 16/02/2017, no Processo 1735.09.8TACSC.L1.9.FD, Relator: Filipa Costa Lourenço –, inclusive trazendo a história da evolução legislativa da criminalização da violação à obrigação alimentar, o Tribunal da Relação de Lisboa decidiu que: "I – O revogado art. 190º da O.T.M. foi a primeira manifestação legislativa no sentido de criminalizar a violação da prestação alimentícia. Ora, o n. 1 do preceito referia o seguinte: 'Quando, encontrando-se o devedor em condições de cumprir a prestação a que está obrigado, não for possível obter o pagamento pelas formas indicadas no artigo anterior, pode ser-lhe aplicada, em tribunal criminal, pena de prisão até seis meses, não convertível em multa, mediante prévia denúncia ao Ministério Público de quem tenha legitimidade para exigir o cumprimento da obrigação.' O que significa que, antes de 1995, para existir um procedimento criminal, era requisito necessário o esgotamento das vias civis de cobrança. II – Com a entrada em vigor do DL 48/95 de 15 de Março, foi introduzido no ordenamento jurídico o artigo 250º do C.P. - o crime de violação da obrigação de prestação de alimentos. Com esta inclusão, deixou de ser necessária o esgotamento das vias civis para que o incumpridor ficasse sujeito ao procedimento criminal, aqui apenas se previu o crime de perigo concreto, isto é, era condição *sine qua non* a prova do perigo para "necessidades fundamentais" do alimentando. Com a Lei 59/2007 de 04 de Setembro, foi aditado o n. 2 neste preceito, que criminalizou a situação em que o agente se coloca, propositadamente, em situação de incumprimento. III – De acordo com a alteração da Lei 61/2008, de 31 de Outubro, o tipo legal sofreu uma nova criminalização, tendo-se assistido, desta forma, a uma evolução significativa, entre 1995 – quando, pela primeira vez, foi introduzida a possibilidade de um progenitor incumpridor da prestação de alimentos ser responsabilizado criminalmente e em 2008, quando se estabeleceram dois tipos de crimes de violação da prestação de alimentos (de perigo concreto e de perigo abstracto), em que, para a sua prática basta que o agente não cumpra a sua obrigação, seja esta imposta por acordo ou sentença judicial. IV – Os crimes previstos no art. 250º do C.P. revestem uma natureza semi pública, ficando por isso o processo penal dependente da actuação do titular do direito da queixa. E tratam-se ainda de crimes de execução permanente, ou seja, cuja execução subsiste enquanto a obrigação de prestar alimentos não for cumprida. V – Quando nos deparamos com um crime de perigo concreto, como o do art. 250º, n. 3, é necessário fazer prova do perigo efectivamente causado, provocado pela conduta perigosa adoptada pelo agente. VI – A propositura do incidente de incumprimento de alimentos (ao abrigo do revogado art. 189º do OTM ou agora do art. 48º da Lei 141/2015, de 08 de Setembro) ou de acção de execução, anterior à dedução de queixa não faz operar a renúncia tácita nos termos do n. 2 do art. 72º do CPP, para os efeitos dos crimes previstos no art. 250º do Código Penal. VII – Este incidente tem já em si intrínseco, uma natureza coerciva senão mesmo executiva, sendo que deriva directamente e está respaldado por uma sentença (de natureza cível/ regulação das responsabilidades parentais ou acção de alimentos devidos a menores) anterior e já transitada em julgado, que faz nascer

A pena de prisão, apesar de ser raramente decretada – "segundo *Estatísticas da Justiça, Justiça Penal*, em 2006 foram condenados por crime de violação de obrigação de alimentos 95 indivíduos, constituídos 281 arguidos, 36 decisões de absolvição/carência de prova e 146 desistências" –,[42] ainda assim é considerada como um poderoso instrumento do qual se vale o legislador para incentivar o comportamento do devedor no cumprimento de seus deveres.[43]

De fato, para além de uma função punitiva, com o sancionamento pela violação de bens jurídicos tutelados pelo direito penal (como a proteção da família e dos interesses dos filhos menores), tem um desígnio preventivo, com o propósito de desencorajar a inadimplência alimentar pela maioria dos obrigados, sendo "tanto mais eficaz quanto se trate de uma ameaça que o potencial transgressor saiba que vai ser efetivamente aplicada".[44]

Se a obrigação for cumprida, o tribunal poderá dispensar a pena ou declará-la extinta, no todo ou em parte (art. 250 n. 5 do CP). Apesar disso, pondera Maria Clara Sottomayor que a referida pena de prisão não pode ser considerada como uma espécie de prisão por dívidas, haja vista que não se trata de uma mera "obrigação civil pecuniária, mas um dever moral e social em relação ao(às) filhos(as) menores (e a outros membros da família ou ex-cônjuge), vítimas de falta de assistência dos pais".[45]

Em verdade, apesar de se tratar de prisão decorrente de um crime, muito assemelhado ao delito de abandono material brasileiro (art. 244 do CP),[46] há um elemento normativo do tipo penal que acaba por relativizar muito o crime,

---

precisamente o direito à instauração daquele preciso incidente o qual, pode ser deduzido quando a pessoa judicialmente obrigada a prestar alimentos não satisfizer as quantias em dívida dentro de dez dias depois do seu vencimento". Disponível em: https://jurisprudencia.csm.org.pt/ecli/ECLI:PT:TR-L:2017:1735.09.8TACSC.L1.9.FD. Acesso em: 6 jan. 2022.

42. SOTTOMAYOR, Maria Clara. *Regulação do Exercício das Responsabilidades Parentais nos Casos de Divórcio*. 7. ed. Coimbra: Almedina, 2021, p. 484.
43. "No ano judicial de 2015/2016, iniciaram-se 708 inquéritos pelo crime de violação da obrigação de alimentos, de acordo com os dados disponibilizados ao JN pela Procuradoria Geral da República (PGR). São menos 21 inquéritos face a 2014/2015" (DIOGO, Joana Maria Costa Leal. *Fundo de Garantia de Alimentos Devidos a Menores no contexto do Estado Social*. Dissertação de Mestrado, Faculdade de Direito da Universidade Nova de Lisboa. Lisboa, 2018, p. 70).
44. SOTTOMAYOR, Maria Clara. *Regulação do Exercício das Responsabilidades Parentais nos Casos de Divórcio*. 7. ed. Coimbra: Almedina, 2021, p. 486.
45. SOTTOMAYOR, Maria Clara. *Regulação do Exercício das Responsabilidades Parentais nos Casos de Divórcio*. 7. ed. Coimbra: Almedina, 2021, p. 484.
46. O art. 244 do CP também exige que o devedor deixe de prover a subsistência "sem justa causa" e, em razão disso, exige a jurisprudência do STJ que, como elemento normativo do tipo, "para a imputação do crime de abandono material, mostra-se indispensável a demonstração, com base em elementos concretos, de que a conduta foi praticada sem justificativa para tanto, ou seja, deve ser demonstrado o dolo do agente de deixar de prover a subsistência da vítima" (RHC 27.002/MG, Rel. Ministro Sebastião Reis Júnior, Sexta Turma, julgado em 15.08.2013, DJe 18.09.2013). Ademais, "não basta, para o delito do art. 244 do Código Penal, dizer que o não pagamento de pensão o foi sem justa causa, se não demonstrado isso com elementos concretos dos autos, pois, do contrário, toda e qualquer ina-

demonstrando que a preocupação é muito maior com a dívida, inclusive se assemelhando, de alguma forma, com a prisão civil, já que para afastar a pena ou declará-la extinta basta que o réu pague a sua dívida.[47]

3.2.1 O papel social do estado português e a política pública de combate à inadimplência alimentar

Em Portugal, a família é reconhecida como "elemento fundamental da sociedade", tendo o "direito à proteção da sociedade e do Estado e à efetivação de todas as condições que permitam a realização pessoal dos seus membros" (CRP, art. 67º, 1). Cabe ao Estado, para a sua proteção, dentre outros, o dever de "a) promover a independência social e económica dos agregados familiares" e de "f) regular os impostos e os benefícios sociais, de harmonia com os encargos familiares" (art. 67º, 2).

O direito à proteção das crianças com vistas ao seu desenvolvimento integral é consagrado na Carta Constitucional Portuguesa (art. 69º) como direito social,[48] assumindo uma dimensão programática de atribuição do Estado e da sociedade[49] em lhes assegurar a garantia de dignidade como pessoa em formação, que resultam em direitos que merecem a devida proteção, dentre os quais o direito a alimentos, pressuposto necessário de diversos direitos individuais e como decorrência inerente ao direito à vida, que se substancializa em dar acesso a condições mínimas de subsistência.[50]

Nessa perspectiva é que foi desenvolvida uma prestação social voltada a assegurar a satisfação dos alimentos às crianças e a combater o problema social decorrente do descumprimento da obrigação alimentar, importante instrumento de política pública e que implica em "avanço qualitativo inovador na política

---

dimplência alimentícia será crime e não é essa a intenção da Lei Penal"(HC 141.069/RS, Rel. Ministra Maria Thereza De Assis Moura, Sexta Turma, julgado em 22.08.2011, DJe 21.03.2012).

47. Vê-se uma certa proximidade com os crimes contra a ordem tributária no Brasil em que "o pagamento integral do tributo, a qualquer tempo, extingue a punibilidade" (AgRg nos EDcl nos EAREsp 1717169/SC, Rel. Ministro Ribeiro Dantas, Terceira Seção, julgado em 12.05.2021, DJe 17.05.2021).

48. "Trata-se de um típico *direito social*, que envolve deveres de legislação e de acção administrativa para a sua realização e concretização, mas que supõe, naturalmente, um direito *negativo* das crianças a não serem abandonadas, discriminadas ou oprimidas (2ª parte)" (CANOTILHO, José Joaquim Gomes; MOREIRA, Vital, *Constituição da República Portuguesa Anotada*. Coimbra, PT: Coimbra Editora, 2007, v. I, 1. ed. brasileira, 4. ed. portuguesa p. 869).

49. "Por outro lado, este direito não tem por sujeitos passivos apenas o Estado e os poderes públicos, em geral, mas também a *sociedade* (n. 1), a começar pela própria família (incluindo progenitores) e pelas demais instituições (creches, escolas, igrejas, instituições de tutela de menores etc.) (n. 1, *in fine*), o que configura uma clara expressão de *direitos fundamentais nas relações entre particulares*" (CANOTILHO, José Joaquim Gomes; MOREIRA, Vital, *Constituição da República Portuguesa Anotada*. Coimbra, PT: Coimbra Editora, 2007, v. I, 1. ed. brasileira, 4. ed. portuguesa, p. 869).

50. Conforme preâmbulo do DL 164/99 de 13 de maio.

social desenvolvida pelo Estado, ao mesmo tempo em que se dá cumprimento ao objetivo de reforço da protecção social devida a menores".[51]

O FGDAM[52] surge como um mecanismo coerente com a referida ideia de Estado de Direito Social,[53] pela qual "todos têm direito à segurança social, incumbindo ao Estado organizar, coordenar e subsidiar um sistema de segurança social unificado e descentralizado", voltado a proteger pessoas em situação de vulnerabilidade (doença, velhice, invalidez, viuvez, orfandade e desemprego) e em todas as outras situações de falta ou diminuição de meios de subsistência (CRP, art. 63º), como sói ser a decorrente da inadimplência alimentar dos genitores.

Preencheu-se, assim, uma lacuna do direito português em relação à Recomendação R (82)2, de 4 de fevereiro de 1982, do Conselho da Europa, dando concretude à norma programática por instrumento jurídico que independe de contribuições e de prévia inscrição para acesso e cujas prestações se revestem de viés fortemente distributivo, inserindo-se nos "regimes não contributivos cuja finalidade é a redistribuição de rendimentos, ou seja, fornecer às pessoas mais carenciadas rendimentos que permitam prevenir e erradicar situações de pobreza".[54]

Substituindo-se ao devedor para garantir os alimentos devidos a menores, o Estado elimina, transitoriamente, o risco de inadimplemento por meio da antecipação da pensão devida, maximizando a eficiência da política pública, trazendo bem-estar social e efetivando a dignidade da pessoa humana do credor em situação de vulnerabilidade.

Portanto, da mesma forma que se afirmou durante todo o presente estudo que a prisão civil, para além de uma técnica executiva, é também poderoso instrumento de política pública, a criação do FGADM não é um simples mecanismo de substituição e suprimento da prestação alimentar inadimplida pelos proge-

---

51. Conforme preâmbulo do DL 164/99 de 13 de maio.
52. No âmbito internacional, há mecanismos similares ao FGADM: "por exemplo, em França, a Lei 84-1171, de 22 de dezembro de 1984, referente à intervenção de organismos devedores de prestações familiares e os Decretos 85-560, de 30 de maio de 1985, e 86-1073, de 30 de setembro do mesmo ano, permitem que os organismos de devedores de prestações familiares antecipem os montantes devidos pelos obrigados a alimentos a qualquer credor de alimentos; na Bélgica, por força de uma Lei, de 8 de maio de 1989, e respetivos Decretos, um de 4 de agosto e outro de 22 de agosto do mesmo ano, os centros públicos de ajuda social têm poderes para antecipar as quantias devidas aos devedores de alimentos (MORGADINHO, Mariana Serra. *A obrigação de alimentos e o papel social do fundo de garantia de alimentos devidos a menores*. Dissertação de Mestrado na Área de Ciências Jurídico-Forenses, Faculdade de Direito da Universidade de Coimbra: Coimbra, 2016, p. 34).
53. DIOGO, Joana Maria Costa Leal. *Fundo de Garantia de Alimentos Devidos a Menores no contexto do Estado Social*. Dissertação de Mestrado, Faculdade de Direito da Universidade Nova de Lisboa. Lisboa, 2018, p. 50.
54. SOTTOMAYOR, Maria Clara. *Regulação do Exercício das Responsabilidades Parentais nos Casos de Divórcio*. 7. ed. Coimbra: Almedina, 2021, p. 529.

nitores das crianças. Trata-se de algo muito maior, de verdadeiro instrumento de intervenção estatal destinado a diminuir as desigualdades de fato, atenuando ou prevenindo situações de pobreza[55] por meio do enfrentamento do problema social da inadimplência alimentar.

Apesar disso, o direito à segurança social não retira a obrigação primária e principal da família de fornecer alimentos. Em verdade, o dever de sustento é temporariamente[56] substituído pelo Estado (a solidariedade estatal mantém-se subsidiária em relação à solidariedade familiar), não sendo a mera situação de pobreza, nem o rendimento *per capita* das famílias monoparentais, que autoriza o acionamento do FGADM, mas sim, a inadimplência da obrigação alimentar por um dos pais, por se tratar de situações em que as crianças tem um incremento em sua vulnerabilidade e por ser a intervenção estatal supletiva e excepcional.[57]

Trata-se, portanto, de instrumento desenhado pelo legislador destinado a menores, filhos de pais ausentes ou incapazes de cumprir a obrigação alimentar, dentro de uma política pública voltada a prover "à satisfação das necessidades básicas das crianças para que não vivam abaixo do limiar de sobrevivência, garantindo-lhes um nível mínimo de vida para realização dos seus direitos fundamentais à vida e ao desenvolvimento".[58]

3.3 O FUNDO DE GARANTIA DOS ALIMENTOS DEVIDOS A MENORES (FGADM) – LEI 75/98 E DECRETO-LEI 164/99 DE PORTUGAL

A União Europeia, da qual Portugal é Estado Membro, define, por meio de sua Comissão, os objetivos políticos gerais dos países integrantes, bem como a correspondente estratégia para transformá-los em políticas e iniciativas concretas,[59] dentre as quais se insere o enfrentamento da inadimplência da obrigação alimentar.

Pela Recomendação R (82)2, de 4 de fevereiro de 1982,[60] seguindo o desejo, anteriormente manifestado na Conferência Europeia de Direito de família, realizada em Viena em setembro de 1977, e na Recomendação 869 de 1979 da

---

55. DIOGO, Joana Maria Costa Leal. *Fundo de Garantia de Alimentos Devidos a Menores no contexto do Estado Social*. Dissertação de Mestrado, Faculdade de Direito da Universidade Nova de Lisboa. Março de 2018, p. 51.
56. A substituição não será por tempo indefinido, havendo uma série de requisitos cumulativos a serem preenchidos e que são analisados de forma anual.
57. SOTTOMAYOR, Maria Clara. *Regulação do Exercício das Responsabilidades Parentais nos Casos de Divórcio*. 7. ed. Coimbra: Almedina, 2021, p. 530.
58. SOTTOMAYOR, Maria Clara. *Regulação do Exercício das Responsabilidades Parentais nos Casos de Divórcio*. 7. ed. Coimbra: Almedina, 2021, p. 530-531.
59. Disponível em: https://ec.europa.eu/info/strategy_pt. Acesso em: 1º jan. 2025.
60. Disponível em: https://rm.coe.int/CoERMPublicCommonSearchServices/DisplayDCTMContent?documentId=09000016804f9d38. Acesso em: 31 jan. 2025.

Assembleia Consultiva, de que os Estados adotem as medidas necessárias para intervir, seja por meio de antecipação do pagamento ou por qualquer outro meio, nas situações em que um dos pais descumpra a obrigação de manutenção do filho, o Conselho Europeu recomendou que os estados membros desenvolvessem um sistema de pagamento antecipado dos alimentos ante a inadimplência do devedor, conforme os seus princípios de regência (n. 1).

Dessarte, levando em conta o elevado número de crianças em situação de que o genitor responsável por satisfazer as suas necessidades não vem pagando a pensão alimentícia, considerando que, apesar de ser primordialmente dos pais a responsabilidade por fornecer aos filhos os alimentos adequados, é também do Estado o dever de intervir quando eles não o fizerem, além de se ter reconhecido a vantagem de se adotar regras comuns para se permitir que, de forma progressiva, os Estados melhorarem os direitos das crianças neste domínio, o Conselho da Europa recomendou que os Estados Membros desenvolvessem um sistema de pagamento antecipado dos alimentos ante a inadimplência do devedor, conforme os seus princípios de regência (n. 1) e, da mesma forma, sugeriu que se fortalecesse os meios de recuperação de tais pagamentos dos devedores que fossem residentes em outros estados (art. 15º, b).

Dando concretude à referida Recomendação, é que surge o FGADM, por meio da Lei 75/98, de 19 de novembro, e pelo respectivo Decreto-Lei 164/99, de 13 de maio.[61]

Em seu proêmio (artigo 1º, 1), resumiu a Lei o que é Fundo Garantidor:

> quando a pessoa judicialmente obrigada a prestar alimentos a menor residente em território nacional não satisfizer as quantias em dívida pelas formas previstas no artigo 189º do Decreto-Lei 314/78, de 27 de outubro, e o alimentado não tenha rendimento ilíquido superior ao valor do indexante dos apoios sociais (IAS) nem beneficie nessa medida de rendimentos de outrem a cuja guarda se encontre, o Estado assegura as prestações previstas na presente lei até ao início do efetivo cumprimento da obrigação.[62]

Apenas para se ter uma ideia de sua relevância, o FGDAM pagou no ano de 2017 aproximadamente 20 mil prestações mensais, com o valor médio de pensão

---

61. Esclarece LEAL que "no direito português já existiam os abonos de família de prestação a cargo do Estado, mas este não supre todas as necessidades das crianças carecidas de alimentos. Daí esta necessidade de criação de um novo Fundo para ajudar estas crianças, ajudando na sua sobrevivência diária" (DIOGO, Joana Maria Costa Leal. *Fundo de Garantia de Alimentos Devidos a Menores no contexto do Estado Social*. Dissertação de Mestrado, Faculdade de Direito da Universidade Nova de Lisboa. Março de 2018, p. 50).
62. Disponível em: https://www.pgdlisboa.pt/leis/lei_mostra_articulado.php?nid=708&tabela=leis#:~:text=1)%20A%20Lei%20n%C2%BA%2075,Fundamental%20quanto%20%C3%A0%20efectiva%20protec%C3%A7%C3%A3o. Acesso em: 31 jan. 2025.

de 130€, dispendendo 23,5 milhões de euros,[63] sendo que as pensões alimentícias, em sua maioria, eram fixadas em valores entre 75 e 100€.[64]

3.3.1 Características do Fundo Garantidor

O FGADM é constituído no âmbito do ministério responsável pela área da solidariedade e da segurança social e gerido pelo Instituto de Gestão Financeira da Segurança Social (IGFSS),[65] sob tutela do Ministério do Trabalho, Solidariedade e Segurança Social. É um órgão público integrado na administração indireta do Estado, com autonomia administrativa e financeira, personalidade jurídica e património próprio,[66] responsável por assegurar, de forma rápida e eficaz, o pagamento da pensão alimentícia em débito aos menores residentes em Portugal, em cumprimento a ordem judicial (art. 2º do DL 164/1999).

A prestação de incumbência do Fundo nasce com a decisão judicial que a determina, sendo autônoma, independente e nova em relação à prestação originária devida pelo devedor de alimentos, já que esta tem origem nos laços familiares e nos vínculos de solidariedade, enquanto que a do FGADM detém cunho social – é prestação social[67] específica integrada no regime não contributivo

---

63. DIOGO, Joana Maria Costa Leal. *Fundo de Garantia de Alimentos Devidos a Menores no contexto do Estado Social*. Dissertação de Mestrado, Faculdade de Direito da Universidade Nova de Lisboa. Lisboa, 2018, p. 70. Destaca o autor que "Entre 2011 e 2015 o número.de beneficiários do Fundo de Garantia de Alimentos Devido a Menores aumentou 30%".
64. DIOGO, Joana Maria Costa Leal. *Fundo de Garantia de Alimentos Devidos a Menores no contexto do Estado Social*. Dissertação de Mestrado, Faculdade de Direito da Universidade Nova de Lisboa. Lisboa, 2018, p. 87.
65. É a tal instituto "a quem cabe assegurar o pagamento das prestações de alimentos em caso de incumprimento da obrigação pelo respectivo devedor, através dos centros regionais de segurança social da área de residência do alimentado, após ordem do tribunal competente e subsequente comunicação da entidade gestora. A intervenção destas entidades no processo em causa resulta justificada, no que concerne ao Instituto de Gestão Financeira da Segurança Social, pela própria natureza da prestação e, no que respeita aos centros regionais de segurança social, pela proximidade territorial do alimentado, podendo estes assegurar, melhor que outro serviço, a rápida e eficaz satisfação da garantia de alimentos devidos ao menor", nos termos do preâmbulo do DL 164/99.
66. Informação disponível em: https://www.seg-social.pt/quem-somos-igfss. Acesso em: 31 jan. 2025.
67. "A obrigação de alimentos, a cargo do FGA, é uma nova prestação social, que visa a promoção dos direitos das crianças à vida e ao desenvolvimento, do mesmo passo que reveste natureza substitutiva da obrigação do devedor originário, que surge na sequência do incumprimento deste. [...] Se se trata de prestação especial e autônoma que vai para além de uma mera substituição do progenitor, isto é, procura prover à satisfação das necessidades básicas das crianças para que não vivam abaixo do limiar de sobrevivência, garantindo-lhes um nível mínimo de vida para realização dos seus direitos fundamentais à vida e ao desenvolvimento, pode o tribunal condenar o FGA a pagar uma pensão de alimentos de valor superior à fixada ao progenitor". PORTUGAL. Supremo Tribunal de Justiça. Processo n. 621/07.0TBVLC-C.P1.S1.S1. Relator: Paulo Sá. 1ª Seção, Lisboa, PT. 28 out. 2014 Disponível em: http://www.dgsi.pt/jstj.nsf/954f0ce6ad9dd8b980256b5f003fa814/52fd84321285233b80257e-2600500d14?OpenDocument&Highlight=0,09A0682. Acesso em: 31 jan. 2025.

da Segurança Social – e se volta a garantir mínimas condições de subsistência a crianças em situações de extrema necessidade.[68]

Além disso, a referida prestação é subsidiária. Ela só nasce quando o devedor da obrigação principal, o responsável primário pelo sustento do alimentado, deixar de cumpri-la, além do preenchimento de outros requisitos legais (explorados no item 3.4.2).

A legitimidade para requerer a intervenção do Fundo é da pessoa a quem a prestação de alimentos deveria ser entregue ou do Ministério Público, cabendo ao Tribunal definir o montante que o Estado, em substituição ao devedor, deverá prestar ao credor (art. 3º, n. 1, Lei 75/98).

Cessará a prestação a cargo do Estado quando se deixar de constatar as circunstâncias subjacentes à sua concessão[69] e até que se extinga a obrigação do devedor, isto é, constatando-se que o agregado familiar alcançou rendimentos superiores ao valor do IAS; deixou de haver a renovação do pedido de intervenção do FGADM (que deve ser realizada anualmente com a comprovação de manutenção dos pressupostos para a concessão); ocorreu a retomada do pagamento das prestações devidas pelo devedor alimentar; o credor atingiu a sua maioridade,[70] requisitos que serão melhor delineados no tópico a seguir.

Em tais situações, o encerramento da intervenção só se dará após decisão judicial e posterior notificação ao órgão gestor (IGFSS), ressalvado o atingimen-

---

68. DIOGO, Joana Maria Costa Leal. *Fundo de Garantia de Alimentos Devidos a Menores no contexto do Estado Social*. Dissertação de Mestrado, Faculdade de Direito da Universidade Nova de Lisboa. Lisboa, 2018, p. 58.
69. DL 164/99, Art. 9º "1 – O montante fixado pelo tribunal mantém-se enquanto se verificarem as circunstâncias subjacentes à sua concessão e até que cesse a obrigação a que o devedor está obrigado. 2 – O IGFSS, I. P., o ISS, I. P., o representante legal do menor ou a pessoa à guarda de quem este se encontre devem comunicar ao tribunal qualquer facto que possa determinar a alteração ou a cessação das prestações a cargo do Fundo. 3 – Para efeitos dos números anteriores, deve o IGFSS, I. P., comunicar ao tribunal competente os reembolsos efetuados pelo devedor. 4 – A pessoa que recebe a prestação fica obrigada a renovar anualmente a prova, perante o tribunal competente, de que se mantém os pressupostos subjacentes à sua atribuição. 5 – Caso a renovação da prova não seja realizada, o tribunal notifica a pessoa que receber a prestação para a fazer no prazo de 10 dias, sob pena da cessação desta. 6 – O tribunal notifica o IGFSS, I. P., da decisão que aprecie a renovação da prova e que determine a manutenção ou a cessação do pagamento das prestações a cargo do Fundo. 7 – A notificação prevista no número anterior é efetuada, preferencialmente, por via eletrônica".
70. Com relação à cessação pelo atingimento da idade de 18 anos, é importante destacar que a própria norma excepciona tal limitação "nos casos e nas circunstâncias previstas no n. 2 do artigo 1905º do Código Civil", ou seja, mantém-se "para depois da maioridade, e até que o filho complete 25 anos de idade, a pensão fixada em seu benefício durante a menoridade, salvo se o respetivo processo de educação ou formação profissional estiver concluído antes daquela data, se tiver sido livremente interrompido ou ainda se, em qualquer caso, o obrigado à prestação de alimentos fizer prova da irrazoabilidade da sua exigência".

to dos 18 anos de idade, cujo termo final se dará automaticamente em razão da própria disposição legal (art. 1º da Lei 75/98).[71]

3.3.2 Requisitos cumulativos

Para que haja a intervenção do FGDAM, exige-se o preenchimento de diversos pressupostos cumulativos, sendo que, em relação a alguns, há várias divergências quanto à interpretação e extensão de seu conteúdo, conforme será visto adiante.

Nos termos do art. 1º da Lei 75/98, replicado em termos similares pelo art. 3º, 1 do DL 164/99, "quando a pessoa judicialmente obrigada a prestar alimentos a menor residente em território nacional não satisfizer as quantias em dívida pelas formas previstas no artigo 189º do Decreto-Lei 314/78, de 27 de outubro[72] [atual artigo 48º do RGPTC], e o alimentado não tenha rendimento ilíquido superior ao valor do Indexante dos Apoios Sociais (IAS) nem beneficie nessa medida de rendimentos de outrem a cuja guarda se encontre, o Estado assegura as prestações previstas na presente lei até ao início do efetivo cumprimento da obrigação".

Continua o Decreto-Lei estabelecendo que "as prestações a que se refere o n. 1 são fixadas pelo tribunal e não podem exceder, mensalmente, por cada devedor, o montante de 1 IAS,[73] devendo aquele atender, na fixação deste montante, à capacidade económica do agregado familiar, ao montante da prestação de alimentos fixada e às necessidades específicas do menor" (art. 3º, 5).

---

71. Há doutrina minoritária defendendo uma interpretação ampliativa, entendendo que o FGADM deve ser dar até 25 anos, caso esteja em formação académica. (DIOGO, Joana Maria Costa Leal. *Fundo de Garantia de Alimentos Devidos a Menores no contexto do Estado Social*. Dissertação de Mestrado, orientada pelo Professor Doutor João Zenha Martins e apresentada à Faculdade de Direito da Universidade Nova de Lisboa. Março de 2018, p. 62).
72. Artigo 189º "1 – Quando a pessoa judicialmente obrigada a prestar alimentos não satisfizer as quantias em dívida dentro de dez dias depois do vencimento, observar-se-á o seguinte: a) Se for funcionário público, ser-lhe-ão deduzidas as respectivas quantias no vencimento, sob requisição do tribunal dirigida à entidade competente; b) Se for empregado ou assalariado, ser-lhe-ão deduzidas no ordenado ou salário, sendo para o efeito notificada a respectiva entidade patronal, que ficará na situação de fiel depositária; c) Se for pessoa que receba rendas, pensões, subsídios, comissões, percentagens, emolumentos, gratificações, comparticipações ou rendimentos semelhantes, a dedução será feita nessas prestações quando tiverem de ser pagas ou creditadas, fazendo-se para tal as requisições ou notificações necessárias e ficando os notificados na situação de fiéis depositários. 2 – As quantias deduzidas abrangerão também os alimentos que forem vencendo e serão directamente entregues a quem deva recebê-las".
73. O valor para 2025 é de 522,50€, conforme Portaria 6-B/2025/1 de 6 de janeiro. Disponível em: https://diariodarepublica.pt/dr/detalhe/portaria/6-b-2025-902111932. Acesso em: 31 jan. 2025.

Portanto, de forma inicial, exige a lei que se tenha uma decisão judicial[74] determinando a obrigação do pagamento de uma pensão alimentícia pelo devedor, com o respectivo valor e sua periodicidade. Apenas com o descumprimento da obrigação é que o devedor se encontrará em mora e o Fundo poderá ser chamado a intervir.

Surge aqui o primeiro ponto polêmico, qual seja, a possibilidade de haver a intervenção do FGDAM quando for evidente a incapacidade econômica do devedor ou quando o seu paradeiro for desconhecido, pois, em tese, não haveria de se falar em preenchimento do requisito legal de haver uma "pessoa judicialmente obrigada a prestar alimentos" (Lei 75/98, art. 1°, n. 1 e DL 164/99, art. 3°, n. 1, a).

Realmente, há os que defendam a interpretação literal do dispositivo, entendendo que sem o preenchimento de referido requisito não seria possível a intervenção do Fundo Garantidor, haja vista que não se está diante de uma prestação de caráter universal, não alcançando, por conseguinte, todas as crianças carentes de alimentos. Nesses casos de incapacidade econômica total ou de desconhecimento da localização do devedor, caberia ao menor buscar outra prestação social do Estado, como o Rendimento Social de Inserção ou o Abono de Família para Crianças e Jovens.[75]

A corrente majoritária, no entanto, argumenta que é realmente obrigatória a fixação de uma prestação de alimentos em favor do menor, ainda que se esteja diante de referidas situações, devendo o magistrado valer-se, para tanto, de presunções e juízos de equidade no arbitramento de um rendimento provável ou equivalente ao salário mínimo nacional – dada a prevalência do interesse do menor, o ônus da prova da impossibilidade, total ou parcial, de cumprir a obrigação de alimentos incorreria no devedor –, notadamente porque há um dever de arbitramento nos processos de regulação do exercício das responsa-

---

74. Joana Leal traz importante questionamento da doutrina sobre a intervenção do Fundo em outros títulos executivos, notadamente em acordos extrajudiciais realizados pelos pais. Vejamos: "E nos casos em que apenas existe acordo entre os progenitores com parecer favorável do MP na Conservatória do Registo Civil? Quanto a esta questão a doutrina diverge. Parte da doutrina entende que a obrigação de alimentos tem de constar exclusivamente de um acordo homologado por uma decisão judicial ou sentença. Outra parte da doutrina entende, e bem, que a prestação de alimentos a menor pode ser fixada por decisão do Conservador do Registo Civil, após parecer positivo do MP 123, no âmbito dos processos de separação judicial e divórcio por mútuo consentimento em que haja lugar a regulação do exercício das responsabilidades parentais e do poder paternal" (DIOGO, Joana Maria Costa Leal. *Fundo de Garantia de Alimentos Devidos a Menores no contexto do Estado Social*. Dissertação de Mestrado, orientada pelo Professor Doutor João Zenha Martins e apresentada à Faculdade de Direito da Universidade Nova de Lisboa. Março de 2018, p. 55).
75. MELO, Mariana Sofia Alves de. *Fundo de Garantia de alimentos devidos a menores: as alterações de 2012 e a necessidade de uma nova reforma legislativa*. Dissertação de Mestrado em Direito, Universidade Católica Portuguesa: Porto, 2013, p. 32-33.

bilidades parentais, assim como por se estar diante de um dever decorrente de princípios de direito natural com assento constitucional decorrente da solidariedade familiar.[76]

Como segundo pressuposto, tem-se a exigência de que o credor alimentar possua residência em Portugal (e não o devedor, haja vista a existência de mecanismos transnacionais[77] para a cobrança de alimentos), só cabendo a intervenção do FGADM em se tornando impossível a cobrança da prestação alimentar no país estrangeiro ou se estiver comprovada e justificada a demora excessiva.[78]

O terceiro requisito está na exigência de que tenha havido, anteriormente e de forma obrigatória, a tentativa de cobrança coercitiva de alimentos, pelos termos dispostos no artigo 189º do Decreto-Lei 314/78, posteriormente revogado pelo artigo 48º do RGPTC (transcrito na página 6, supra).[79] Portanto, apenas após o esgotamento dos meios executivos de cobrança alimentar é que se poderá recorrer ao FGADM.

Outro pressuposto é que o alimentado não possua rendimento ilíquido superior ao IAS – o valor para 2025 é de 522,50€, conforme Portaria 6-B/2025/1

---

76. MORGADINHO, Mariana Serra. *A obrigação de alimentos e o papel social do fundo de garantia de alimentos devidos a menores*. Dissertação de Mestrado na Área de Ciências Jurídico-Forenses, Faculdade de Direito da Universidade de Coimbra: Coimbra, Janeiro 2016, p. 37. Reconhece a autora, ainda, que "surgiu uma terceira tese que assenta no superior interesse da criança e entende que, nas situações em que não se fixou uma prestação de alimentos por impossibilidade do progenitor obrigado, o Fundo é responsável, pois, de outra forma, a aplicação da lei redundaria num resultado injusto e não pretendido pelo legislador, ficando sem proteção as crianças mais carecidas dessa prestação social, cujos pais são tão pobres que não podem, nem num momento inicial, ser condenados a pagar uma prestação de alimentos".
77. Para a União Europeia há o Regulamento (CE) 4/2009 do Conselho de 18 de Dezembro de 2008 relativo à competência, à lei aplicável, ao reconhecimento e à execução das decisões e à cooperação em matéria de obrigações alimentares. Disponível em: https://eur-lex.europa.eu/legal-content/PT/TXT/?uri=CELEX%3A02009R0004-20181231. Acesso em: 6 jan. 2022. Além disso, "na maior parte dos casos, o Protocolo da Haia de 2007 determina a lei aplicável às obrigações alimentares e qualquer sentença em matéria de alimentos proferida pelos tribunais dos Estados Membros circula livremente na União Europeia e pode ser executada em qualquer Estado Membro sem outras formalidades. Por último, tanto os credores como os devedores de prestações de alimentos beneficiam de assistência administrativa prestada pelos Estados Membros", conforme o sítio Web da União Europeia. Disponível em: https://e-justice.europa.eu/47/PT/family_maintenance. Acesso em: 31 jan. 2025.
78. DIOGO, Joana Maria Costa Leal. *Fundo de Garantia de Alimentos Devidos a Menores no contexto do Estado Social*. Dissertação de Mestrado, Faculdade de Direito da Universidade Nova de Lisboa. Março de 2018, p. 5
79. No ponto, Mariana Morgadinho aponta que há certa divergência doutrinária e jurisprudencial, pois se têm entendido pelo cabimento de uma interpretação extensiva para abranger o insucesso na realização coativa da prestação de alimentos em dívida também através da execução especial por alimentos prevista no artigo 933º do CP (MORGADINHO, Mariana Serra. *A obrigação de alimentos e o papel social do fundo de garantia de alimentos devidos a menores*. Dissertação de Mestrado na Área de Ciências Jurídico-Forenses, Faculdade de Direito da Universidade de Coimbra: Coimbra, Janeiro 2016, p. 34).

de 6 de janeiro – nem que se beneficie na mesma medida de rendimentos de outrem a cuja guarda se encontre.[80]

Considera-se que "o alimentado não beneficia de rendimentos de outrem a cuja guarda se encontre, superiores ao valor do IAS, quando a capitação do rendimento do respetivo agregado familiar não seja superior àquele valor" (art. 3º, n. 2 do DL 164/99), tornando-se, por isso, necessário apurar a quantidade de membros do agregado familiar e dos seus respectivos rendimentos.[81]

Dessa forma, dentro daquele núcleo familiar, cada membro não poderá receber mais do que 1 IAS, independentemente do número de filhos, e o cálculo se dará pela divisão do rendimento total do agregado familiar pelo número de membros que o constitui, sendo rendimento líquido aquele que se recebe efetivamente, o rendimento bruto menos as deduções específicas das categorias de rendimentos.[82]

Destaca-se, por fim, que a jurisprudência dos tribunais portugueses reconhece como agregado familiar: o alimentado, o atual cônjuge ou companheiro daquele que detém a guarda e os filhos da atual relação para fins de cálculo do rendimento *per capta*.[83]

3.3.3 Responsabilidades a cargo do Fundo Garantidor e o direito de sub-rogação

Diante do cumprimento dos requisitos, despontam as responsabilidades do FGADM. Vejamos.

---

80. Destaque-se que "antes da alteração introduzida pela Lei 64/2012, de 20 de dezembro, o rendimento líquido não poderia ser superior ao ordenado mínimo nacional. A criação do I.A.S., através do previsto no artigo 8º da Lei 53-B/2006, teve como objetivo principal a limitação do número de pessoas/famílias que teriam direito a esta, e outras prestações, por parte do Estado, de modo a reduzir a despesa com a Segurança Social" (MORGADINHO, Mariana Serra. *A obrigação de alimentos e o papel social do fundo de garantia de alimentos devidos a menores*. Dissertação de Mestrado na Área de Ciências Jurídico-Forenses, Faculdade de Direito da Universidade de Coimbra: Coimbra, Janeiro 2016, p. 40).
81. Nos termos do artigo 4º, n. 1, do Decreto-Lei 70/2010, de 16 de junho "para além do requerente, integram o respetivo agregado familiar as seguintes pessoas que com ele vivam em economia comum, sem prejuízo do disposto nos números seguintes: a) Cônjuge ou pessoa em união de facto há mais de dois anos; b) Parentes e afins maiores, em linha recta e em linha colateral, até ao 3º grau; c) Parentes e afins menores em linha recta e em linha colateral; d) Adoptantes, tutores e pessoas a quem o requerente esteja confiado por decisão judicial ou administrativa de entidades ou serviços legalmente competentes para o efeito; e) Adotados e tutelados pelo requerente ou qualquer dos elementos do agregado familiar e crianças e jovens confiados por decisão judicial ou administrativa de entidades ou serviços legalmente competentes para o efeito ao requerente ou a qualquer dos elementos do agregado familiar".
82. DIOGO, Joana Maria Costa Leal. *Fundo de Garantia de Alimentos Devidos a Menores no contexto do Estado Social*. Dissertação de Mestrado, Faculdade de Direito da Universidade Nova de Lisboa. Lisboa, 2018, p. 57.
83. PORTUGAL. Supremo Tribunal de Justiça. Processo 03B1378, Relator: Ferreira Girão, Lisboa, PT, 22 maio 2003. Disponível em: http://www.dgsi.pt/jstj.nsf/954f0ce6ad9dd8b980256b5f003fab14/b488d532b16e-719080256d750036c2e7?OpenDocument&Highlight=0,03B1378. Acesso em: 31 jan. 2025.

O momento a partir do qual é devida a prestação a cargo do Fundo, após intensa divergência doutrinária e jurisprudencial,[84] ficou definido pelo Supremo Tribunal de Justiça de Portugal (STJP) em julgamento de Acórdão de Uniformização de Jurisprudência,[85] com a seguinte tese:

> A obrigação de prestação de alimentos a menor, assegurada pelo Fundo de Garantia de Alimentos Devidos a Menores, em substituição do devedor, nos termos previstos nos artigos 1º da Lei 75/98, de 19 de novembro, e 2º e 4º, n. 5, do Decreto-Lei 164/99, de 13 de maio, só nasce com a decisão que julgue o incidente de incumprimento do devedor originário e a respetiva exigibilidade só ocorre no mês seguinte ao da notificação da decisão do tribunal, não abrangendo quaisquer prestações anteriores.[86]

Tal entendimento acabou sendo consagrado em texto de lei. Assim, a prestação a cargo do FGDAM e paga pelo IGFSS se inicia "no mês seguinte ao da notificação da decisão do tribunal, não havendo lugar ao pagamento de prestações vencidas" (art. 4º, n. 4 do DL 164/99), sendo a prestação devida "a partir do 1º dia do mês seguinte ao da decisão do tribunal" (art. 4º, n. 5 do DL 164/99).

No que toca ao valor da prestação devida pelo FGADM, ela será "precedida da realização das diligências de prova que o tribunal considere indispensáveis e de inquérito sobre as necessidades do menor, oficiosamente ou a requerimento do Ministério Público" (art. 4º, n. 1 do DL 164/99).

A verba devida é, portanto, fixada pelo tribunal, não podendo exceder o valor correspondente a 1 IAS, atendendo à capacidade econômica do agregado familiar, ao montante da prestação de alimentos fixada e às necessidades específicas do menor e devendo ser arbitrada "por cada devedor [...] independentemente do número de filhos menores" (art. 2º, n. 1, da Lei 75/98).[87]

---

84. Três teses eram defendidas: a primeira defendia que a obrigação do FGADM se iniciava com a decisão judicial que fixava a prestação a cargo do Fundo, sendo exigível no mês seguinte a notificação ao CRSS; a segunda corrente entendia a prestação seria devida desde de o descumprimento pelo devedor originário, abrangendo todas as prestações vencidas e não pagas por ele; e a última, intermediária, reconhecia que o Fundo seria responsável pela dívida alimentar desde a data do requerimento do credor, sendo o pagamento iniciado no mês seguinte a notificação da decisão judicial. Conforme MELO, Mariana Sofia Alves de. *Fundo de Garantia de alimentos devidos a menores*: as alterações de 2012 e a necessidade de uma nova reforma legislativa, Dissertação de Mestrado em Direito, Universidade Católica Portuguesa: Porto, 2013, p. 20-22.
85. Apesar de se tratar de acórdão de uniformização, eles não são vinculativos, já que o CPC português admite recurso, independentemente do valor da causa e da sucumbência, "das decisões proferidas, no domínio da mesma legislação e sobre a mesma questão fundamental de direito, contra jurisprudência uniformizada do Supremo Tribunal de Justiça" (art. 629º, n. 2, alínea c).
86. PORTUGAL. Supremo Tribunal de Justiça. Uniformização de Jurisprudência Processo 09A0682, Relator: Azevedo Ramos, Plenário das Secções Cíveis, Lisboa, PT, 7 jul. 2009. Publicação: 5 ago. 2009. Disponível em: http://www.dgsi.pt/jstj.nsf/954f0ce6ad9dd8b980256b5f003fa814/59a42fa430dd68a-2802575f60039815d?OpenDocument&Highlight=0,09A0682. Acesso em: 31 jan. 2025.
87. Antes, havia doutrina que afirmava que o limite deveria se dar por cada criança e não por cada devedor. Conforme MORGADINHO, Mariana Serra. *A obrigação de alimentos e o papel social do fundo de ga-*

Não se pode olvidar que havia intensa controvérsia sobre a possibilidade de a prestação estatal ser inferior, igual ou superior ao valor da obrigação do genitor devedor de alimentos, inclusive com divergência interna, no âmbito do próprio tribunal equivalente ao STJ de Portugal.[88]

A par disso, no Acórdão de Uniformização de Jurisprudência,[89] de 19 de março de 2015, definiu-se a tese, com fundamento nos artigos 2º da Lei 75/98 e 3º, n. 3 do Decreto-Lei 164/99, de que "a prestação a suportar pelo Fundo de Garantia de Alimentos Devidos a Menores não pode ser fixada em montante superior ao da prestação de alimentos a que está vinculado o devedor originário".[90]

Fixada a prestação de alimentos a cargo do FGADM e iniciados os respectivos pagamentos, nasce o direito à sub-rogação legal por parte do Estado em todos os direitos do menor a quem sejam atribuídas prestações, com vistas à garantia do respectivo reembolso (art. 5º, n. 1, do DL 164/99), podendo-se valer de todos os meios para se reembolsar das quantias despendidas em razão da transmissão legal do crédito.

Apesar da intervenção do FGADM, remanescerá a obrigação alimentar do devedor originário, ficando ainda responsável perante o Estado no dever de satisfazer todas as prestações sociais que forem antecipadas ao menor por meio do fundo.[91]

---

rantia de alimentos devidos a menores. Dissertação de Mestrado na Área de Ciências Jurídico-Forenses, Faculdade de Direito da Universidade de Coimbra: Coimbra, Janeiro 2016, p. 42.

88. À guisa de exemplo, julgados em que se discutiu o tema: PORTUGAL. Tribunal da Relação de Coimbra. Processo 2215/05.6, Relatora: Maria Domingas Simões, Lisboa, PT, 11 fev. 2014. Disponível em: http://www.dgsi.pt/jtrc.nsf/c3fb530030ea1c61802568d9005cd5bb/da96d6ed3b11092980257c9e-0034031f?OpenDocument&Highlight=0,2215%2F05.6. Acesso em: 31 jan. 2025; PORTUGAL. Supremo Tribunal de Justiça. Processo 257/06.3TBORQ-B.E1.S1, Relator: Bettencourt de Faria, 7ª Secção, Lisboa, PT, 29 maio 2014. Disponível em: http://www.dgsi.pt/jstj.nsf/954f0ce6ad9dd8b980256b5f-003fa814/5f42cbe3fe7c514a80257ce7004ab287?OpenDocument&Highlight=0,257%2F06.3TBORQ-B.E1.S1. Acesso em: 31 jan. 2025.

89. PORTUGAL. Supremo Tribunal de Justiça. Uniformização de Jurisprudência Processo 252/08.8TBSR-P-B-A.E1.S1 Relatora: Fernanda Isabel Pereira, 7ª Secção, Lisboa, PT, 19 mar. 2015. Publicação: 4 maio 2015. Disponível em: http://www.dgsi.pt/jstj.nsf/954f0ce6ad9dd8b980256b5f003fa814/b9cd82dbb-8f6988f80257e35003c8cc0?OpenDocument&Highlight=0,257%2F06.3TBORQ-B.E1.S1. Acesso em: 31 jan. 2025.

90. A proposição contrária partia do pressuposto de que seria possível que o FGADM pagasse quantias inferiores e superiores à prestação originária do devedor de alimentos, garantindo as reais necessidades da criança, desde que não se excedesse o limite legal – 1 IAS – já que se trata de obrigação nova e autônoma, ainda que subsidiária, tendo cunho social/assistencial, com requisitos próprios (capacidade econômica do agregado familiar, ao montante da prestação de alimentos fixadas e às necessidades específicas do menor), inclusive com um inquérito específico para apuração das reais necessidades do alimentado. Nesse sentido: SOTTOMAYOR, Maria Clara. *Regulação do Exercício das Responsabilidades Parentais nos Casos de Divórcio*. 7. ed. Coimbra: Almedina, 2021, p. 526-539.

91. Diferentemente do que ocorre na sub-rogação tradicional, na sub-rogação do FGDAM não há necessidade de aceite ou notificação do devedor para que produza efeitos em relação a ele, notadamente porque o grande interesse aqui é a proteção do alimentado necessitado. No entanto, se o devedor

Ao efetuar o pagamento da primeira prestação de alimentos, o IGFSS notificará o devedor para, no prazo máximo de 30 dias úteis a contar da data da notificação, realizar o reembolso. Decorrido o prazo sem que este ocorra, o referido órgão acionará o sistema de cobrança coerciva das dívidas à segurança social, mediante emissão da certidão de dívida respectiva (art. 5º, n. 2 e 3, do DL 164/99).[92]

3.4 CONSIDERAÇÕES SOBRE AS VANTAGENS DA POLÍTICA PÚBLICA DO ESTADO PORTUGUÊS NO COMBATE À INADIMPLÊNCIA ALIMENTAR EM COMPARAÇÃO AO SISTEMA BRASILEIRO

No presente tópico, seguindo o estudo sobre os números da prisão civil (item 2.4), diante das ponderações sobre a Análise de Impacto Legislativo (item 2.5) e das contribuições lançadas para a elaboração de uma AIL no âmbito da prisão civil (item 2.6) e, agora, após a análise do sistema português, passa-se a apresentar considerações sobre as vantagens que a referida experiência internacional poderia trazer ao desenho institucional das políticas públicas brasileiras no enfrentamento do problema social da inadimplência alimentar.

No capítulo anterior, concluiu-se que, sob a ótica do processo judicial como política pública – isto é, a racionalização da prestação jurisdicional de modo que as técnicas processuais sejam adequadas à efetivação dos direitos fundamentais –, além da resolução dos conflitos ao menor custo possível (de modo produtivamente eficiente), é fundamental que ocorra a destinação do bem da vida pretendido a quem de direito (de modo alocativamente eficiente), pois, a política pública estatal será o tanto melhor quanto mais ela garantir, ao menor custo possível, que o credor receba os alimentos que lhe são devidos.

É sabido que o principal fator de êxito dos índices de pagamento das pensões alimentícias está intimamente atrelado à "visibilidade e [à] agressividade das medidas de execução da obrigação de alimentos e com as sanções aplicadas ao não cumprimento".[93] Por outro lado, tem-se constatado, na prática, que o

---

ignorar a sub-rogação e vier a pagar o credor originário, tal pagamento será tido por eficaz perante o sub-rogado, restando a ele a possibilidade de instaurar uma ação de enriquecimento sem causa contra o primeiro credor (DIOGO, Joana Maria Costa Leal. *Fundo de Garantia de Alimentos Devidos a Menores no contexto do Estado Social*. Dissertação de Mestrado, Faculdade de Direito da Universidade Nova de Lisboa. Lisboa, 2018, p. 60).

92. Apesar de devidamente consultado em relação ao exercício efetivo deste direito de regresso perante o IGFSS, até o momento do depósito da tese de mestrado ainda não havia manifestação do referido órgão.
93. SOTTOMAYOR, Maria Clara. *Regulação do Exercício das Responsabilidades Parentais nos Casos de Divórcio*. 7. ed. Coimbra: Almedina, 2021, p. 479.

efeito coercitivo da prisão do devedor só tem validade por um curto lapso de tempo, não produz efeito inibitório algum em relação a certos devedores e não se constitui em garantia de que o pagamento ocorrerá durante toda a menoridade da criança.[94]

Dessarte, tem-se como grande vantagem do sistema português justamente o fato de conseguir efetivar a entrega dos alimentos às crianças e adolescentes mais necessitadas financeiramente (já que o FGDAM se volta apenas para agregados familiares de renda mais baixa, até 1 IAS, isto é, 522,50€), garantindo a subsistência básica com a antecipação de sua pensão, além de possibilitar que o Estado se reembolse dos gastos efetivados pelo Fundo com a posterior cobrança realizada pelo Poder Público (com todo o rigor e privilégios processuais), trazendo eficiência produtiva e alocativa em comparação com o sistema brasileiro, ao assegurar o efetivo sustento da criança sem a necessidade da efetivação da prisão civil do devedor de alimentos, com os seus correspondentes custos.[95]

Não se pode deixar de considerar, no entanto, que a prisão é também um mecanismo extremamente eficiente ao que se propõe e, inclusive, é utilizada em Portugal, apesar de restrita à seara criminal, dependendo de queixa formal do credor.[96]

Deveras, o mecanismo de indução de pagamento pelo cárcere do devedor continua sendo um poderoso instrumento para a eficiência da cobrança do débito alimentar, seja ela civil ou penal. Contudo, como se percebe, deverá ter a sua incidência relacionada em algumas situações específicas, mais precisamente, contra devedores que tenham solvabilidade.

Portanto, o grande mérito do legislador português (ou do *policymaker*) foi prever para as situações mais sensíveis, de agregados familiares mais necessitados e sem condições financeiras de adimplir a sua obrigação – com renda de até 1 IAS (equivalente a 522,50€) –, a possibilidade do Estado garantir o recebimento da pensão alimentícia devida aos menores, conferindo subsistência a eles e com a possibilidade de se sub-rogar nos direitos deste para fins de reembolso, sem a

---

94. SOTTOMAYOR, Maria Clara. *Regulação do Exercício das Responsabilidades Parentais nos Casos de Divórcio*. 7. ed. Coimbra: Almedina, 2021, p. 486. A autora defende que "para garantir o pagamento regular da obrigação de alimentos a longo prago, mostra-se mais eficaz [...] a dedução da prestação nos rendimentos do devedor".
95. Apesar de devidamente consultado sobre o percentual de êxito do reembolso, o IGFSS, até o momento do depósito da tese de mestrado ainda não havia se manifestado.
96. Ainda assim, tal mecanismo prisional se volta aos devedores detentores de boas condições financeiras, já que não há tipificação do delito de violação da obrigação de alimentos quando o devedor estiver sem condições de cumprir a obrigação (art. 250º, n. 1), assim como, poderá ser dispensado da pena imposta ou de tê-la declarada extinta se o devedor vier a pagar o débito (n. 6).

necessidade da prisão do devedor que, como visto, não garante os alimentos e traz transtornos sociais e custos ao Estado e à sociedade.

É de se ter, por outro lado, que se trata de uma escolha do legislador voltada especificamente para este determinado problema social e, por conseguinte, a eventual insuficiência do montante devido pelo Fundo ou até o não preenchimento dos seus requisitos, pode dar azo a outras formas de benefício da segurança social ou até à demanda de outros obrigados à dívida de alimentos.[97]

Apesar disso, também há críticas ao FGDAM. Além das discussões doutrinárias e jurisprudências a respeito dos critérios adotados (já vistos acima), ele pode dar margem a injustiças em determinadas situações, como o fato de se desconsiderar a família monoparental em que haja menores carentes, também necessitados, ou naquelas em que o genitor, devedor alimentar, acaba se desonerando da obrigação por incapacidade permanente e absoluta para o trabalho. Tais situações não permitem a intervenção do Fundo e, por via transversa, acabam discriminando menores em situações iguais, talvez até mais carentes, apenas por não terem como apontar um genitor responsável pelos alimentos. Também não se sabe ao certo que tipo de incentivos comportamentais podem decorrer da adoção de um fundo garantidor, inclusive com relação ao planejamento familiar (separações, inadimplências, filhos etc.).

3.5 VIABILIDADE, CONDIÇÕES E PERSPECTIVAS DE ADOÇÃO DE POLÍTICA SEMELHANTE NO BRASIL

A partir de tudo o que foi exposto acima, é factível que o Estado brasileiro possa implementar mecanismos semelhantes aos de Portugal para o aprimoramento de sua política pública quanto ao inadimplemento de alimentos. Poderia ser adotando uma espécie de fundo para garantir o pagamento da pensão alimentícia das crianças e adolescentes mais necessitadas, sub-rogando-se nos direitos deste credor, ou mesmo reduzindo ou suprimindo as hipóteses de encarceramento do devedor por dívida civil, deixando-a como *ultima ratio* e apenas para devedores recalcitrantes que tenham condições financeiras de pagar o débito alimentar e não o fazem por puro capricho.

Nesse sentido, aliás, existe política social semelhante já adotada no Brasil, voltada aos idosos e que tem um viés absolutamente assistencial[98] e de prestação

---

97. Nesse sentido: PORTUGAL. Tribunal da Relação de Coimbra. Processo 2215/05.6, Relatora: Maria Domingas Simões, Lisboa, PT, 11 fev. 2014. Disponível em: http://www.dgsi.pt/jtrc.nsf/c3fb530030ea1c61802568d9005cd5bb/da96d6ed3b11092980257c9e0034031f?OpenDocument&Highlight=0,2215%2F05.6. Acesso em: 3 fev. 2022.
98. "Por ser regulamentado a nível infraconstitucional pela Lei Orgânica da Assistência Social (Lei 8.742/93), o benefício de prestação continuada pago a título de alimentos aos idosos é também atecni-

advinda da Lei Orgânica da Assistência Social – LOAS, Lei 8742/93. O Estatuto do Idoso (Lei 10.741/2003) prevê, para além da obrigação alimentar de responsabilidade da família, uma responsabilidade residual do Estado, dispondo que "se o idoso ou seus familiares não possuírem condições econômicas de prover o seu sustento, impõe-se ao Poder Público esse provimento, no âmbito da assistência social" (art. 14).

No Brasil, é autorizada a criação de Fundos Especiais como importante ferramenta orçamentária de natureza pública designada à promoção de objetivos ou serviços socialmente relevantes, e que pode possuir natureza contábil (quando trata de despesas, custeios ou programas) ou financeira (ao conceder financiamentos e empréstimos),[99] sendo vedada "a instituição de fundos de qualquer natureza, sem prévia autorização legislativa" (CF, art. 167, IX).

O seu grande diferencial, em detrimento das verbas puramente assistencialistas, é que estes fundos especiais podem se "destinar à execução de programas de empréstimos e financiamentos, hipótese que os legitima a exigir de volta, de algum responsável, o montante despendido".[100]

Nessa ordem de ideias, pondera Rafael Calmon em estudo pormenorizado sobre o tema, ser viável, inclusive com respaldo na política pública voltada ao idoso, a criação de um fundo especial garantidor da verba alimentar de crianças e adolescentes em situações de necessidade, nos moldes do sistema português, quando se constatar a inadimplência do devedor responsável, em uma espécie de financiamento/empréstimo compulsório. O débito seria arcado pelo Estado e, posteriormente, cobrado do responsável, em sub-rogação, desde que preenchidos os requisitos legais, desvinculando-se da assistência

---

camente conhecido por "LOAS". Acontece que esse benefício de natureza absolutamente assistencial, pois diversamente do benefício previdenciário, independe de qualquer contribuição prévia do beneficiário ao Regime Geral de Previdência Social (RGPS). Embora louvável sob um ponto de vista, por outro esse método pode ser criticável por revelar um caráter extremamente assistencialista, na medida em que se transfere ao Estado a integral responsabilidade pelo sustento da pessoa idosa, ao mesmo tempo em que se lhe retira a oportunidade de recobrar as quantias pagas dos principais responsáveis, que são seus descendentes" (CALMON, Rafael. *Manual de direito processual das famílias*. 2. ed. São Paulo: SaraivaJur, 2021, p. 663).

99. A sua utilização vem sendo efetivada das mais diversas formas, trazendo como exemplos o Fundo de Amparo ao Trabalhador (FAT), voltado a custear programas como o seguro-desemprego e o abono salarial; o Fundo de Compensação de Variações Salariais (FCVS), destinado a propiciar condições de acesso à moradia, garantindo um limite de prazo para amortização da dívida pelos mutuários; o Fundo de Financiamento ao Estudante do Ensino Superior (FIES), programa operacionalizado pelo Fundo Nacional de Desenvolvimento da Educação (FNDE), cujo objetivo é financiar a graduação de estudantes no ensino superior em instituições não gratuitas. Conforme CALMON, Rafael. *Manual de direito processual das famílias*. 2. ed. São Paulo: SaraivaJur, 2021, p. 664-665.

100. CALMON, Rafael. *Manual de direito processual das famílias*. 2. ed. São Paulo: SaraivaJur, 2021, p. 665.

ou previdência social e sem que houvesse a transferência do encargo dos devedores originais.[101]

De fato, é plenamente possível e até recomendável que o Estado brasileiro crie um fundo especial, por meio de autorização legislativa (CF, art. 167, IX) e em conformidade com a lei complementar que estabelece as normas gerais para o funcionamento dos fundos (CF, art. 165, § 9º) – atualmente, tem-se a Lei Complementar (LC) 101/2000, mais conhecida como Lei de Responsabilidade Fiscal (LRF). A finalidade específica do fundo seria proporcionar recursos voltados à subsistência básica de crianças e adolescentes credores de prestações alimentícias e não pagas pelo devedor.

A pretensão deverá ser formulada judicialmente[102] e, antes, deverá ter ocorrido o esgotamento de todas as vias processuais de cobrança, ressalvada a prisão civil, cuja "não utilização" será um pressuposto (diante de todos os custos já relatados). Da mesma forma, deverá ser exigido o preenchimento de todos os requisitos previstos em lei (valendo-se, também, da experiência portuguesa quanto aos pontos mais polêmicos vistos acima), dentre os quais e principalmente, tem-se a possibilidade da utilização do Fundo Especial apenas pelas famílias mais carentes, de renda mais baixa (por exemplo, de até 1 (um) salário mínimo), em que se pressupõem menores condições de solvabilidade.

Para se tornar um ferramental de política pública com maior eficiência (alocativamente e produtivamente), afastando o seu caráter absolutamente assistencial[103] e, ao mesmo tempo, trazendo maior aceitação pela sociedade, deverá ocorrer a previsão de sub-rogação legal da entidade gestora ou do ente público

---

101. CALMON, Rafael. *Manual de direito processual das famílias*. 2. ed. São Paulo: SaraivaJur, 2021, p. 665-667.
102. Há doutrina em Portugal defendendo a possibilidade do pedido de intervenção do FGDAM se dar de forma extrajudicial, como, por exemplo, em LIMA, Rui Pedro. *Notas sobre a garantia pelo Estado dos alimentos devidos a crianças*. In: Os alimentos devidos à criança. Lisboa: Centro de Estudos Judiciários, 2021. Disponível em: https://cej.justica.gov.pt/LinkClick.aspx?fileticket=lRh49KxYmb4%3d&portalid=30. Acesso em: 10 jan. 2021.
103. Conforme destaca a jurisprudência de Portugal, "à luz do referido enquadramento legal, as prestações a cargo do FGA assumem claramente uma natureza assistencial-garantística, sendo pressuposto da sua intervenção em substituição do devedor a impossibilidade de obter deste a satisfação das prestações por alguma das formas previstas no art. 189º da dita LTM, não visando portanto substituir de forma definitiva uma obrigação legal de alimentos [...] Trata-se ainda de prestações cuja atribuição depende da verificação de uma situação de manifesta carência por banda dos beneficiários (daí a sua natureza assistencial)". No entanto, ""o direito à prestação social aqui em causa encontra-se subordinado à efectivação da responsabilidade que, em primeira linha, recai sobre os obrigados prioritários [...] havendo que distinguir entre prestações sociais do regime contributivo, que constituem um verdadeiro direito subjectivo do seu beneficiário, abstraindo, na sua concessão, da concreta situação familiar do respectivo titular, daquelas que não prescindem desta apreciação, as prestações sociais dirigidas aos menores *não* constituem um direito subjectivo dos destinatários, permanecendo as prestações familiares como primeira linha de apoio" (PORTUGAL. Tribunal da Relação de Coimbra. Processo 2215/05.6, Relatora: Maria Domingas Simões, Lisboa, PT, 11 fev. 2014. Disponível em: http://www.

ao qual estiver vinculada, para fins de reembolso de todas as parcelas alimentares antecipadas pelo Fundo Especial de Alimentos, sem que haja a transmissão da obrigação alimentar em si.[104]

Ademais, como se trata de um instrumento público de gestão, tal fundo de garantia à pensão alimentícia poderá ter as mais variadas fontes de receita, tais como: repasses do Poder Executivo; doações públicas e privadas; incentivos fiscais para aqueles que contribuírem com o fundo; receitas decorrentes de multas por infrações administrativas ou de Termos de Ajustamento de Conduta (TACs) ou de multas por violação a preceitos cominatórios em demandas judiciais, todos decorrentes de violações a direitos na área de infância e juventude;[105] dentre outras.[106]

Em suma, a adoção de um fundo especial como mais uma ferramenta de reforço ao enfrentamento do problema público da inadimplência alimentar parece ser crucial, diante da sua já comprovada eficiência, na concretização da subsistência de diversos credores de alimentos que vêm passando por dificuldades e, ao mesmo tempo, diminuindo diversos custos sociais.

Por outro lado, as informações do CNJ também são aptas a demonstrar a eficiência da técnica executiva da prisão civil. Conforme dados disponibilizados por referido órgão, ficou demonstrado a existência de um total de 261.287 execuções/cumprimentos de sentença de alimentos no Brasil no ano de 2020 – conforme a tabela de fls. 39, 11.938 execuções de alimentos correntes nos Juizados da Infância e Juventude, 88.055 cumprimentos de sentença de obrigação de prestar alimentos, 9.670 execuções extrajudiciais de alimentos e de 151.624 execuções judiciais de alimentos – e de um total de 1481 presos civis – conforme gráfico de fls. 72.

---

dgsi.pt/jtrc.nsf/c3fb530030ea1c61802568d9005cd5bb/da96d6ed3b11092980257c9e0034031f?OpenDocument&Highlight=0,2215%2F05.6. Acesso em: 31 jan. 2025).

104. Rafael Calmon destaca que poderá o legislador atribuir a tal sub-rogação "compleições típicas, notadamente voltadas à facilitação de seu recebimento extra ou judicial, como, por exemplo, a ampliação do prazo prescricional para o exercício da pretensão voltada à sua cobrança, a aplicação de multa e juros mais altos do que aqueles incidentes sobre as relações privadas (que, a rigor, já são aplicados na cobrança de créditos públicos – SELIC), a aptidão a ser inscrito em Dívida Ativa, a possibilidade de gerar a penhora de salários e proventos etc." (CALMON, Rafael. *Manual de direito processual das famílias*. 2. ed. São Paulo: SaraivaJur, 2021, p. 667).

105. Nos termos da Lei 8.069/1990 – Estatuto da Criança e do Adolescente: art. 214. Os valores das multas reverterão ao fundo gerido pelo Conselho dos Direitos da Criança e do Adolescente do respectivo município. § 1º As multas não recolhidas até trinta dias após o trânsito em julgado da decisão serão exigidas através de execução promovida pelo Ministério Público, nos mesmos autos, facultada igual iniciativa aos demais legitimados. § 2º Enquanto o fundo não for regulamentado, o dinheiro ficará depositado em estabelecimento oficial de crédito, em conta com correção monetária.

106. CALMON, Rafael. *Manual de direito processual das famílias*. 2. ed. São Paulo: SaraivaJur, 2021, p. 667-668.

Assim, grosso modo, pode-se aferir que, apesar das diversas variantes,[107] principalmente pela falta de dados sobre o tempo médio de prisão civil e de que o registro de um número baixo de prisões civis decorre, em verdade, dos exíguos prazos previstos na legislação processual e de sua alta rotatividade,[108] em tese, um percentual muito reduzido de processos executivos vem acarretando o encarceramento do devedor. Em um cálculo estimado e "por alto", considerando um prazo médio de 3 meses de prisão e 1481 presos durantes este período, teríamos 5924 presos civis por ano, o que daria um percentual, diante do número de processos executivos, de aproximadamente 2,26%, ou seja, menos de 5% dos feitos executivos incorre na prisão do devedor.

Dessarte, ao menos em um primeiro momento, diante da reconhecida eficiência da prisão civil e sua relevância cultural perante a sociedade, parece ser necessária a mantença da técnica executiva para os devedores que detenham capacidade econômica para cumprir com a sua obrigação, e desde que antes seja exaurida a execução dos bens desse devedor.

Assim, ao menos em uma suposta avaliação de impacto legislativo (já que apenas com estudos e dados específicos é que se poderá chegar a tal conclusão) e sem análise efetiva dos custos financeiros de um fundo especial (diante de um número muito maior de pessoas necessitadas que, em tese, teriam direito a tal intervenção), a combinação dos dois instrumentos – Fundo Especial e Prisão Civil –[109] muito provavelmente, trará maior eficiência à política pública de combate à inadimplência alimentar. Dessa forma, será possível atender as duas espécies de credores (dos que se voltam contra devedores com e sem capacidade econômica), concretizando o direito aos alimentos de ambos e, ao mesmo tempo, diminuindo ou acabando com as chances de cárcere do alimentante, diminuindo os custos e, ao mesmo tempo, trazendo dignidade aos credores e aos devedores e um maior bem-estar para toda a sociedade.

---

107. Não se tem certeza, por exemplo, se existem várias execuções da mesma parte ou se de vários filhos contra o mesmo pai ou se todas são relacionadas a alimentos do direito de família, se o devedor não foi encontrado, se não foi preso em razão da situação pandêmica da localidade etc.
108. CONSELHO NACIONAL DE JUSTIÇA, *Banco Nacional de Monitoramento de Prisões* – BNMP 2.0: Cadastro Nacional de Presos. Brasília: CNJ, 2018. p. 39. Disponível em: https://www.cnj.jus.br/wp-content/uploads/2019/08/bnmp.pdf. Acesso em: 4 fev. 2002
109. Além de outros instrumentos processuais e não processuais como as *astreintes*, o uso da tecnologia, apreensão de carteira de habilitação e/ou passaporte etc., que poderiam ser implementados antes da decretação da prisão.

CONSIDERAÇÕES FINAIS

O presente trabalho abordou a técnica executiva da prisão civil sob o ângulo das políticas públicas como mecanismo à disposição do Estado para enfrentamento do problema social da inadimplência alimentar. Em contraponto, trouxe o Fundo Garantidor de Alimentos do sistema de Portugal como possível solução complementar ou substitutiva, sempre em busca de uma maior eficiência e da redução de custos, o que implicará em um maior bem-estar social.

Para o exame do tema proposto, a dissertação contou com três capítulos. No primeiro deles, foram fixadas algumas premissas conceituais sobre alimentos, obrigação alimentar e políticas públicas necessárias para enfrentamento da questão.

Demonstraram-se a origem e o conceito de alimentos, firmando-se a noção de obrigação alimentar por vínculo de parentesco dos genitores para com os filhos como corolário da ideia de justiça inerente ao ser humano, de um dever parental transcendental ínsito de auxílio na criação e sobrevivência de seus descendentes e assistencial aos ascendentes necessitados, reconhecida por todos os povos e que deve ser regulada, garantida e protegida pelo Estado. Tais conteúdos foram retomados ao longo de todo o trabalho.

Pontuou-se que as ideias de dever de sustento e de obrigação alimentar não se confundem. Aquela se consubstancia quando os pais asseguram *in natura* as necessidades do filho sob poder familiar, perfazendo-se numa obrigação de fazer; já a obrigação alimentar propriamente dita, em regra, consubstancia-se pelo pagamento de prestações periódicas em dinheiro, numa verdadeira obrigação de dar.

Reconheceu-se, sob esse prisma, a existência de um problema social relevante ligado à subsistência da pessoa humana – a inadimplência da obrigação alimentar – a ser enfrentado pelo Estado por meio de suas políticas públicas, com o objetivo de garantir um mínimo existencial àqueles que necessitam de alimentos. Por conseguinte, abordou-se a noção de política pública como o meio pelo qual o Poder Público promove a efetivação dos direitos fundamentais e sociais, oportunidade em que o gestor decide as ações e os programas que devem ser implementados para enfrentamento de problemas sociais relevantes, consecução de objetivos e devida proteção dos bens jurídicos, valendo-se de arranjos normativos, inclusive de natureza processual e de meios coercitivos, para corrigir desvirtuamentos ou com a finalidade de estimular comportamentos e, assim, realizar objetivos socialmente relevantes e politicamente determinados da forma mais eficiente.

Na sequência do primeiro capítulo, fez-se uma análise da obrigação alimentar no sistema jurídico brasileiro, partindo-se das disposições constitucionais, notadamente com relação às responsabilidades da família, da sociedade e do Estado, destacando-se o direito fundamental aos alimentos diretamente associado ao dever de subsistência, com substrato no princípio da solidariedade e que, por isso, merece especial proteção do Poder Público, distinguindo-o do direito social à alimentação adequada, passando-se, então, pela análise do arcabouço normativo dos alimentos e suas características. Delimitados os contornos jurídicos e jurisprudenciais em torno do tema, abordou-se o dever do Estado de proteção à tutela do direito fundamental aos alimentos.

Após, ainda no primeiro capítulo, fez-se uma incursão sobre as políticas públicas no enfrentamento de problemas sociais relevantes, demonstrando-se que a inadimplência da obrigação alimentar é um problema social que vem sendo enfrentado em todo o mundo, e que diversos Estados têm se comprometido, via tratados e acordos internacionais, a adotar políticas públicas, inclusive autorizando a adoção de medidas pessoais drásticas para o enfrentamento de referido distúrbio social. Por meio de dados do Conselho Nacional de Justiça (CNJ), esclareceu-se que existiram, no ano de 2024, no Brasil, mais de 860 mil credores mil credores passando pelo problema da inadimplência alimentar e que buscaram o judiciário para a tutela efetiva do seu direito fundamental.

Por fim, como principal objetivo do primeiro capítulo, externou-se a ideia da técnica processual e dos meios executivos como política pública a cargo do Estado para alcance de uma tutela jurisdicional efetiva, explicitando-se a prisão civil como o principal instrumento de política pública, no sistema brasileiro, para enfrentamento do problema social da inadimplência alimentar.

No segundo capítulo, analisou-se detidamente a técnica processual executiva da prisão civil do devedor de alimentos, trazendo-se todos os aspectos jurídicos, inclusive no que toca ao afastamento da possibilidade de prisão civil do depositário infiel, conforme entendimento do STF. Em seguida, pontuaram-se as características e a natureza jurídica da prisão civil por dívida, tendo-se efetivado as diferenças entre a prisão civil, a penal e a administrativa, além de se ter assinalado as questões estruturais decorrentes da Covid-19. Notadamente, em razão da pandemia, ficou esvaziada a coercitividade do instrumento de política pública, ao ser autorizado o seu cumprimento em regime domiciliar.

Viram-se com detalhes os números da prisão civil, certificando-se que, atualmente, encontram-se 2.452 pessoas privadas de sua liberdade decorrentes do não pagamento da pensão alimentícia, demonstrando-se, ademais, os diversos custos de sua implementação e pontuando que, apesar de tudo, não há garantia do recebimento dos alimentos.

Detalhou-se que o valor para a manutenção do devedor de alimentos no sistema penitenciário é atualmente de cerca de R$ 2.146 mil por mês aos cofres públicos; que o custo unitário de um processo executivo é em torno de R$ 4 mil, tendo uma duração aproximada de tramitação de 3 (três) anos. Portanto, levando-se em conta que a prisão civil, em regra, é decretada por 3 (três) meses, somado ao custo médio do processo executivo, concluiu-se que o Poder Público vem tendo um gasto aproximado de R$ 10,5 mil por preso civil, o que acarreta um ônus de mais ou menos R$ 3,5 mil por mês aos cofres públicos (em comparação, o custo mínimo do aluno no Brasil, previsto para o exercício de 2020, é de aproximadamente R$ 3,6 mil por ano, ou seja, equivalente ao encargo de 1 mês de prisão do devedor alimentar).

Somado a isso, destacou-se que o devedor vem sendo encarcerado em presídio de segurança máxima ou média, em regime fechado, tendo-se lembrado que o STF já reconheceu a existência de um Estado de Coisas Inconstitucional no sistema prisional brasileiro, pela constatação de violações generalizadas e sistêmicas de direitos fundamentais dos presos. Apontou-se a incongruência da prisão civil em relação ao sistema penal brasileiro que, em sentido diametralmente oposto, vem incentivando a adoção de métodos despenalizadores em substituição ao cárcere, circunstâncias que atraem um custo de direitos humanos e internacionais ao Brasil, haja vista o fato de que a medida extrema é considerada desproporcional aos fins buscados, em afronta ao princípio constitucional da dignidade humana, inclusive tendo sido abolida de diversos países do mundo ocidental.

Realçou-se, ainda, a possibilidade de ocorrência de um custo moral, familiar e social, haja vista que o cárcere é apto a ensejar um abalo moral do devedor, com a possível desmoralização e quebra dos direitos de sua personalidade, além de agravar a ruptura física e psicológica da relação pai e filho e de poder reforçar exclusões no ambiente de trabalho, perante o seu meio social, reduzindo as suas oportunidades.

Posteriormente, foi fornecido o embasamento teórico sobre a ciência da legislação e a avaliação de impacto legislativa, demonstrando-se que a intervenção estatal, visando à concretização do bem-estar da sociedade por meio de políticas públicas, tem como um dos seus maiores desafios o de efetivar a elaboração e a implementação de suas ações por meio de processos fundamentados, com a escolha de mecanismos institucionais e a tomada de deliberações dotadas de maior qualidade e efetividade, atendendo-se as demandas e as soluções dos problemas públicos com mais eficiência, com uma atuação mais satisfatória e menos dispendiosa do Estado.

Diante desse escorço, foram apresentadas considerações, reflexões e subsídios para uma análise de impacto da prisão civil em que se efetivaram questionamentos sobre a eficiência da referida técnica processual. Especialmente, teve-se a constatação de que, na prática, o efeito incentivador decorrente da sua efetivação só se verifica a curto prazo, não garantindo o pagamento durante toda a menoridade do alimentado e só produzindo resultados efetivos em relação a alguns pais, que realmente se sentem coagidos a pagar. Por isso, certa parte dos credores continuará sem receber o seu crédito, e outros acabarão recebendo pensões em importes menores que os custos estatais ensejados pelo cárcere, inclusive porque elas, em sua maioria, são muito inferiores aos custos estatais de R$ 3,5 mil.

Em razão disso e do fato de que existem outros mecanismos que garantem o recebimento da pensão alimentícia pelo menor carente, como o Fundo de Garantia de Portugal, problematizou-se a eficiência da política pública que se valha da prisão civil como principal instrumento para enfrentamento do problema social. Isso porque, além da resolução do conflito ao menor custo possível (produtivamente eficiente), é fundamental que haja a alocação do bem da vida pretendido a quem de direito (alocativamente eficiente), sendo que, pelo seu ângulo social, a eficiência alocativa será aquela que for capaz de garantir que o credor receba os seus alimentos ao menor custo possível.

No capítulo terceiro, então, procedeu-se ao exame detalhado do Fundo Garantidor de Alimentos Devidos a Menores (FGADM) do sistema português que, de forma muito simplista, é o instrumento de política pública que, substituindo-se ao devedor inadimplente, garante o pagamento dos alimentos devidos ao credor e, em contrapartida, sub-roga-se em seus direitos para futuro reembolso. Na análise do diagnóstico e na busca do tratamento mais eficiente do problema social é crucial que o gestor público se debruce na exploração de alternativas, valendo-se da investigação da experiência estrangeira para aumentar a probabilidade de se efetivar a melhor escolha.

Para tanto, realizou-se um estudo da obrigação alimentar em Portugal, pormenorizando-se os três mecanismos jurídicos voltados ao cumprimento desse dever naquele país: o Regime Geral do Processo Tutelar Cível – RGPTC (art. 48º); o processo de execução especial do próprio CPC português (art. 933 e ss.); e a sanção criminal tipificada no Código Penal (art. 250º). Ao final dessa primeira parte, explicou-se o papel social do Estado português e a sua política pública de combate à inadimplência alimentar.

A referida política pública portuguesa tem como grande diferencial a implementação do fundo de garantia aos alimentos, regulado pela Lei 75/1998 e pelo Decreto-Lei 164/1999, dando concretude à Recomendação R (82)2, de 4 de Fevereiro de 1982, da Comissão Europeia, em que se aconselhou que os Estados membros adotassem as medidas necessárias para intervir, fosse por meio de antecipação do pagamento ou por qualquer outro mecanismo, nas situações em que um dos pais descumprisse a obrigação de manutenção do filho.

Foram detalhadas as características do FGADM, constituído no âmbito do ministério responsável pela área da solidariedade e da segurança social e gerido pelo Instituto de Gestão Financeira da Segurança Social (IGFSS), além de se ter pormenorizado os requisitos cumulativos (e os seus pontos polêmicos) para que possa ocorrer a sua intervenção: a) decisão judicial estabelecendo a pensão alimentar; b) descumprimento pelo devedor e, por outro lado, tendo o credor esgotado os meios processuais civis à sua disposição para a cobrança do débito; c) o alimentado dever residir em Portugal e não pode ter, juntamente com seu agregado familiar, rendimento ilíquido superior ao valor do Indexante dos Apoios Sociais – IAS (definido para o ano de 2025 em 522,50€).

Cumpridos os requisitos, despontam as responsabilidades do FGDAM, que são a obrigação de pagar os alimentos em substituição ao devedor, no mês seguinte ao da notificação judicial, sem abranger as prestações anteriores. A parcela também não pode exceder o valor correspondente a 1 IAS, independentemente do número de filhos menores, nem ser superior ao montante da pensão alimentícia. Iniciados os respectivos pagamentos, nasce o direito à sub-rogação legal por parte do Estado em todos os direitos do menor a quem sejam atribuídas as prestações, com vistas à garantia do respetivo reembolso, remanescendo a obrigação alimentar do devedor originário e mantendo-se ele responsável, perante o Estado, no dever de satisfazer todas as prestações sociais que forem antecipadas ao menor por meio do fundo.

Ao final, em considerações sobre a política pública de Portugal e a do Brasil, reconheceu-se que a grande vantagem do sistema português é justamente o fato de conseguir efetivar a entrega dos alimentos às crianças e aos adolescentes mais necessitados financeiramente, garantindo a subsistência básica com a antecipação de sua pensão, além de possibilitar que o Estado se reembolse dos gastos efetivados, trazendo eficiência produtiva e alocativa, em comparação ao sistema brasileiro, ao assegurar o real sustento da criança sem a necessidade da efetivação da prisão civil do devedor e os seus correspondentes custos. No entanto, também foram feitas críticas ao modelo do FGDAM e, ao final, asseverou-se, diante dos dados levantados, que a prisão civil continua sendo um instrumento extremamente eficiente na cobrança do débito alimentar.

A conclusão, portanto, foi a de que é factível que o Estado brasileiro possa implementar um fundo especial como mais uma ferramenta de aprimoramento de sua política pública e em reforço ao enfrentamento do problema público da inadimplência alimentar, em razão da sua já comprovada eficiência. Ao mesmo tempo, frente à também reconhecida eficiência da prisão civil e de toda a sua relevância cultural perante a sociedade, percebeu-se necessária a sua mantença para os devedores que detenham capacidade econômica para cumprir com a sua obrigação e desde que, antes, seja exaurida a execução dos seus bens.

Assim, ao menos em uma suposta avaliação de impacto legislativo, inferiu-se que a combinação dos dois instrumentos – Fundo Especial e Prisão Civil –, muito provavelmente trará maior eficiência à política pública, já que se conseguirá atender as duas espécies de credores (dos que se voltam contra devedores com e sem capacidade econômica), concretizando o direito aos alimentos de ambos e, ao mesmo tempo, diminuindo ou acabando com as chances de cárcere do alimentante, reduzindo os custos e trazendo dignidade aos credores e um maior bem-estar para toda a sociedade.

A pretensão aqui foi a de jogar luz a tais questões, ciente de que não há uma fórmula mágica para dar cabo ao problema social da inadimplência alimentar, especialmente em se adotando mecanismos de países com diferentes maturidades social e financeira. Entretanto, se de alguma maneira este trabalho contribuir para a reflexão sobre a necessidade de uma efetiva avaliação de impacto legislativo, especialmente em relação à técnica executiva da prisão civil, rumo ao aprimoramento da política pública, o objetivo terá sido, então, alcançado.

REFERÊNCIAS

ARENHART, Sérgio Cruz. Decisões estruturais no direito processual civil brasileiro. *Revista de Processo*. São Paulo, v. 225, ano 38, 2013.

ASSIS, Araken de. *Da execução de alimentos e prisão do devedor*. 10. ed. São Paulo: Thomson Reuters Brasil, 2019.

AZEVEDO, Álvaro Villaça. *Curso de direito civil:* direito de família. 2. ed. São Paulo: Saraiva Educacional, 2019.

AZEVEDO, Álvaro Villaça. *Prisão Civil por Dívida*. 3. ed. São Paulo: Atlas, 2012.

BARCELLOS, Ana Paula de. Neoconstitucionalismo, Direitos Fundamentais e Controle das Políticas Públicas, In: NOVELINO, Marcelo (Coord.). *Leituras Complementares de Direito Constitucional:* direitos humanos e direitos fundamentais. Salvador: JusPodivm, 2008.

BEVILÁQUA, Clóvis. *Código Civil dos Estado Unidos Comentado*. Rio de Janeiro: Ed. Livraria Francisco Alves, 1943. v. 2.

BITENCOURT, Cezar Roberto. *Tratado de direito penal*. 4: parte especial. 5. ed. São Paulo: Saraiva, 2011.

BRAGA NETTO, Felipe; ROSENVALD, Nelson, *Código Civil Comentado*. 2. ed. Salvador: JusPodivm, 2021.

BUCCI, Maria Paula Dallari. *Fundamentos para uma teoria jurídica das políticas públicas*. 2. ed. São Paulo: Saraiva Educação, 2021.

BUCCI, Maria Paula Dallari. O conceito de política pública em direito. In: BUCCI, Maria Paula Dallari (Org.). *Políticas Públicas. Reflexões sobre o Conceito Jurídico*. São Paulo: Saraiva, 2006.

CAHALI, Yussef Said. *Dos alimentos*. 8. ed. São Paulo: RT, 2013.

CALMON, Rafael. *Manual de direito processual das famílias*. 2. ed. São Paulo: SaraivaJur, 2021.

CANHA, Adriana. *Cumprimento Coercivo das Obrigações Alimentares (a Crianças e Jovens)*. Dissertação de Mestrado, Universidade de Coimbra, 2016.

CANOTILHO, José Joaquim Gomes; MOREIRA, Vital, *Constituição da República Portuguesa Anotada*. Coimbra, PT: Coimbra Editora, 2007. v. I, 1. ed. brasileira, 4. ed. portuguesa.

CARVALHO FILHO, Milton Paulo de; GODOY, Cláudio Luiz Bueno de et al. In: PELUZO, Cezar (Coord.). *Código Civil Comentado*. Barueri: Manole, 2016.

CASTRO, Amílcar. *Comentários ao Código de Processo Civil*. São Paulo: RT, 1974. v. 8.

CAUPERS, João. Relatório sobre o programa, conteúdo e métodos de uma disciplina de Metódica da Legislação. *Cadernos de Ciência de Legislação*, n. 35, out./dez. 2003. Oeiras/Portugal: Instituto Nacional de Administração.

CHIOVENDA, Giuseppe. *Instituições de direito processual civil*. Campinas: Bookseller, 2002.

COELHO, Fábio Ulhoa. *Curso de direito civil, família, sucessões*. 4. ed. São Paulo: Saraiva, 2011. v. 5.

CONSELHO NACIONAL DE JUSTIÇA. *Justiça em números 2021*. Brasília: CNJ, 2021.

CONSELHO NACIONAL DE JUSTIÇA. *Banco Nacional de Monitoramento de Prisões* – BNMP 2.0: Cadastro Nacional de Presos. Brasília: CNJ, 2018.

D'ALESSANDRO, Gustavo. A "dosimetria" do prazo de prisão civil: uma questão de efetividade dos direitos fundamentais. In: CALMON, Rafael; PORTANOVA, Rui e D'Alessandro, Gustavo. *Alimentos*: aspectos processuais; coordenado por Indaiatuba, SP: Foco, 2024.

DEL VECCHIO, Giorgio. *A Justiça*. Tradução portuguesa de António Pinto de Carvalho. São Paulo: Saraiva, 1960.

DIAS, Maria Berenice. *Alimentos* – Direito, Ação, Eficácia, Execução. 3. ed. Salvador: JusPodivm, 2020.

DIDIER JR., Fredie; CUNHA, Leonardo Carneiro da; BRAGA, Paula Sarno; OLIVEIRA, Rafael Alexandria de. *Curso de Direito Processual Civil* – v.5 Execução. 14. ed. Salvador: JusPodivm, 2024, p. 129-135.

DIOGO, Joana Maria Costa Leal. *Fundo de Garantia de Alimentos Devidos a Menores no contexto do Estado Social*. Dissertação de Mestrado. Faculdade de Direito da Universidade Nova de Lisboa: Lisboa, 2018.

FACHIN, Rosana Amara Girardi. *Dever alimentar para um novo Direito de Família*. Rio de Janeiro: Renovar, 2005.

FARIAS, Cristiano Chaves de; ROSENVALD, Nelson. *Curso de Direito Civil: Famílias*. 13. ed. Salvador: JusPodivm, 2021.

FARIAS, Cristiano Chaves de. *Curso de Direito Civil: Obrigações*. 15. ed. Salvador: JusPodivm, 2021.

FREITAS, Juarez. *O controle dos atos administrativos e os princípios fundamentais*. 5. ed. São Paulo: Malheiros, 2013.

GICO JÚNIOR, Ivo Teixeira. *Análise Econômica do Processo Civil*. Indaiatuba, SP: Foco, 2020.

GICO JUNIOR, Ivo Teixeira. Introdução ao direito e economia. In: TIMM, Luciano Benetti (Org.). *Direito e Economia no Brasil*: estudos sobre a análise econômica do direito. 3. ed. Indaiatuba, SP: Foco, 2019.

GOMES, Luiz Flávio; MAZZUOLI, Valério de Oliveira. *Comentários à Convenção Americana sobre Direitos Humanos*: Pacto de San José da Costa Rica. 3. ed. São Paulo: RT, 2010.

GRECO, Leonardo. *O Processo de Execução*. Rio de Janeiro: Renovar, 2001. v. 2.

GRECO, Rogério. *Código Penal*: comentado. 5. ed. Niterói, RJ: Impetus, 2011.

GROSMAN, Cecília P. Alimentos a Los Hijos y Derechos Humanos. La Responsabilidade del Dstado. In: GROSMAN, Cecília et al. *Alimentos a Los Hijos Y Derechos Humanos*. Buenos Aires: Editorial Universidad, 2004.

HOWLETT, Michael, RAMESH, M.; PERL, Anthony. *Política pública*: seus ciclos e subsistemas: uma abordagem integradora. Tradução técnica Fransicso G. Heidermann. Rio de Janeiro: Elsevier, 2013.

LIMA, Renato Brasileiro. *Manual de Processo Penal*. 5. ed. Salvador: JusPodivm, 2017.

LÔBO, Paulo. *Direito Civil*: Famílias. São Paulo: Saraiva, 2015.

MADALENO, Rolf, MORAES, Alexandre de et al. *Constituição Federal comentada*. (Organização Equipe Forense). Rio de Janeiro: Forense, 2018.

MADALENO, Rolf. *Direito de Família*. 7. ed. Rio de Janeiro: Forense, 2017.

MARINONI, Luiz Guilherme. *Técnica Processual e Tutela dos Direitos*. São Paulo: Thomson Reuters Brasil, 2020.

MARMITT, Arnaldo. *Prisão civil por alimentos e depositário infiel*. Rio de Janeiro: Aide, 1989.

MARTINS, Ives Gandra; BASTOS, Celso Ribeiro. *Comentários à Constituição do Brasil*: promulgada em 5 de outubro de 1988. 2 ed. São Paulo: Saraiva, 2000. v. 8: arts. 193 a 232.

MELO, Mariana Sofia Alves de. *Fundo de Garantia de alimentos devidos a menores*: as alterações de 2012 e a necessidade de uma nova reforma legislativa. Dissertação de Mestrado em Direito, Universidade Católica Portuguesa: Porto, 2013.

MORAES, Maria Celina Bodin de; TEIXEIRA, Ana Carolina Brochado. Comentário ao art. 227. In: CANOTILHO, J.J. Gomes; MENDES, Gilmar F.; SARLET, Ingo W.; STRECK, Lênio L. (Coord.). *Comentários à Constituição do Brasil*. São Paulo: Saraiva: Almedina, 2013.

MORGADINHO, Marina Serra. *A obrigação de alimentos e o papel social do fundo de garantia de alimentos devidos a menores*. Dissertação de Mestrado na Área de Ciências Jurídico-Forenses, Faculdade de Direito da Universidade de Coimbra: Coimbra, 2016.

NUCCI, Guilherme de Souza. *Manual de direito penal*. 17. ed. Rio de Janeiro: Forense, 2021.

PEREIRA, Caio Mário da Silva. *Instituições de Direito Civil: direito de família*. Rio de Janeiro, Forense, 2012. v. 5.

PEREIRA, Rodrigo da Cunha. *Dicionário de direito de família e sucessões*. 2. ed. São Paulo: Saraiva Educação, 2018.

SALINAS, N.S.C. *Avaliação Legislativa no Brasil:* um estudo de caso sobre as normas de controle das transferências voluntárias de recursos públicos para entidades do terceiro setor. Dissertação de Mestrado em Direito. Faculdade de Direito, Universidade de São Paulo, São Paulo, 2008.

SALOMÃO, Luis Felipe, D'ALESSANDRO, Gustavo. As recomendações do CNJ em matéria de Recuperação Judicial e Falência. *Recuperação de empresa e falência*: diálogos entre a doutrina e a jurisprudência. Barueri/SP: Atlas, 2021.

SARLET, Ingo Wolfgang. Comentário ao artigo 5º, LXVII. In: CANOTILHO, J.J. Gomes; MENDES, Gilmar F.; SARLET, Ingo W.; STRECK, Lênio L. (Coord.). *Comentários à Constituição do Brasil*. São Paulo: Saraiva: Almedina, 2013.

SARLET, Ingo Wolfgang. In: CANOTILHO, J.J. Gomes; MENDES, Gilmar F.; SARLET, Ingo W.; STRECK, Lenio L. (Coord.). *Comentários à Constituição do Brasil*. 2. ed. São Paulo: Saraiva: Almedina, 2018.

SECCHI, Leonardo. *Políticas públicas*: conceitos, esquemas de análise, casos práticos. 2. ed. São Paulo: Cengage Learning, 2013.

SILVA, José Afonso da. *Comentário Contextual à Constituição*. 9. ed. São Paulo: Malheiros, 2014.

SOTTOMAYOR, Maria Clara. *Regulação do Exercício das Responsabilidades Parentais nos Casos de Divórcio*. 7. ed. Coimbra: Almedina, 2021.

VARELA, Antunes. *Das Obrigações em geral*. Coimbra: Livraria Almedina, 2000. v. 1.

VASCONCELOS NETO, Diego Valadares; LEANDRO, Ariane Gontijo Lopes; ARRUDA, Pedro Henrique de Mattos Freire. Fundamentação em Direitos Humanos e Cidadania. *Coleção Cadernos de Direitos Humanos*: Cadernos Pedagógicos da Escola de Formação em Direitos Humanos de Minas Gerais |EFDH-MG. v.2. Belo Horizonte: Marginália Comunicação, 2016.

VIEIRA, Eduardo S. S.; MENEGUIN, Fernando B.; RIBEIRO, Henrique Marques. KÄSSMAYER, Karin. *Avaliação de impacto legislativo: cenários e perspectivas para sua aplicação*. Organizadores: Fernando B. Meneguin, Rafael Silveira e Silva. – Brasília: Senado Federal, Coordenação de Edições Técnicas, 2017.

TEPEDINO, Gustavo. *Temas de Direito Civil*, 4ª ed. Rio de Janeiro: Renovar: 2008.

JURISPRUDÊNCIA

BRASIL

BRASIL. Supremo Tribunal Federal. Arguição de Descumprimento de Preceito Fundamental 347 MC, Relator: Marco Aurélio, Tribunal Pleno, Brasília, DF, 9 set. 2015. Publicação no Diário da Justiça: 19 fev. 2016. Disponível em: https://redir.stf.jus.br/paginadorpub/paginador.jsp?docTP=TP&docID=10300665. Acesso em: 31 jan. 2022.

BRASIL. Supremo Tribunal Federal. Repercussão Geral no Recurso Extraordinário com Agravo 842.157 RG, Relator: Dias Toffoli, Tribunal Pleno, Brasília, DF, 4 jun. 2015, Publicação no Diário da Justiça: 19 ago. 2015. Disponível em: https://redir.stf.jus.br/paginadorpub/paginador.jsp?docTP=TP&docID=9185086. Acesso em: 31 jan. 2022.

BRASIL. Supremo Tribunal Federal. Habeas Corpus 77.527, Relator: Marco Aurélio, Relator(a) p/ Acórdão: Moreira Alves, Tribunal Pleno, Brasília, DF, 23 set. 1998, Publicação no Diário da Justiça: 16 abr. 2004. Disponível em: https://redir.stf.jus.br/paginadorpub/paginador.jsp?docTP=AC&docID=77382. Acesso em: 31 jan. 2022.

BRASIL. Supremo Tribunal Federal. Recurso Extraordinário 102.877, Relator: Djaci Falcão, Segunda Turma, Brasília, DF, 14 set. 198414/09/1984, Publicação no Diário da Justiça: 26

out. 1984. Disponível em: https://redir.stf.jus.br/paginadorpub/paginador.jsp?docTP=AC&docID=195148. Acesso em: 31 jan. 2022.

BRASIL. Supremo Tribunal Federal. Recurso Extraordinário 349.703, Relator: Carlos Britto, Relator para o Acórdão: Gilmar Mendes, Tribunal Pleno, Brasília, DF, 3 dez. 2008 Publicação no Diário da Justiça: 5 jun. 2009. Disponível em: https://redir.stf.jus.br/paginadorpub/paginador.jsp?docTP=AC&docID=595406. Acesso em: 31 jan. 2022.

BRASIL. Supremo Tribunal Federal. Recurso Extraordinário 466.343, Relator: Cezar Peluso, Tribunal Pleno, Brasília, DF, 3 dez. 200803/12/2008, Publicação no Diário da Justiça: 5 jun. 2009. Disponível em: https://redir.stf.jus.br/paginadorpub/paginador.jsp?docTP=AC&docID=595444. Acesso em: 31 jan. 2022.

BRASIL. Supremo Tribunal Federal. Recurso em Habeas Corpus 66.905, Relator: Moreira Alves, Primeira Turma, Brasília, DF, 4 nov. 1988, Publicação no Diário da Justiça: 10 fev. 1989. Disponível em: https://redir.stf.jus.br/paginadorpub/paginador.jsp?docTP=AC&docID=102236. Acesso em: 31 jan. 2022.

BRASIL. Supremo Tribunal Federal. Súmula Vinculante 25. É ilícita a prisão civil de depositário infiel, qualquer que seja a modalidade de depósito. Disponível em: https://jurisprudencia.stf.jus.br/pages/search/seq-sumula774/false. Acesso em: 5 jan. 2021.

BRASIL. Superior Tribunal de Justiça. Embargos de Divergência em Recurso Especial 149.518/GO, Relator: Ministro Ruy Rosado de Aguiar, Corte Especial, Brasília, DF, 05 maio. 1999, Publicação no Diário da Justiça: 28 fev. 2000. Disponível em: https://scon.stj.jus.br/SCON/GetInteiroTeorDoAcordao?num_registro=199800630562&dt_publicacao=28/02/2000. Acesso em: 31 jan. 2022.

BRASIL. Superior Tribunal de Justiça. Habeas Corpus 523.357/SP. Relatora: Ministra Maria Isabel Gallotti. Quarta Turma. Brasília, DF, 1 set. 2020. Publicação no Diário da Justiça: 16 out. 2020. Disponível em: https://scon.stj.jus.br/SCON/GetInteiroTeorDoAcordao?num_registro=201902171370&dt_publicacao=16/10/2020. Acesso em: 31 jan. 2022.

BRASIL. Superior Tribunal de Justiça. Habeas Corpus 413.344/SP, Relator: Ministro Luis Felipe Salomão, Quarta Turma, Brasília, DF, 19 mar. 2018. Publicação no Diário da Justiça: 7 de jun. 2018. Disponível em: https://scon.stj.jus.br/SCON/GetInteiroTeorDoAcordao?num_registro=201702106081&dt_publicacao=07/06/2018. Acesso em: 31 jan. 2022.

BRASIL. Superior Tribunal de Justiça. Habeas Corpus 416.886/SP, Relatora: Ministra Nancy Andrighi, Terceira Turma, Brasília, DF, 12 dez. 2017. 12/12/2017, Publicação no Diário da Justiça: 18 dez. 2017 18/12/2017. Disponível em: https://scon.stj.jus.br/SCON/GetInteiroTeorDoAcordao?num_registro=201702401310&dt_publicacao=18/12/2017. Acesso em: 31 jan. 2022.

BRASIL. Superior Tribunal de Justiça. Recurso Especial 102.819/RJ, Relator: Ministro Barros Monteiro, Quarta Turma, Brasília, DF, 23 nov. 1998. Publicação no Diário da Justiça: 12 abr. 1999. Disponível em: https://scon.stj.jus.br/SCON/GetInteiroTeorDoAcordao?num_registro=199600483590&dt_publicacao=12/04/1999. Acesso em: 31 jan. 2022.

BRASIL. Superior Tribunal de Justiça. Recurso Especial 1.911.030/PR, Relator: Ministro Luis Felipe Salomão, Quarta Turma, Brasília, DF, 1 jun. 2021. Publicação no Diário da Justiça:

31 ago. 2021. Disponível em: https://scon.stj.jus.br/SCON/GetInteiroTeorDoAcordao?num_registro=202003288428&dt_publicacao=31/08/2021. Acesso em: 31 jan. 2022.

BRASIL. Superior Tribunal de Justiça. Recurso Especial 1.205.408/RJ, Relatora: Ministra Nancy Andrighi, Terceira Turma, Brasília, DF, 21 jun. 2011. Publicação no Diário da Justiça: 29 jun. 2011. Disponível em: https://scon.stj.jus.br/SCON/GetInteiroTeorDoAcordao?num_registro=201001459536&dt_publicacao=29/06/2011. Acesso em: 31 jan. 2021.

BRASIL. Superior Tribunal de Justiça. Recurso Especial 1.130.742/DF, Relator: Ministro Luis Felipe Salomão, Quarta Turma, Brasília, DF, 4 dez. 2012, Publicação no Diário da Justiça: 17 dez. 2012. Disponível em: https://scon.stj.jus.br/SCON/GetInteiroTeorDoAcordao?num_registro=200900573520&dt_publicacao=17/12/2012. Acesso em: 31 jan. 2022.

BRASIL. Superior Tribunal de Justiça. Recurso Especial 1.533.206/MG, Relator: Ministro Luis Felipe Salomão, Quarta Turma, Brasília, DF, 17 nov. 2015, Publicação no Diário da Justiça: 1 fev. 2016. Disponível em: https://scon.stj.jus.br/SCON/GetInteiroTeorDoAcordao?num_registro=201403456537&dt_publicacao=01/02/2016. Acesso em: 31 jan. 2022.

BRASIL. Superior Tribunal de Justiça. Recurso Especial 1.557.248/MS, Relator: Ministro Ricardo Villas Bôas Cueva, Terceira Turma, Brasília, DF, 6 fev. 2018, Publicação no Diário da Justiça: 15 fev. 2018 Disponível em: https://scon.stj.jus.br/SCON/GetInteiroTeorDoAcordao?num_registro=201502301341&dt_publicacao=15/02/2018. Acesso em: 31 jan. 2022.

BRASIL. Superior Tribunal de Justiça. Habeas Corpus 561.257/SP, Relator: Ministro Raul Araújo, Quarta Turma, Brasília, DF, 5 maio 2020, Publicação no Diário da Justiça: 8 maio 2020. Disponível em: https://scon.stj.jus.br/SCON/GetInteiroTeorDoAcordao?num_registro=202000334001&dt_publicacao=08/05/2020. Acesso em: 31 jan. 2022.

BRASIL. Superior Tribunal de Justiça. Habeas Corpus 439.973/MG, Relator: Ministro Luis Felipe Salomão, Rel. p/ Acórdão Ministro Antonio Carlos Ferreira, Quarta Turma, Brasília, DF, 16 ago. 2018, Publicação no Diário da Justiça: 4 set. 2018. Disponível em: https://scon.stj.jus.br/SCON/GetInteiroTeorDoAcordao?num_registro=201800536687&dt_publicacao=04/09/2018. Acesso em: 31 jan. 2022.

BRASIL. Superior Tribunal de Justiça. Recurso Especial 1.354.693/SP, Relatora: Ministra Maria Isabel Gallotti, Relator para Acórdão: Ministro Antonio Carlos Ferreira, Segunda Seção, Brasília, DF, 26 nov. 2014, Publicação no Diário da Justiça: 20 fev. 2015. Disponível em: https://scon.stj.jus.br/SCON/GetInteiroTeorDoAcordao?num_registro=201202321648&dt_publicacao=20/02/2015. Acesso em: 31 jan. 2022.

BRASIL. Superior Tribunal de Justiça. Recurso Especial 1.529.532/DF, Relator: Ministro Ricardo Villas Bôas Cueva, Terceira Turma, Brasília, DF, 9 jun. 202009/06/2020, Publicação no Diário da Justiça: 16 jun. 2020. Disponível em: https://scon.stj.jus.br/SCON/GetInteiroTeorDoAcordao?num_registro=201501001562&dt_publicacao=16/06/2020. Acesso em: 31 jan. 2022.

BRASIL. Superior Tribunal de Justiça. Recurso Especial 1.185.040/SP, Relator: Ministro Luis Felipe Salomão, Quarta Turma, Brasília, DF, 13 out. 2015, Publicação no Diário da Justiça: 9 nov. 2015. Disponível em: https://scon.stj.jus.br/SCON/GetInteiroTeorDoAcordao?num_registro=201000420460&dt_publicacao=09/11/2015. Acesso em: 31 jan. 2022.

BRASIL. Superior Tribunal de Justiça. Recurso Especial 1.698.719/SP, Relatora: Ministra Nancy Andrighi, Terceira Turma, Brasília, DF, 23 nov. 2017, Publicação no Diário da Justiça: 28 nov. 2017. Disponível em: https://scon.stj.jus.br/SCON/GetInteiroTeorDoAcordao?num_registro=201502935231&dt_publicacao=28/11/2017. Acesso em: 31 jan. 2022.

BRASIL. Superior Tribunal de Justiça. Habeas Corpus 401.887/SC, Relatora: Ministra Nancy Andrighi, Terceira Turma, Brasília, DF, 26 set. 2017, Publicação no Diário da Justiça: 29 set. 2017. Disponível em: https://scon.stj.jus.br/SCON/GetInteiroTeorDoAcordao?num_registro=201701283239&dt_publicacao=29/09/2017. Acesso em: 31 jan. 2022.

BRASIL. Superior Tribunal de Justiça. Recurso em Habeas Corpus 86.842/SP, Relatora: Ministra Nancy Andrighi, Terceira Turma, Brasília, DF, 17 out. 2017, Publicação no Diário da Justiça: 19 out. 2017. Disponível em: https://scon.stj.jus.br/SCON/GetInteiroTeorDoAcordao?num_registro=201701672330&dt_publicacao=19/10/2017. Acesso em: 31 jan. 2022.

BRASIL. Superior Tribunal de Justiça. Recurso em Habeas Corpus 13.165/SP, Relatora: Ministra Laurita Vaz, Segunda Turma, Brasília, DF, 1 out. 2002, Publicação no Diário da Justiça: 14 abr. 2003. Disponível em: https://scon.stj.jus.br/SCON/GetInteiroTeorDoAcordao?num_registro=200200881110&dt_publicacao=14/04/2003. Acesso em: 31 jan. 2022.

BRASIL. Superior Tribunal de Justiça. Habeas Corpus 57.915/SP, Relator: Ministro Humberto Gomes De Barros, Terceira Turma, Brasília, DF, 3 ago. 2006, Publicação no Diário da Justiça: 14 ago. 2006. Disponível em: https://scon.stj.jus.br/SCON/GetInteiroTeorDoAcordao?num_registro=200600853512&dt_publicacao=14/08/2006. Acesso em: 31 jan. 2022.

BRASIL. Superior Tribunal de Justiça. Habeas Corpus 416.886/SP, Relatora: Ministra Nancy Andrighi, Terceira Turma, Brasília, DF, 12 dez. 201712/12/2017, Publicação no Diário da Justiça: 18 dez. 2017. Disponível em: https://scon.stj.jus.br/SCON/GetInteiroTeorDoAcordao?num_registro=201702401310&dt_publicacao=18/12/2017. Acesso em: 31 jan. 2022.

BRASIL. Superior Tribunal de Justiça. Habeas Corpus 181.231/RO, Relator: Ministro Vasco Della Giustina (Desembargador convocado do TJ/RS), Terceira Turma, Brasília, DF, 5 abr. 2011, Publicação no Diário da Justiça: 14 abr. 2011. Disponível em: https://scon.stj.jus.br/SCON/GetInteiroTeorDoAcordao?num_registro=201001432368&dt_publicacao=14/04/2011. Acesso em: 31 jan. 2022.

BRASIL. Superior Tribunal de Justiça. Recurso Especial 1.415.753/MS, Relator: Ministro Paulo de Tarso Sanseverino, Terceira Turma, Brasília, DF, 24 nov. 2015, Publicação no Diário da Justiça: 27 nov. 2015. Disponível em: https://scon.stj.jus.br/SCON/GetInteiroTeorDoAcordao?num_registro=201201396769&dt_publicacao=27/11/2015. Acesso em: 31 jan. 2022.

BRASIL. Superior Tribunal de Justiça. Habeas Corpus 568.021/CE, Relator: Ministro Paulo de Tarso Sanseverino, Relatora para Acórdão: Ministra Nancy Andrighi, Segunda Seção, Brasília, DF, 24 jun. 2020, Publicação no Diário da Justiça: 31 ago. 2020. Disponível em: https://scon.stj.jus.br/SCON/GetInteiroTeorDoAcordao?num_registro=202000728103&dt_publicacao=31/08/2020. Acesso em: 31 jan. 2022.

BRASIL. Superior Tribunal de Justiça. Recurso Especial 1854842/CE, Relatora: Ministra Nancy Andrighi, Terceira Turma, Brasília, DF, 2 fev. 2020, Publicação no Diário da Justiça: 4 jun. 2020. Disponível em: https://scon.stj.jus.br/SCON/GetInteiroTeorDoAcordao?num_registro=201901607463&dt_publicacao=04/06/2020. Acesso em: 31 jan. 2022.

BRASIL. Superior Tribunal de Justiça. Habeas Corpus 561.257/SP, Relator: Ministro Raul Araújo, Quarta Turma, Brasília, DF, 5 maio 2020, Publicação no Diário da Justiça: 8 maio. 2020. Disponível em: https://scon.stj.jus.br/SCON/GetInteiroTeorDoAcordao?num_registro=202000334001&dt_publicacao=08/05/2020. Acesso em: 31 jan. 2022.

BRASIL. Superior Tribunal de Justiça. Habeas Corpus 706.825/SP, Relatora: Ministra Nancy Andrighi, Terceira Turma, Brasília, DF, 23 nov. 2021, Publicação no Diário da Justiça: 25 nov. 2021. Disponível em: https://scon.stj.jus.br/SCON/GetInteiroTeorDoAcordao?num_registro=202103674124&dt_publicacao=25/11/2021. Acesso em: 31 jan. 2022.

BRASIL. Superior Tribunal de Justiça. Habeas Corpus 574.495/SP, Relator: Ministro Ricardo Villas Bôas Cueva, Terceira Turma, Brasília, DF, 26 maio 2020, Publicação no Diário da Justiça: 1º jun. 2020. Disponível em: https://scon.stj.jus.br/SCON/GetInteiroTeorDoAcordao?num_registro=202000904551&dt_publicacao=01/06/2020. Acesso em: 31 jan. 2022.

BRASIL. Superior Tribunal de Justiça. Habeas Corpus 580.261/MG, Relator: Ministro Paulo de Tarso Sanseverino, Terceira Turma, Brasília, DF, 2 jun. 2020, Publicação no Diário da Justiça: 8 jun. 2020. Disponível em: https://scon.stj.jus.br/SCON/GetInteiroTeorDoAcordao?num_registro=202001099418&dt_publicacao=08/06/2020. Acesso em: 31 jan. 2022.

BRASIL. Superior Tribunal de Justiça. Habeas Corpus 568.021/CE, Relator: Ministro Paulo de Tarso Sanseverino, Relator para Acórdão: Ministra Nancy Andrighi, Segunda Seção, Brasília, DF, 24 jun. 2020, Publicação no Diário da Justiça: 31 ago. 2020. Disponível em: https://scon.stj.jus.br/SCON/GetInteiroTeorDoAcordao?num_registro=202000728103&dt_publicacao=31/08/2020. Acesso em: 31 jan. 2022.

BRASIL. Superior Tribunal de Justiça. Habeas Corpus 645.640/SC, Relatora: Ministra Nancy Andrighi, Terceira Turma, Brasília, DF, 23 mar. 2021, Publicação no Diário da Justiça: 26 mar. 2021. Disponível em: https://scon.stj.jus.br/SCON/GetInteiroTeorDoAcordao?num_registro=202100446802&dt_publicacao=26/03/2021. Acesso em: 31 jan. 2022.

BRASIL. Superior Tribunal de Justiça. Recurso em Habeas Corpus 136.143/SP, Relatora: Ministra Maria Isabel Gallotti, Quarta Turma, Brasília, DF, 16 mar. 2021, Publicação no Diário da Justiça: 30 mar. 2021. Disponível em: https://scon.stj.jus.br/SCON/GetInteiroTeorDoAcordao?num_registro=202002700986&dt_publicacao=30/03/2021. Acesso em: 31 jan. 2022.

BRASIL. Superior Tribunal de Justiça. Embargos de Divergência em Agravo em Recurso Especial EAREsp 1717169/SC, Relator: Ministro Ribeiro Dantas, Terceira Seção, Brasília, DF, 12 maio 2021, Publicação no Diário da Justiça: 17 maio 2021. Disponível em: https://scon.stj.jus.br/SCON/GetInteiroTeorDoAcordao?num_registro=202001481952&dt_publicacao=17/05/2021. Acesso em: 31 jan. 2022.

BRASIL. Superior Tribunal de Justiça. Recurso em Habeas Corpus 27.002/MG, Relator: Ministro Sebastião Reis Júnior, Sexta Turma, Brasília, DF, 15 ago. 2013, Publicação no Diário da Justiça: 18 set. 2013. Disponível em: https://scon.stj.jus.br/SCON/GetInteiroTeorDoAcordao?num_registro=200902034149&dt_publicacao=18/09/2013. Acesso em: 31 jan. 2022.

BRASIL. Superior Tribunal de Justiça. Habeas Corpus 194.225/GO, Relator: Ministro Marco Aurélio Bellizze, Quinta Turma, Brasília, DF, 16 abr. 2013, Publicação no Diário da Justiça: 24 abr. 2013. Disponível em: https://scon.stj.jus.br/SCON/GetInteiroTeorDoAcordao?num_registro=201100051306&dt_publicacao=24/04/2013. Acesso em: 31 jan. 2022.

BRASIL. Superior Tribunal de Justiça. Habeas Corpus 141.069/RS, Relator: Ministra Maria Thereza De Assis Moura, Sexta Turma, Brasília, DF, 22 ago. 2011, Publicação no Diário da Justiça: 21 mar. 2012. Disponível em: https://scon.stj.jus.br/SCON/GetInteiroTeorDoAcordao?num_registro=200901302803&dt_publicacao=21/03/2012. Acesso em: 31 jan. 2022.

BRASIL. Tribunal de Contas da União. Processo 03.673/2017-0, Acórdão 2643/2017, Relator: Ministra Ana Arraes, Plenário, Brasília, DF, 6 dez. 2017, Publicação no Diário da Justiça: 8 dez. 2017. Disponível em: https://pesquisa.apps.tcu.gov.br/#/documento/acordao-completo/custo%2520ADJ%2520de%2520ADJ%2520um%2520ADJ%2520preso/%2520/DTRELEVANCIA%2520desc%252C%2520NUMACORDAOINT%2520desc/2/%2520. Acesso em: 31 jan. 2022.

PORTUGAL

PORTUGAL. Supremo Tribunal de Justiça. Processo 03B1378, Relator: Ferreira Girão, Lisboa, PT, 22 maio 2003. Disponível em: http://www.dgsi.pt/jstj.nsf/954f0ce6ad9dd8b980256b5f003fa814/b488d532b16e719080256d750036c2e7?OpenDocument&Highlight=0,03B1378. Acesso em: 3 fev. 2022.

PORTUGAL. Supremo Tribunal de Justiça. Uniformização de Jurisprudência Processo 252/08.8TBSRP-B-A.E1.S1 Relatora: Fernanda Isabel Pereira, 7ª Secção, Lisboa, PT, 19 mar. 2015. Publicação: 4 maio 2015. Disponível em: http://www.dgsi.pt/jstj.nsf/954f0ce6ad9dd8b980256b5f003fa814/b9cd82dbb8f6988f80257e35003c8cc0?OpenDocument&Highlight=0,257%2F06.3TBORQ-B.E1.S1. Acesso em: 3 fev. 2022

PORTUGAL. Supremo Tribunal de Justiça. Processo 257/06.3TBORQ-B.E.S1, Relator: Bettencourt de Faria, 7ª Secção, Lisboa, PT, 29 maio 2014. Disponível em: http://www.dgsi.pt/jstj.nsf/954f0ce6ad9dd8b980256b5f003fa814/5f42cbe3fe7c514a80257ce7004ab287?OpenDocument&Highlight=0,257%2F06.3TBORQ-B.E1.S1. Acesso em: 3 fev. 2022.

PORTUGAL. Supremo Tribunal de Justiça. Uniformização de Jurisprudência Processo 09A0682, Relator: Azevedo Ramos, Plenário das Secções Cíveis, Lisboa, PT, 7 jul. 2009. Publicação: 5 ago. 2009. Disponível em: http://www.dgsi.pt/jstj.nsf/954f0ce6ad9dd8b980256b5f003fa814/59a42fa430dd68a2802575f60039815d?OpenDocument&Highlight=0,09A0682. Acesso em: 3 fev. 2022.

PORTUGAL. Supremo Tribunal de Justiça. Processo 621/07.0TBVLC-C.P1.S1.S1. Relator: Paulo Sá. 1ª Seção, Lisboa, PT. 28 out. 2014. Disponível em: http://www.dgsi.pt/jstj.nsf/954f0ce6ad9dd8b980256b5f003fa814/52fd84321285233b80257e2600500d14?OpenDocument&Highlight=0,09A0682. Acesso em: 3 fev. 2022.

PORTUGAL. Tribunal Constitucional. Processo 238/04, Acórdão 306/2005, Relator: Conselheiro Vítor Gomes, 3ª Secção, Lisboa, PT, 8 jun. 2005. Disponível em: http://www.tribunalconstitucional.pt/tc/acordaos/20050306.html. Acesso em: 3 fev. 2022.

PORTUGAL. Tribunal da Relação de Coimbra. Processo 2215/05.6, Relatora: Maria Domingas Simões, Lisboa, PT, 11 fev. 2014. Disponível em: http://www.dgsi.pt/jtrc.nsf/c3fb530030ea1c61802568d9005cd5bb/da96d6ed3b11092980257c9e0034031f?OpenDocument&Highlight=0,2215%2F05.6. Acesso em: 3 fev. 2022.

PORTUGAL. Tribunal da Relação de Lisboa. Processo 1735/09.8TACSC.L1-9, Relator: Filipa Costa Lourenço, 9ª Secção Criminal, Lisboa, PT, 16 fev. 2017. Disponível em: http://www.dgsi.pt/jtrl.nsf/33182fc732316039802565fa00497eec/3e149659d48c1aee802580cb003b8acf?OpenDocument&Highlight=0,Filipa,Costa,Louren%C3%A7o. Acesso em: 3 fev. 2022.

ANOTAÇÕES